名城 名校

杨一心 主编

东京审判
中国团队

CHINESE TEAM
AT THE TOKYO TRIAL

上海交通大学出版社
SHANGHAI JIAO TONG UNIVERSITY PRESS

苏州大学出版社
Soochow University Press

内容提要

　　本书用平实的语言着重叙述了东京审判的中国团队,包括检察官团队和法官团队,在东京审判期间为捍卫正义、严惩战犯所做出的卓越贡献。并勾勒出团队成员的人生轨迹和群体像。本书为兼具学术与一般读物性质的历史人物传记。

图书在版编目(CIP)数据

东京审判中国团队/ 杨一心主编. —上海:上海
交通大学出版社,2020
ISBN 978－7－313－22747－8

Ⅰ. ①东… Ⅱ. ①杨… Ⅲ. ①远东国际军事法庭一代
表团一中国 Ⅳ. ①D995

中国版本图书馆 CIP 数据核字(2019)第 283698 号

东京审判中国团队

DONGJING SHENPAN ZHONGGUO TUANDUI

主　　编:杨一心

出版发行:上海交通大学出版社,苏州大学出版社　　　　地　　址:上海市番禺路 951 号

邮政编码:200030　　　　　　　　　　　　　　　　　　电　　话:021－64071208

印　　制:苏州市越洋印刷有限公司　　　　　　　　　　经　　销:全国新华书店

开　　本:710 mm×1000 mm　1/16　　　　　　　　　印　　张:16.75

字　　数:235 千字

版　　次:2020 年 8 月第 1 版　　　　　　　　　　　　印　　次:2020 年 8 月第 1 次印刷

书　　号:ISBN 978－7－313－22747－8

定　　价:68.00 元

编　委　会

谨以此书献给

苏州大学建校 120 周年

序　忘记历史就等于犯罪

　　在南京大屠杀八十周年纪念日到来之前，2017 年 12 月 12 日，上海淞沪抗战纪念馆请我去给《侵华日军在淞沪地区的暴行实物展》揭幕。在那里，我第一次看到那把"百人斩"军刀！不禁联想起当年惨死在该刀下的一百多位无辜同胞，我心如刀绞。我的思绪，又一次回到了七十年前在东京审判的日日夜夜，想起我们曾经一起战斗的十多位"战友"，一个非常优秀的团队——中国团队。

　　1946 年 1 月 19 日，远东盟国最高统帅麦克阿瑟将军根据同盟国授权，公布《远东国际军事法庭宪章》，宣布成立审判日本战犯的远东国际军事法庭。中国检察官向哲濬到上海来招翻译，那时我刚从东吴大学法学院毕业，刘世芳老师推荐我去应聘。我没有多想就去报名了。是年 4 月的一天，我到华懋公寓（即现在的锦江饭店）参加测试，与我一起去面试的还有圣约翰大学毕业的张培基等。主考官就是向先生。先生为人非常谦和，一点没有官架子，完全是一位学者的风度。得益于在东吴大学学习的基础，我顺利通过了面试。在体检之后，我们面试通过的几个人，包括上海圣约翰大学的张培基、交大毕业的周锡卿、东吴法学院毕业的刘继盛和郑鲁达等共 5 人，于 5 月初乘一架美国军用运输机从江湾机场起飞前往日本东京。

　　我在东京的两年多时间，主要是在中国检察官办公室工作，先当翻译后兼检察官秘书。我们几个翻译和秘书的主要工作是将中国团队在国内搜集的资料和书面证据翻译成英文提交给法庭。除此之外,我们还辅助向先生进行庭审准备、庭审记录,负责整理每天送至办公室的各类通知等工作。实际上我们所从事的不仅仅是一份有薪水的翻译和秘书工作,更重要的是一份责任。作为日本侵略战争中受害时间最长、牺牲最大的战胜国,中国在战争罪行的确定和举证方面,应是起到举足轻重的作用。如审判涉及的 55 项罪行,就有 44 项与中国相关。但是中国团队成员前后仅有十几人,而苏联团队则有七十多人,美国团队有上百人。所以在审判过程中,无论是证据收集,还是其他方面,中国团队都落后于他们。

实际上,我们面临的困难比这更多,情况对我们非常不利。国内方面,国共内战已经爆发。蒋介石忙于内战,无暇顾及东京审判。特别对我们检察组方面而言,国内无法为我们提供足够的人证和物证,我们有时需要派检查组人员自己回国搜集。国际方面,那时"冷战"已经开始,各国代表团同床异梦,都在争取自己的利益。而最大的受害国中国的请求,不是法庭关注的焦点。因此我们在东京法庭上可以说是孤军奋战,处境十分困难。

当时,我们面对的是一场没有硝烟的战争。正如中国法官梅汝璈先生所说,"如果日寇不被严惩,我们将无颜回国见江东父老。"当时中国主要负责审理的战犯是松井石根、土肥原贤二和板垣征四郎,他们都是在中国犯下了滔天罪行的刽子手。如松井石根当时是日本华中派遣军总司令、南京大屠杀惨案的制造者。为了让他伏法,我们通过电函要求国内提供日军侵华暴行的证据,同时要求亚太华人华侨提供日军残害华人华侨的证据,并邀请首席检察官季南到中国调查取证,派倪征噢和鄂森等中国法律专家到华北搜集证据。检察组还从国内请了南京大屠杀中的幸存者伍长德和许传音,目击者金陵大学美籍教授贝茨、传教士史密斯、英国人罗伦斯、牧师约翰·马吉等人,向法庭提供了确凿的证词。在国内举证不足的情况下,中国检察官向哲濬与美国占领军协商,派倪征噢、桂裕、杨寿林和吴学义等到已被盟军封存的日本内阁和日本陆军省档案库,寻找日本侵华战争的有关书面罪证。中国团队夜以继日,经过七个月的紧张工作,终于找到了大量可以证明主要战犯罪行的有力证据,说服法庭判处松井石根、土肥原贤二和板垣征四郎绞刑,为中国遇难者伸冤。

"侵略是人类最大的罪行,是一切战争罪行的总和与根源。"1948 年 11 月 4日,远东国际军事法庭宣布判决,判决书开篇这样写道。两年多的时间里,我们这个团队,对日军侵华责任进行了总清算:确定了战争起始时间和甲级战犯部分人员名单、从菲律宾引渡了不少战争罪犯。劝说溥仪出庭作证、让制造南京大屠杀和"百人斩"的凶犯伏法。与盟国法官一起将东条英机等 7 名甲级战犯送上绞刑架,将 16 名战犯判处无期徒刑。这些清算都汇总在远东国际军事法庭判决书中,其中"对华侵略"部分为梅汝璈法官亲自撰写。

我们在东京,宛如同一战壕里的"战友"。日子长了,大家都成了好朋友。特别是向先生,他的睿智、决心和胆魄给我们以信心,成为我们的良师益友。在审判时,作为中方检察官,他共出庭 20 次,每次都有翔实的证据提供给法庭,让战犯无法狡辩,最终认罪伏法。向先生在法庭上的威严与庭下对我们的亲和,形成鲜明对比。法官梅先生有威严,既熟悉英美法审判程序,又懂得国际政治,所以,在开庭时的座次问题和国旗位置的抗争中,就让各国代表刮目相看,我们对他也由衷地敬佩。因工作性质不同,虽然我在东京与他交往不多,但对他很尊重。其他作为检察官顾问和翻译的东吴大学几位老师和校友,我们相处也非常融洽。

前事不忘,后事之师。七十多年前的审判,并没有完全铲除日本军国主义的土壤。自中日 1972 年建交以来,特别是 20 世纪 80 年代以后,在军费开支、靖国神社、教科书、钓鱼岛等问题上,日本越来越偏离和平宪法的方向。近几年来,日本军国主义复活有从个人行为向群体转变的趋势,日本政坛右倾化明显。对东亚力量平衡特别是中日关系,造成了严重的负面影响。因此,中国有必要继续教育国人,牢记这段历史。正如梅汝璈先生曾经说过:"我不是一个复仇主义者,我无意把日本帝国主义者欠下我们的血债写在日本人民的账上。但是,忘记过去的苦难可能招致未来的灾祸。"

在东京审判结束七十周年之际,日本仍然需要作出深刻的反省。借用美国人权领袖马丁·路德·金的名言，"I still have a dream"，我始终怀着中日友好的梦想。希望日方能够正视历史问题，遵守和平宪法，防止军国主义死灰复燃。希望再有田中角荣这样的英明政治家出现，与中国领导人一道共同面对挑战，将中日世代友好的传统继承下去，为东亚的和平发展做出贡献。

我今年已经 96 岁了，自感来日无多。在东京时我曾拍摄一张 10 人的合影，一直珍藏在我家里。他们绝大多数已经去世，但每到一些重大节日或夜深人静时，他们就浮现在我眼前。想到我们过去在东京的日日夜夜，想到我们面对困境、据理力争、斗智斗勇的场面，想到我们团结一心、患难与共、悲喜交加的生活。

欣闻上海交通大学出版社和苏州大学出版社决定出版一本书，以群英谱方式给每位参加者画像，纪念东京审判结束七十周年，我认为这是一件大好事。时至今日，我们不仅要记住历史，更要记住书写历史的人！

是为序。

2018 年 8 月 19 日

目 录 | CONTENTS

上 篇
东京审判及中国团队的贡献

下　篇
中国团队群英谱

上篇

东京审判及
中国团队的贡献

东京审判是第二次世界大战后继欧洲纽伦堡审判纳粹德国等战犯之后对日本战犯进行的又一次国际性审判活动，也是一次彰显正义、惩罚邪恶的重要审判。尽管受到"冷战"等政治因素的干扰，东京审判也存在着诸多不足，但审判活动的开展及其所作出的正义判决，已足以使东条英机等一批试图灭亡中国、征服世界的战争罪犯被永远地钉在了历史的耻辱柱上。东京审判已结束70余年，回顾东京审判的历史，特别是中国团队的重要贡献，从而使国人牢记历史教训、警惕军国主义复活，珍惜和维护来之不易的和平局面。正如习总书记在2014年12月13日首个南京大屠杀死难者国家公祭仪式上指出的："忘记历史就意味着背叛，否认罪责就意味着重犯。我们不应因一个民族中有少数军国主义分子发起侵略战争就仇视这个民族，战争的罪责在少数军国主义分子而不在人民，但人们任何时候都不应忘记侵略者所犯下的严重罪行。一切罔顾侵略战争历史的态度，一切美化侵略战争性质的言论，不论说了多少遍，不论说得多么冠冕堂皇，都是对人类和平和正义的危害。对这些错误言行，爱好和平与正义的人们必须高度警惕、坚决反对"。

东京审判概述

一、东京审判的缘起和相关法律准备

参与战争的一方在战败后受到惩罚在中外历史上是一个屡见不鲜的现象，有的以订立屈辱的城下之盟为代价，有的以领导人被抓后遭软禁、流放或杀害为结局，但在近代以前，这类惩罚大多没有什么正义或非正义之分，而更多地表现为弱肉强食。对战争罪犯进行法律惩处的设想产生于第一次世界大战期间。在战争将近结束的时候，各同盟国和协约国都发出了"绞死德皇"的呼声。1919年巴黎和会通过的《凡尔赛和约》第四章提出，同盟国和协约国将组织特别法庭以破坏国际道德和条约尊严的罪状来审讯德皇威廉二世，德皇以下的主要战争责任者由德国组成军事法庭进行审判。和约还决定成立一个国际委员会去"从事研究战争制造者的个人责任，开具战犯名单，并草拟审讯法庭的组织宪章。"但受战胜国内部的矛盾以及德国政府对战争罪犯的袒护等因素的影响，上述规定并没有得到严格执行，只是在 1921 年 5 月才由德国最高法院在莱比锡举行了一次象征性的审判。在战胜国提交的 896 名战犯中，只有 45 人交予审判，实际受审的仅 12 人，其中 6 人被判有罪，但刑期都极短，仅 6 个月到 4 年不等，其中还有两名战犯越狱逃脱。从而使法律惩处战犯的设想成了一场闹剧[1]。尽管如此，第一次世界大战期间所萌生的惩办战争罪犯的设想及战争结束后对战犯的审判，却为第二次世界大战后对战犯的审判提供了有益启示。

还是在第二次世界大战进行激烈拼杀的时候，同盟国就对战后惩处战犯问

---

1 梅汝璈：《东京审判亲历记》，梅小璈、梅小侃整理，上海交通大学出版社，2016，第 5—6 页。

题进行过反复酝酿和协商。1942 年 1 月 13 日,被德国占领的比利时、捷克、希腊、荷兰、波兰、南斯拉夫、卢森堡、挪威、法国的流亡政府在伦敦集会,中国、美国、英国、苏联、印度等国家应邀参加。会议发表共同宣言,将惩办战争罪犯作为战争的主要目的。同年 8 月 1 日,美国总统罗斯福发表声明,提出:"欧亚的侵略者"终将被绳之以法。1943 年 11 月 1 日,美、苏、英三国外长莫斯科会议结束时,以国家首脑的名义发表《关于残暴行为的宣言》,不仅重申了惩办战争罪犯的主张,并且提出了两条原则:一是对于暴行的实施者,战后将送还暴行实施地,以实施地所在国法律制裁。二是没有特定地理范围的罪犯,"应该须由同盟国政府去共同审判治罪"。也就是说,对于轴心国的领导人,应该由同盟国共同组织的国际法庭去审判。从而为战后对发动侵略战争的法西斯国家领导人及具体实施者进行法律审判提供了法理依据[1]。

同年 12 月 1 日,中、美、英三国首脑发表《开罗宣言》,表明:"我们三大盟国此次进行战争之目的,在于制止及惩罚日本之侵略"。1944 年 1 月 18 日,同盟国成立战争罪行委员会,下设三个小组。第一组负责搜集、审核轴心国的战争罪行证据;第二组负责制定逮捕与审判战犯的方法;第三组负责有关法律问题。1945 年 7 月 26 日,中、美、英三国发表《波茨坦公告》,除敦促日本尽快投降外,还明确提出,盟军将组织军事法庭审判日本战犯。10 月 18 日,美国国务院给各受降国家的驻美大使馆发出一份秘密照会,详细阐述了美国政府关于处理日本战犯将采取的种种政策和措施,并指出:对于甲级战犯(也称 A 级战犯,实际上应准确地称之为甲类或 A 类战犯,因其所犯罪行属于《远东国际军事法庭宪章》中所规定的甲类或 A 类罪行,即反和平罪行),东京盟军最高统帅部即将组织远东国际法庭予以审判,并请各国政府准备提出法官的人选以便最高统帅加以任命[2]。意欲主导远东审判。

历史性地看,美国为其主导的远东审判,既做了大量组织准备工作,如在战

1　程兆奇:《东京审判——为了世界和平》,上海交通大学出版社,2017,第 5—6 页。
2　梅汝璈:《东京审判亲历记》,梅小璈、梅小侃整理,上海交通大学出版社,2016,第 83 页。

犯的逮捕和看管、战争罪行证据的搜集和整理、审判场所的确定、安保措施的制定和实施、审判活动的具体组织、对已决犯的执行等方面都付出了很多努力，但同时也不无消极影响。日本天皇之未被追究以及审判活动的虎头蛇尾等，不能不说跟美国的姑息和纵容有很大关系。

1946 年 1 月 19 日，盟军最高统帅根据《波茨坦公告》，日本投降书和美、苏、英 1945 年 12 月莫斯科外长会议决议（中国同意）等文件发布《设置远东国际军事法庭的特别通告》（下简称《通告》），同时公布了《远东国际军事法庭宪章》（下简称《宪章》）(Charter of the International Military Tribunal for the Far East)。《通告》指出，盟军最高统帅决定"设立远东国际军事法庭，负责审判被控以个人身份或团体成员身份，或同时以个人身份兼团体成员身份，犯有任何足以构成破坏和平之罪行者。"《宪章》则规定，法庭有权审判及惩罚被控以个人或团体成员身份所犯有的战争罪行。

从而为远东国际法庭审判日本战犯做了充分的准备。

二、对战争罪犯的认定及逮捕

按照《远东国际军事法庭宪章》的规定，凡是在日本发动的侵略战争中犯有"破坏和平罪""普通战争罪""违反人道罪"的所有战犯，不论是否日本籍，都在被捕之列。

1945 年 8 月 30 日，盟军最高统帅道格拉斯·麦克阿瑟(Douglas MacArthur)在抵达日本的当晚，就命令盟军司令部情报部门逮捕发动太平洋战争的日本首相东条英机，并确定主要战犯名单。9 月 11 日，盟军司令部公布并开始逮捕第一批战犯 42 人，除 28 名日本战犯外，还包括德籍战犯 4 人、菲律宾籍战犯 3 名、澳大利亚籍战犯 2 人，印度籍、缅甸籍、荷兰籍、泰国籍和美国籍战犯各 1 名。因有两人已经自杀，实际逮捕 40 人。11 月 19 日，开始进行第二次逮捕，共 11 人，因有 1 人自杀，实际逮捕 10 人。12 月 2 日，开始第三次逮捕，共 59 人。12 月 6 日，开始第四次逮捕，共 14 人，因 1 人自杀，实际逮捕 13 人。四次共实际逮捕 122 人。除第一批 37 人中有 35 人是真正被逮捕的外，其余多是在逮捕令发布后,由战犯本人在规定期限(10天)内主动投案的。

第一批被逮捕的战犯主要是极力主张并积极策划、实施对美发动战争的日本政府首脑和在战争中犯下严重暴行的高级军官以及与日本合作、参与侵略行动的其他国家的官员,其中包括发动太平洋战争时的日本政府内阁成员如东条英机(首相)、东乡茂德(外务大臣)、岛田繁太郎(海军大臣)、贺屋兴宣(大藏大臣)、岸信介(工商大臣)、寺岛健(邮电大臣)、岩村通世(司法大臣)、铃木贞一(企划院总裁)、小泉亲彦(厚生大臣,捕前自杀)、桥田邦彦(文部大臣,捕前自杀)、井野硕哉(农林大臣)以及土肥原贤二(长期从事谍报活动)、本间雅晴(驻菲律宾日军司令官)、太田清一(马尼拉暴行的直接负责人)等。

第二批被捕的战犯中有荒木贞夫(陆军大臣)、小矶国昭(首相)、松冈洋右(外务大臣)、松井石根(对南京大屠杀负有直接责任)、南次郎(陆军大臣、关东军司令官)、白鸟敏夫(驻意大利大使)、本庄繁(关东军司令官,捕前自杀)等。

第三批被捕的战犯中有畑俊六(中国派遣军总司令)、平沼骐一郎(首相)、广田弘毅(首相)、星野直树(企划院总裁)、大川周明(右翼思想家)、佐藤贤了(陆军省军务局长)、天羽英二(内阁情报局总裁)、西尾寿造(中国派遣军总司令)、大野弘一(中国派遣军宪兵司令官)、河边正三(中国派遣军总参谋长)、小林跻造(台湾总督)、上砂胜七(台湾宪兵队司令官)、多田骏(华北方面军司令官)、后宫淳(中国派遣军总参谋长)等。

第四批逮捕的战犯中包括近卫文麿(曾三任首相,捕前自杀)、木户幸一(内大臣)、大岛浩(驻德大使)等。

后来又陆续逮捕了永野修身(军令部长,1946年3月16日被捕)、岗敬纯(海军省次官,1946年4月7日被捕)、梅津美治郎(总参谋长,1946年4月29日被捕)、重光葵(外务大臣,与梅津同日被捕)、长谷川清(台湾总督,1946年11月5日被捕)。在日本本土以外被捕的则有木村兵太郎(缅甸)、板垣征四郎(新加坡)等。

这些战犯被捕后,都被关押在东京著名的巢鸭监狱里,木村、板垣则是在审判正式开始时才被押回日本的。

三、对战争罪犯的侦查与起诉

在这些被捕的战犯中，首先挑选哪些出来率先进行审判，这是检察官们所面临的一项相当艰巨的任务。还是在逮捕战犯期间，美国政府就于 1945 年 11 月 29 日任命律师出身的季南（Joseph B. keenan）为盟军司令部国际检察局局长，由他率领国际检察局对日本战犯调查取证并提出诉讼。12 月 6 日，季南率由 38 人组成的美国检察团到达东京。8 日，国际检察局正式成立。国际检察局下设行政、调查、文献等处以及中、苏、英、法等国别处，协助首席检察官，负责确定被告战犯名单及起诉前的调查取证工作。

国际检察局由首席检察官（也称检察长）和助理检察官（也称陪席检察官）组成。与 1945 年 8 月 8 日美、苏、英、法所公布的《欧洲国际军事法庭宪章》（也称《纽伦堡国际军事法庭宪章》）所规定的 4 国所派检察官完全平等不同的是，《远东国际军事法庭宪章》规定："盟军最高统帅指派之检察长对属于本法庭管辖权内之战争罪犯的控告负调查及起诉之责"，"任何曾与日本处于战争状态之联合国家得指派陪席检察官一人，以协助检察长"。按照这一规定，负责为远东国际军事法庭提供审判战犯罪证依据的首席检察官的地位要远高于助理检察官之上。首席检察官由国际检察局局长季南担任。助理检察官由对日受降签字国以及印度、菲律宾两国各派一名检察官组成，分别是中国检察官向哲濬，英国检察官柯明斯-卡尔（Arthur. S. Comyns Carr），苏联检察官戈伦斯基（Sergei Alexandrovich Golunsky），澳大利亚检察官曼斯菲尔德（Alan James Mansfield），加拿大检察官诺兰（Henry Grattan Nolan），法国检察官奥尼托（Robert L. Oneto），荷兰检察官穆德（W. G. Frederick Borgerhoff Mulder），新西兰检察官奎廉（Ronald Henry Quilliam），印度检察官麦农（P. P. Govinda Menon），菲律宾检察官洛佩兹（Pedro Lopez）（见图 1）。

由于被捕的战犯数量较多，国际检察局的调查取证工作十分紧张、繁忙。为了尽快且尽可能多地搜集证据，《远东国际军事法庭宪章》规定，法庭在采集证据时，"不受技术性采证规则之拘束"，"将尽最大可能采取并运用高效而不拘泥于技术性的程序所得本法庭认为有作证价值之任何证据"，其获取材料的主

远东国际军事法庭
检察官

首席检察官:
约瑟夫·贝瑞·季南
Joseph Berry Keenan
（美国）

向哲濬
Hsiang Che-chun
（中国）

亚瑟·S.柯明斯-卡尔
Arthur S. Comyns Carr
（英国）

谢尔盖·亚历山德罗维奇
·戈伦斯基
Sergei Alexandrovich
Golunsky
（苏联）

阿兰·詹姆斯·曼斯菲尔德
Alan James Mansfield
（澳大利亚）

亨利·格兰顿·诺兰
Henry Grattan Nolan
（加拿大）

罗伯特·奥尼托
Robert L. Oneto
（法国）

W.G.F.伯格霍夫-穆德
W. G. F. Borgerhoff
Mulder
（荷兰）

罗纳德·亨利·奎廉
Ronald Henry Quilliam
（新西兰）

P.P.戈文达·麦农
P. P. Govinda Menon
（印度）

佩特罗·洛佩兹
Pedro López
（菲律宾）

图1　远东国际军事法庭检察官[1]

要途径和类型包括：① 对战犯和相关人士进行讯问与询问。这一工作在战犯被捕后就已开始，国际检察局正式成立后，加大了录取口供的力度。由于东京审判采用海洋法系的做法，既反对可能存在的诱供（tempt the witness），也反对让嫌疑人"自证有罪"（rule against self-incrimination），因此，检方所录取的口供及其作为证据的价值也就受到了很大的限制。此外，重光葵、梅津美治郎、木村

1　资料来源：程兆奇：《东京审判——为了世界和平》，上海交通大学出版社，2017，第 34 页。

兵太郎、板垣征四郎等或因在开审前夕才被捕或在庭审正式开始后才被押解到庭,因而在开庭前都未来得及录取口供。按照英美法系的规定,正式开庭后,非经法庭允许或检控双方同意,检方就不能再以任何形式与控方进行往来或接触,因而没有录取口供。② 搜集书面证据。这方面的工作也存在不少难题,一是不少重要的甚至是关键性的档案文件被日本政府有计划地销毁或在战争中损失了。尽管如此,苍天不负有心人,盟军宪兵还是在一次例行巡逻时,在一家被炸毁的保险公司的地下室里意外地发现了一批日本投降前秘密埋藏在那里的装有御前会议记录、内阁会议记录、战时核心阁僚会议记录、大本营的决策和作战计划、军部的秘密指令和文告、外务省的秘密报告和电讯等核心档案材料的金属保险箱,但从所保存下来的大量档案材料中找到有价值的证据相当困难,既耗时又费力。二是与各盟国政府及有关机关进行联系,收集证据。比如,检察官们曾从日本与德国、意大利等国的外交往来文书中,找到不少十分有价值的证据。三是利用了大量书面证明、私人日记、回忆录,最有名的有曾任内大臣(负责天皇与内阁之间的联系工作,是天皇最亲信的政治顾问和助手)的木户幸一的日记即《木户日记》(共 18 册,详细记载了日本侵略政策的形成和侵略战争的发展过程)以及由日本著名政治家西园寺公望口述、原田记录的《西园寺·原田回忆录》等。四是进行实地考察取证。由于日本从事侵略战争的时间太长、范围甚广,进行这方面罪行的调查取证同样十分困难。

尽管如此,国际检察官们还是不畏繁难,他们从浩如烟海的文字、实物材料中,反复爬梳、去粗取精,于1946 年 4 月 10 日决定从各国提交的战犯名单中确定 26 人为甲级战犯[1]。13 日,苏联检察官团队抵日,要求增加 5 名甲级战犯名

---

1 参加东京审判的梅汝璈法官指出,把战犯分成甲、乙、丙级(现多用 A、B、C 级)仅是一般学术著作中和新闻报道上的用语,在正式的国际文件中是没有根据的。无论是纽伦堡还是东京国际军事法庭宪章中,都没有甲级战犯的提法,而用的是"主要战犯"。在日常习语、学术论著及新闻报道中,为方便和醒目起见,常把主要战犯称为"甲级战犯"(Class A war criminals,即 A 级战犯)。他们的共同特征有二:地位很高、权力很大,一般都属于国家领导人的范围;都犯有纽伦堡和东京国际军事法庭宪章中所规定的"甲项"(Class A)罪行——破坏和平罪,亦即策划、准备、发动或实施侵略战争的罪行,这是法庭认定的"最大的国际罪行",是包括全部祸害的总和的罪行。见梅汝璈:《东京审判亲历记》,梅小璈、梅小侃整理,上海交通大学出版社,2016,第 36 页。

单。17 日,国际检察官会议在激烈争辩后,经过投票表决,决定将重光葵、梅津美治郎两人列为甲级战犯(鲇川义介、藤原银次郎、富永恭次未被列为甲级战犯)。这样,首次提交东京远东国际军事法庭审判的甲级战犯一共有 28 人。他们是荒木贞夫、土肥原贤二、桥本欣五郎、畑俊六、平沼骐一郎、广田弘毅、星野直树、板垣征四郎、贺屋兴宣、木户幸一、木村兵太郎、小矶国昭、松井石根、松冈洋右、南次郎、武藤章、永野修身、大川周明、大岛浩、岗敬纯、佐藤贤了、重光葵、岛田繁太郎、白鸟敏夫、铃木贞一、东乡茂德、东条英机、梅津美治郎。

28 人中有 4 位前首相,即平沼骐一郎、广田弘毅、小矶国昭、东条英机;3 位前外务大臣,即松冈洋右、重光葵、东乡茂德;4 位前陆军大臣,即荒木贞夫、畑俊六、板垣征四郎、南次郎;两位前海军大臣,即永野修身、岛田繁太郎;6 位前陆军

图2　28名甲级战犯[1]

将军,即土肥原贤二、木村兵太郎、松井石根、武藤章、佐藤贤了、梅津美治郎;两位前大使,即大岛浩、白鸟敏夫;3位前经济和财政领袖,即星野直树、贺屋兴宣、铃木贞一;1位贵族及帝国顾问,即木户幸一;1位极端理论家,即大川周明;1位海军中将,即岗敬纯;1位大佐(上校),即桥本欣五郎(见图2)。

这些战犯都是日本发动的侵略战争中的"主要头目"且"对罪行负有主要责

<hr>

1 资料来源:梅汝璈:《东京审判亲历记》梅小璈、梅小侃整理,上海交通大学出版社2016年,第166—167页。

任"，并都有一项最主要的罪行，其中大多数都侵略过中国，有的还是长期侵略中国的老手，对中国人民犯下过不可饶恕的严重罪行。如：

荒木贞夫自 1931 年入阁、担任陆军大臣起，就始终坚持强硬的对华政策，主张吞并中国东北，是日本侵华的元凶之一。

土肥原贤二，长期在东北从事谍报工作，是制造九一八事变和炮制伪满洲国的首祸之一。

桥本欣五郎，在侵占南京时，任炮兵纵队长，参与实施南京大屠杀。

畑俊六，1938 年任侵华日军华中方面军总司令，1941—1944 年任日本中国派遣军总司令，策划浙赣会战和一号作战，是欠中国人民血债最多的日本侵略者之一。

星野直树，长期控制伪满洲国经济实权，与时任满铁总裁的松冈洋右、关东军参谋长的东条英机、满洲重工株式会社总裁的鲇川义介、伪满洲国实业部总务司长的岸信介一起被称为实际统治伪满洲国的"五虎"之一。

板垣征四郎，是九一八事变和炮制伪满洲国的主要策划者之一，任伪满洲国执政顾问、最高军事顾问，1939 年 9 月任中国派遣军总参谋长。

贺屋兴宣，1939—1941 年间任中国"华北开发公司"总裁，是对中国进行经济掠夺、为日本对外侵略提供经济支持的主要决策者。

木村兵太郎，曾任关东军参谋长，长期从事对中国的侵略活动。1944 年 8 月任驻缅甸日军司令官时，因制造"仰光大屠杀"而有"缅甸屠夫"之称。

小矶国昭，1932 年任关东军参谋长，和土肥原贤二、板垣征四郎等一起共谋扩大对中国的侵略。

松井石根，曾任华中派遣军总司令，是南京大屠杀事件的主谋。

南次郎，1919 年任中国驻屯军司令官，1934 年任关东军司令官，极力主张扩大对中国的侵略。

武藤章，1936 年任关东军参谋，1937 年任华中方面军副参谋长，参与制造南京大屠杀事件。

佐藤贤了，1939 年任驻广州部队副参谋长，1944 任支那派遣军副参谋长，是东条英机发动侵略战争的重要助手。

东乡茂德,1934年任外务省欧亚局局长期间,协助外相广田弘毅强行解决了中国东北铁路收买权问题。

东条英机,臭名昭著的法西斯魔王,1935年任关东军宪兵司令,1937年升任关东军参谋长,七七事变后,率部侵犯承德、张家口等地。1941年10月起,担任日本政府首相,兼任陆军、内务、军需大臣。12月,制造了震惊世界的偷袭珍珠港事件,引发太平洋战争。1942年又兼任外务、文部、商工大臣。1944年2月,将首相、内政大臣、陆军大臣、参谋总长等要职集于一身,实行军事独裁统治,是挑起第二次世界大战的主要元凶之一,给包括中国在内的世界各国人民带来了极其深重的灾难。

首次受审的28名甲级战犯确定后,国际检察局于1946年4月29日向法庭提交了《起诉书》,指控各被告犯有破坏和平罪、战争犯罪和违反人道罪等三大罪状。起诉书的前言指出:

> 在本起诉书中所提及之年月间,日本的对内和对外政策是由一个犯罪的军国主义的集团所控制及指使,这些政策乃造成严重的世界混乱、历次侵略战争,并使各国爱好和平人民的利益,以及日本人民自身的利益均遭受极大损害之原因。一种自称日本民族比亚洲各民族甚至比世界各民族都优越的危险思想一贯有系统地毒化了日本人民的意识。日本已存在的各种代议机构都被用为广泛侵略之工具,而一类似希特勒德国设立的纳粹党和意大利设立的法西斯党的政党体制旋被采用。日本经济财政资源大部分都为军事目的而被征用,日本人民的福利大受损害。

"前言"还指出,在这些被告之间成立了一个阴谋,其主要目的是对世界其他地方实行控制和剥削,进而威胁并损害着人类的尊严和自由的基本原则。为了实施并完成这个阴谋,被告们利用他们的权力、官职以及个人声望和影响,企图并实际策划、准备、发动并执行了对美国、中国、英国、苏联、澳大利亚、加拿大、法国、荷兰、新西兰、印度、菲律宾以及其他爱好和平各国人民的侵略战争,

并破坏国际法以及神圣条约所规定的义务和保证。为了进一步促成这个计划，

　　被告们图谋并实行了破坏公认的战争法规和惯例的各种行为：谋杀、残害和虐待战争俘虏、被拘平民以及海上人员，不给他们足够的饮食、宿舍、衣着、医药及其他照顾，强迫他们在非人道条件下劳动，并使他们横遭侮辱；榨取战败各国的人力和经济资源以供日本之用；掠夺公私财产；以没有军事需要的任何理由，肆意毁坏城市乡村；对沦陷区无辜平民实行大规模的屠杀、强奸、抢劫、绑架、残害及其他种种野蛮暴行；对日本政府人员和机关实行陆海军人的控制及操纵；用建立大政翼赞会、实行民族扩张主义的教育、散布战争宣传以及严格控制新闻及广播的方法，对公众舆论作侵略战争的心理准备；在战败各国中成立傀儡政府；同德国、意大利缔结军事同盟，借以增强实行日本扩张计划的军事力量[1]。

《起诉书》列举了被告们在 1928 年 1 月 1 日至 1945 年 9 月 2 日间所犯下的3 大类共 55 项具体罪行，其中第 1—36 项为破坏和平罪（侵略罪），第 37—52 项为杀人罪（谋杀罪），第 53—55 项为普通战争罪及违反人道罪。其中跟中国有关的内容主要有：

　　罪状二：全体被告曾以领导者、组织者、教唆者或同谋者的资格，参加制定或执行一个共同计划或阴谋，用直接攫夺或设立傀儡政权的办法，取得对中国辽宁、吉林、黑龙江及热河各省之陆海军及政治经济的控制地位。

　　罪状三：全体被告曾参加制定或执行一个共同计划或阴谋，以取得对中国全部之陆海军及政治经济的控制地位。

　　罪状六：全体被告曾计划及准备对中国进行侵略战争。

　　罪状十八：被告荒木贞夫、土肥原贤二、桥本欣五郎、平沼骐一郎、板垣征四郎、小矶国昭、南次郎、大川周明、重光葵、东条英机、梅津美治郎在1931 年 9 月 18 日或其前后，曾对中国发动侵略战争及违反国际法、条约、

1　梅汝璈：《东京审判亲历记》，梅小璈、梅小侃整理，上海交通大学出版社，2016，第 196—197 页。

协定和保证之战争。

罪状十九：被告荒木贞夫、土肥原贤二、桥本欣五郎、畑俊六、平沼骐一郎、广田弘毅、星野直树、板垣征四郎、贺屋兴宣、木户幸一、松井石根、武藤章、铃木贞一、东条英机、梅津美治郎在 1937 年 7 月 7 日或其前后，曾对中国发动侵略战争。

罪状二十七：全体被告在 1931 年 9 月 18 日至 1945 年 9 月 2 日间，曾对中国实行侵略战争及违反国际法、条约、协定和保证之战争。

罪状二十八：全体被告在 1937 年 7 月 7 日至 1945 年 9 月 2 日间，曾对中国实行侵略战争及违反国际法、条约、协定和保证之战争。

罪状四十五：被告荒木贞夫、桥本欣五郎、畑俊六、平沼骐一郎、广田弘毅、板垣征四郎、贺屋兴宣、木户幸一、松井石根、武藤章、铃木贞一、梅津美治郎在 1937 年 12 月 12 日及以后，曾非法命令、驱使及容许日本武装部队攻击南京市并实行违反国际法之屠杀，非法杀害数以万计之中国平民及已解除武装的中国军人。

罪状四十六：罪状四十五中列名之各被告在 1938 年 10 月 21 日及其后，曾非法命令、驱使及容许日本武装部队攻击广州市并实行违反国际法之屠杀，非法杀害中国平民及已解除武装的中国军人，为数甚多。

罪状四十七：罪状四十五中列名之各被告在 1938 年 10 月 27 日前后，曾非法命令、驱使及容许日本武装部队攻击汉口市并实行违反国际法之屠杀，非法杀害中国平民及已解除武装的中国军人，为数甚多。

罪状四十八：被告畑俊六、木户幸一、小矶国昭、佐藤贤了、重光葵、东条英机及梅津美治郎在 1944 年 6 月 18 日及其前后、在 1938 年 10 月 21 日及以后，曾非法命令、驱使及容许日本武装部队攻击长沙市并实行违反国际法之屠杀，非法杀害中国平民及已解除武装的中国军人，数以万计。

罪状四十九：罪状四十八中列名之各被告在 1944 年 8 月 8 日前后，曾非法命令、驱使及容许日本武装部队攻击湖南省之衡阳市，并实行违反国际法之屠杀，非法杀害中国平民及已解除武装的中国军人，为数甚多。

罪状五十：罪状四十八中列名之各被告在 1944 年 11 月 10 日及其前后，曾非法命令、驱使及容许日本武装部队攻击广西省之桂林及柳州二市，并实行违反国际法之屠杀，非法杀害中国平民及已解除武装的中国军人，为数甚多。

罪状五十三：除白鸟敏夫外的所有被告于 1941 年 12 月 7 日至 1945 年 9 月 2 日期间，曾命令、授权或准许日本每一战场上之海陆军司令官、日本陆军省之官员、日本领土或占领区内的平民拘留所和战俘集中营劳役队之管理人员、日本宪兵及民警以及这些人员的下属，去经常地和不断地对当时在日军权力下的中国等国家的战俘和平民采取违反本起诉书附件所列各公约、保证及习惯所规定的战争法例之行动，并使日本政府对这种违法行动避免采取适当的步骤予以制止。

罪状五十四：罪状五十三所列名之各被告在 1931 年 9 月 18 日至 1945 年 9 月 2 日期间，曾命令、授权及准许该罪状中所列的各项人员从事该罪状中所述的各项违法行为，因而犯有违反战争法之罪行。

罪状五十五：罪状五十四所列名之各被告在相同时间内，由于他们各自所任的官职关系对中国等国家的武装部队以及属于日军权力下的战俘和平民原应负责确保各项公约、保证、战争法规和习惯之适用，但是他们却故意藐视自己的法律责任，不采取遵守它们或防止它们被破坏的适当步骤，因而犯有违反战争法之罪行。由此可见，日本战犯对中国人民所犯下的罪行，时间是最长的，种类是繁多的，程度则更是极其严重的。

《起诉书》所附的五个附件，除了列举日本战犯们所违反的国际条约及日本政府所承诺的不侵略或不扩大侵略的声明或保证等内容外，还对被告被控破坏和平罪的主要事实细节做了综合说明，以充实《起诉书》的证据。

起诉书于 1946 年 4 月 29 日下午提交法庭。

四、对战争罪犯的审判

按照最初的设想，远东国际军事法庭负责审理所有远东地区在第二次世界大战期间犯有战争罪行的犯人,但实际接受审判的是自1928年6月皇姑屯事件至1945年9月日本签订投降书之间日本侵略者所犯下的战争罪行,其他国籍的战犯或因所在国的强烈要求,或因级别不够,或因技术方面如语言翻译等的考虑,均未在远东国际军事法庭接受审判,而是交由其所在国各自审判。

　　根据《远东国际军事法庭宪章》的最初规定,远东国际军事法庭由5名以上、9名以下法官组成。1946年2月15日,盟军最高统帅部决定,法庭由在日本投降书上签字的9个受降国家即中国、美国、苏联、英国、澳大利亚、加拿大、

图3　远东国际军事法庭法官[1]

1 资料来源:程兆奇:《东京审判——为了世界和平》,上海交通大学出版社,2017,第36页。

法国、荷兰、新西兰各派一名法官组成。4 月 26 日,又决定印度和菲律宾也可各提名一名法官。远东国际军事法庭共由 11 人组成。他们分别是澳大利亚法官兼庭长韦伯(Sir William Webb),美国法官希金斯(John P. Higgins)、3 个月后换成迈伦 · C.克拉默(Myron C. Cramer),中国法官梅汝璈,英国法官帕特里克(Lod William Donald Patric),苏联法官柴扬诺夫(Ivan Mikheevich Zaryanov),加拿大法官麦克杜格尔(Edward Stuart McDougall),法国法官贝尔纳(Henri Bernard),荷兰法官勒林(Bernard Victor A. Röling),新西兰法官诺斯克罗夫特(Erima Harvey Northcroft),印度法官帕尔(Radha Binod Pal)、菲律宾法官哈那尼利亚(Delfin Jaranilla)(见图 3)。

远东国际军事法庭(见图 4)设于东京涩谷区的原日本陆军部大厦,战时这里是军部和参谋本部的日军大本营所在地。选择这里作为审判地点,其所体现出来的象征意义不言而喻。

图 4　庭审大厅[1]

1　资料来源: 程兆奇:《东京审判——为了世界和平》,上海交通大学出版社,2017,第 42 页。

按照《远东国际军事法庭宪章》的规定,远东国际军事法庭的审判程序如下:
① 检察方面宣读《起诉书》。② 法庭讯问每一被告是否承认有罪。③ 检察官
与每一被告(如有辩护人[1]者,仅由其辩护人代表,下同)对本案作简括陈述。
④ 检察官与被告辩护人双方各自提出证据。⑤ 检察官与每一被告诘问任何证
人及任何提供证据之被告。⑥ 被告向法庭陈述意见。⑦ 检察官向法庭陈述意
见。⑧ 法庭作出判决及科刑,并宣布之。

1946 年 5 月 3 日,远东国际军事法庭正式开庭。首先由庭长致开审词,接
着由法庭书记官宣读《起诉书》,至 4 日方宣读完毕。

5 月 6 日,法庭开始对被告进行认罪传讯,所有被告均自称无罪,其辩护律
师还就法庭的管辖权等提出质疑,试图阻挠和拖延法庭对战犯们的审判。对这
一问题的争论,又是围绕四个小问题而展开的。

首先,辩护律师认为,法庭宪章将"破坏和平罪""违反人道罪"以及交战
中的杀害行为包括在战争犯罪内,是没有国际法依据的。对此,首席检察官
季南进行了驳斥。他指出:日本是 1919 年《凡尔赛和约》的缔约国,而正是
这一和约决定对发动第一次世界大战的德皇威廉二世进行公审。日本也是
用和平方式解决国际争端的《日内瓦公约》的缔约国。1928 年第六届泛美会
议也规定侵略战争构成对人类的国际犯罪。因此,在对战争犯罪进行处罚时,
追究战争发动者的个人责任,是理所当然的。远东国际军事法庭是盟军最高统
帅根据联合国所赋予的权力而设立的特别法庭,它的管辖权来自法庭宪章。而
宪章中有"破坏和平罪""违反人道罪"等规定,法庭当然也就有审判这一犯罪
的权力。

---

[1] 东京审判中,辩护机构是相当庞大的,辩护律师的数量也是相当众多的,充分体现了英美法系的特点。就此而言,尽
管使审判过程变得相当冗长,但却在很大程度上使得审判结果能经受住法律和历史的检验。参与东京审判的辩护律师
不仅有日本籍的,而且每名被告还至少有一名美国律师,这主要是因为东京审判基本是按照英美法系进行的,而日本律
师熟悉的是大陆法系。参与东京审判的辩护律师总数在 130 人以上。在日本律师界声望较高的鹈泽聪明为辩护团团
长,政客清濑一郎为副团长。因负责审查律师资格的盟军总部把关不严,有一些日本军阀统治时期的政客如清濑以及
参与日本对外侵略行动的"同谋"嫌疑人如梅津美治郎的律师池田纯久,就是梅津的老部下,曾任陆军中将、关东军副参
谋长等。这些律师参与辩护活动,虽不一定能影响法庭审判的结果,但却至少会影响法庭审判活动的严肃性。

　　其次,辩护律师认为,1928 年的《巴黎非战公约》虽然废弃以战争作为执行国家政策的工具,但并没有将战争规定为犯罪行为。首席检察官季南指出,第一、三《海牙公约》(1899 年、1907 年)、《日内瓦公约》(1929 年)、1927 年国联决议以及《巴黎非战公约》(1928 年)等却明确规定,侵略战争是国际犯罪。辩护律师又提出,即便侵略战争是非法的,但日本所发动的侵华战争和太平洋战争都是为了自卫,法庭无权审理与自卫有关的指控。对此,检察方面列举大量事实,证明被告所从事的战争是侵略战争。法庭在审理 1941 年 12 月 7 日日军偷袭珍珠港事件时,对"侵略战争"的定义做了说明:日本出于侵占受袭击国家领土的目的而发动的不宣而战的战争。尽管这一定义是在举例中而给出的,但却基本符合日本发动的所有侵略战争的特征,法庭也是据此对日本军国主义者所发动的侵略战争进行认定并审理的。

　　再次,辩方律师认为,发动侵略战争的国家首脑不应承担国际法上的责任。他们认为,国际法上的一般原则是由国家或政府而非个人来承担发动侵略战争的责任。对此,参加东京审判的检察官和法官们均认为,追究个人的战争责任问题虽然在国际法上尚无先例,但他们援引纽伦堡审判的《判决书》说:在某种情形下,保护国家代表者的国际法原则,是不能适用于那些在国际法上被视为从事了非法行为的犯罪者的。从事了这些行为的人,不能以他们的公职为庇护,企图避免在适当审判下的惩处。在审判中,检方还对被告在战争中未曾采取充分措施来确实遵守和防止违反对于俘虏及被拘禁平民的条约和战争法规的行为提出指控,认为这是一种消极犯罪,并为多数法官所接受。

　　第四,辩方律师认为,法庭宪章作为一种事后法,没有追溯既往的效力。对此,东京审判的法官认同纽伦堡审判的《判决书》中的观点:"法律无规定者无罪"的原则并不是对主权加以限制,而是一般的正义原则,坚持对蔑视条约和保证以及不经警告就进攻他者的惩罚有失公道的看法是错误的。对侵略者明知是错误的行为不加惩罚,才是真正的不公道。

　　此外,辩护律师还对法庭人员的组成、共谋是否构成犯罪等提出异议,但都遭到控方的严厉驳斥。

从 6 月 3 日起,审判转入检方出示证据阶段。4 日,首席检察官季南发表始诉词,对日本军国主义者谋求世界霸权的阴谋进行了揭露,并对起诉书的内容和结构做了必要的解释,对侵略战争等所涉及的法律问题做了分析,同时对证据特征、有待证明的问题以及一些重大事件的综合性评价等问题做了说明。当检方的诉词一结束,辩护方立即就提出反对意见,认为始诉词有"煽动性",且其中提到的日俄战争不在案件审理的时间范围内。但这些意见都被法庭驳回。13 日起,检方分 13 个方面对被告所犯下的罪行进行了举证,其中跟中国有关的内容有:在满洲的军事统治、"支那事变"——对中国本土统治权的扩大、在中国的暴行及鸦片毒品输送、"满洲国"及对中国的经济统治、对战俘及平民的暴行等,具体包括暗杀张作霖事件、发动九一八事变、炮制伪满洲国、策划卢沟桥事变、制造南京大屠杀、从事鸦片贸易和毒品走私等。1947 年 1 月 24 日,检方举证结束,共费时 160 天,速记记录共有 16 259 页,提交法庭的证据文件多达 2 485 件、书面证言 561 件、到庭作证 109 人。辩方对检方的举证同样表示反对,但也遭到法庭的驳斥。

从 1947 年 2 月 24 日起,由被告辩护人进行反证。辩护人共从 6 个方面,即一般问题、满洲及"满洲国"、中国问题、苏联问题、太平洋战争问题、个人案件等提供反证依据。照例,辩方也要先作始诉词,而且可以作两份,但由于广田弘毅、平沼骐一郎、重光葵、土肥原贤二、铃木贞一等被告对辩护人之一高柳贤三全盘否定被告责任、露骨赞颂法西斯思想的始诉词表示不满,而高柳又不愿对始诉词进行修改,因此遭到被告辩护人和法庭的拒绝。这样,被告辩护人的始诉词就只有一份,是由日本著名律师、辩护团副团长清濑一郎宣读的。清濑在始诉书中称,日本所发动的对外战争,均是国家行为,而且没有违反国际法,因此被告个人不应当为此承担责任。被告也没有以武力统治亚洲的阴谋。日本所提出的"八纮一宇"主张 [1],并非是为了称霸世界,而是使"全世界的人民怀着像家里兄弟姐妹那样的感情相互交往";"东亚新秩序"主张也不是为了破坏民

---

[1] 指通过使用武力,将全世界变为以天皇为家长的一个大家庭的侵略扩张主义理论。

主政治、自由与人格，而是使东亚实现"善邻友好、共同防共、经济合作"的理想；"大东亚共荣圈"的目的则希望大东亚各国像一家人一样，进行政治、经济和文化的交流与合作。日本也没有与德意结盟以统治世界的企图，日德意同盟是"为维持世界和平而结成的自卫性组织"；日本在战争中也没有德国人那样恶劣，对九一八和卢沟桥事变，日本始终遵循着不扩大事态的方针；所谓的屠杀事件，被不合适地捏造和夸张了；日本与苏联的关系，不属法庭审理的范畴；日本增兵满洲是为了加强防御力量，苏联在1945年进攻满洲的日本是违反日苏中立条约的；日美冲突是日本采取了诸多缓和措施仍无结果后不得不行使自卫权利的产物，日本并未不宣而战，1941年12月7日日本方面交给美国国务卿的照会就是开战宣告。总之，清濑的《始诉书》全盘否定了检方对被告的所有指控。随后，辩方就上述论点逐一提出具体反证依据，跟中国有关的主要是对满洲事变、中日全面战争及南京大屠杀等提出反证，同时对被告个人的战争罪行进行辩护。1948年1月12日，辩方结束反证，用时187天，速记记录长达20 171页，法庭共接受1 527份文件和214份书面证言，有310人出庭作证。

　　尽管法庭对检、辩双方所提供的证据都有不少不满之处，并都拒绝了他们所提供的证据材料中的一部分，但以对辩方证据材料的拒绝为多。对此，法庭曾明确指出：辩方"冗长而模棱两可的言词和遁词，只会引起不信任"，他们所提出的证据"很少或完全没有证据价值"，因而"大部分都没有（被法庭）受理"。

　　检、辩双方分别提供证据后，就进入了相互辩驳阶段。在这一阶段，检方又提供了180份文件作为新的证据，辩方则提供了54份文件作为新证据。1948年2月11日，检方开始致终讼词。终讼词的绪论部分认为，日本对中国、美国和苏联等国的军事行动远远超出了自卫的范围，被告们所从事的经济剥削和无数兽行，完全是一种经过长期精心准备后的"罪恶滔天的侵略行为"。其主体部分包括对《起诉书》的分析，阐述了对惩治破坏和平特别是侵略战争及杀人罪行、阴谋概念的法律根据，对企图称霸亚洲和太平洋地区的阴谋的分析，对战俘、和平居民和被击沉商船船员的罪行，被告的责任。宣读终讼词，共用时14天，到3月2日结束。紧接着，辩方发表终讼词，除重复此前的老调及国家发动的战争行为不应受惩罚的观点外,还提出了不应"溯及既往"责任的观点,以求使人们对法庭的管辖权产生怀疑。辩方的终讼词于 4 月 15 日宣读完毕,花了31 天时间。

辩驳阶段以检察官的答辩完成为结束的标志。针对辩方在终讼词中所提出的问题,检方就三个方面分别由中国检察官、苏联检察官以及美国检察官进行了答辩,到 16 日结束。随后,法庭宣布休庭,等待合议并对有关文件做好起草、修改、翻译等工作后进行宣判。

五、宣判与执行

休庭后,法官们随即进行了紧张的《判决书》的起草工作。在起草中,11 位法官的意见并不一致。澳大利亚、法国法官虽然认为被告有罪,但因其所在国已废除死刑,因此不主张对被告处以死刑。庭长、澳大利亚法官韦伯不仅撰写了一份个别意见书,还撰有一份长达 637 页的判决意见(海洋法系的惯例是由庭长撰写一份"先导判决书",作为法庭最终判决的基础)。在这份判决意见中,韦伯对共同谋议罪行的适用性提出质疑,而强调在日本对中国及其他国家的侵略行动中个人的责任和罪行。他认为,日本领导人和侵略战争的具体执行者都应该被判有罪,但其依据是他们没有去阻止侵略战争的发生和进行。在量刑问题上,他主张对所有罪犯都不应判处死刑,因为他们的最高上级天皇已被授予了豁免权,更合适的刑罚是终生流放海外,如太平洋上的某些岛屿。法国法官认为,法庭程序有重大缺陷,包括被告辩护条件未被满足以及依靠简单多数进行判决;对侵略战争罪的认定和判决应以自然法而非国际法为据;检方没有直接证据证明被告存在共谋,反和平罪的指控也无法成立;对战犯"不作为"的责任认定不当;天皇应该受到指控。荷兰法官认为,侵略战争罪的法理依据不应当是 1928 年的《非战公约》,而应是 1945 年 8 月的《伦敦协定》;法庭的管辖权应仅限于太平洋战争,日俄边境冲突中的张鼓峰事件、诺门坎事件不属法庭审理范围;单独犯反和平罪的罪犯不应被判处死刑,广田弘毅的反和平罪和普通战争罪不应认定,应无罪释放;岗敬纯、佐藤贤了、岛田繁太郎应以普通战争罪判处死刑;畑俊六、木户幸一、重光葵、东乡茂德应无罪释放。

印度法官坚决反对判处被告有罪,更不同意判处其死刑。他还提出了一份英文长达 25 万字、日译本共 1 912 页、远超过法庭判决书内容的意见书,创下了有史以来法官发表个人"异议书"的记录。他不同意共谋罪的指控,认为侵略罪没有依据,反和平罪是事后法,不应成为法庭对战犯进行审理和判决的依据,个人不应负国际法上的刑事责任,不作为不构成犯罪,日本偷袭珍珠港属于自卫非侵略行为。他认为,将战争的责任完全归于被告的身上,与法理不容。

中国、美国、苏联、新西兰、菲律宾、加拿大法官不但主张所有被告均犯有战争罪行并应为此承担责任,且主张对其中罪行最严重者应判处死刑。因《远东国际军事法庭宪章》规定,判罪和量刑通过法官投票来决定,有出席法官之半数票即可通过判决。由于澳大利亚、荷兰、印度、菲律宾法官持有异议,因此《判决书》主要由其余 7 个国家的法官们分工负责起草。定稿后,经过长久讨论、激烈争辩后的票决,《判决书》得到通过。菲律宾附有保留意见,他认为对战犯的判决过于宽大,主张对所有战犯都应判处死刑。因此,尽管在正式开庭前,法官们曾宣誓"绝不泄露或露布我们法庭任何分子对于判决或定罪之意见及投票,而要保持每个分子之见解为不可侵犯之秘密",但他们之间的分歧是如此的显而易见,因此不难想见在法庭审判和最终投票表决中的行为。

从 1948 年 8 月 2 日起,对《判决书》进行文字翻译工作,到 11 月 3 日翻译工作全部完成。11 月 4 日,经过 818 次庭审后的远东国际军事法庭进行了庄严宣判。《判决书》共分 3 篇 11 章,第一篇有 3 章,主要叙述有关审判的一般问题,如法庭的设立和审理、适用法律问题、日本按国际条约和协定所承担的义务及获得的权利,有针对性地回应了法庭有无审判"反和平罪"的权力、侵略战争是不是犯罪、在国家发动的侵略战争中个人应不应负责任、法庭宪章是事后法、战争中谋杀罪只构成违反战争法规即惯例而不能算作杀人、有数名被告是俘虏不应受到法庭的审理等异议。第二篇是《判决书》的主体部分,共有 5 章,叙述了《判决书》中所判明的具体犯罪行为和事实,即日本为侵略战争所做的准备、对中国、苏联的侵略、发动太平洋战争、战争犯罪等内容。第三篇也是 3 章,叙述了法庭依据《起诉书》内各项罪状对每一被告罪责所作的结论和科刑。《判决书》将《起诉书》的55项罪行指控合并为10项,具体为,一贯地为控制东南亚及太平洋的阴谋,对中国、美国、英国、荷兰、法国的侵略战争,制造张鼓峰、诺门坎事件,命令准许违约行为,怠于防止违约行为;将三种罪行指控合并为两项,即破坏和平罪和违反战争法规惯例及人道罪。《判决书》认为,起诉书中的第二类犯罪即杀人罪中的各项条款,有的可归入第一类中去,有的可归入第三类中去,有的如第37、38项指控(所犯罪行的实质性内容完全一样,但指控对象后者比前者多一个松冈洋右,且所违反的国际条约也不尽相同,类似的指控还有第27、28项等)不属法庭管辖范围,因此第二类犯罪指控可以撤销。

　　与中国有关的内容,是《判决书》中最重要的组成部分。《判决书》认为,日本对中国的侵略是从1931年的九一八事变开始的,虽然参加的时间有早有晚,但所有被告都参加了对中国的侵略活动,具体事件包括:① 侵略和奴役满洲。② 通过伪满洲国和日本的"对满事务局"实施统一和开发满洲的"二位一体制"。③ 实施进一步侵入中国的计划——"天羽声明"[1]。④ 从卢沟桥事变到1938年1月发表"近卫声明"[2]之间对中国的侵略。⑤ 在中国扶植傀儡政权。⑥ 构建所谓"大东亚共荣圈"。⑦ 对中国东北及其他地区的支配。在违反国际公约所规定的战争犯罪方面,判决书指出,在上海、苏州、南京、汉口、广州、长沙等地都发生了对中国人民有组织的大规模屠杀事件。《判决书》确认,在占

1　"天羽声明"是时任日本外务省情报部长的天羽英二在第二次世界大战全面爆发前的1934年4月17日和1934年4月20日所发表的两次声明。前一次声明是天羽英二在记者招待会上发表的"非正式谈话",主要内容有① 日本与中国有特殊关系,故日本应与各国不同,要完成它在东亚的特殊责任;② 维护东亚和平及秩序,是日本单独之责任,无须他国干涉;③ 如果中国用以夷制夷的政策,日本就唯有加以排击;④ 西方各国如果对于中国想采取共同行动,即使在名义上是财政的或技术的援助,日本亦不得不反对。此一声明招致欧美各列强的普遍不满。于是,他在4月20日发表了第二次声明,内容为:日本并不妨碍第三国利益,并且也希望欧美各国多与中国通商并促进中国繁荣,而中国的繁荣是日本所欢迎的,日本的中国政策仍然以门户开放政策为准则。

2　1938年,日本首相近卫文麿发表的诱降蒋介石、企图灭亡中国的三次声明。1938年1月16日,近卫发表第一次声明称:蒋介石如不接受议和条件,日本将"不以国民政府为对手",而另建"与日本提携之新政府"。11月3日,近卫发表第二次声明称:如国民政府"坚持抗日容共政策,则帝国决不收兵,一直打到它崩溃为止"。12月22日,近卫又发表第三次声明,提出所谓"中日睦邻友好""共同防共""经济合作"三原则,诱胁蒋接受条件。

领南京及其附近地区的最初 6 个星期内,被日军屠杀的平民和俘虏"总数达 20 万人以上"。在亚洲和太平洋等战场的令人发指的罪行则包括解剖活人、吃人肉等。

宣读《判决书》共用了 7 天时间(不含两个休息日),当地时间 11 月 12 日下午 3 时 27 分,法庭宣布所有 25 名(因审理期间松冈洋右和永野修身病死,法庭取消了对他们的指控,同时还终止了对患有"精神病"的大川周明的审理,实际受审并作出判决的只有 25 人,但到庭听取判决的仅 22 人,其余 3 人因病未到庭)均犯有破坏和平罪和违反战争法规惯例及人道罪。休庭 15 分钟后,宣读对被告个人的判决结果及科刑,其中东条英机、土肥原贤二、广田弘毅、板垣征四郎、木村兵太郎、松井石根、武藤章等 7 人被判处绞刑;荒木贞夫、桥本欣五郎、畑俊六、平沼骐一郎、星野直树、木户幸一、小矶国昭、南次郎、岗敬纯、大岛浩、佐藤贤了、岛田繁太郎、铃木贞一、贺屋兴宣、白鸟敏夫、梅津美治郎等 16 人被判处无期徒刑;东乡茂德、重光葵分别被判处有期徒刑 20 年和 7 年。

根据《远东国际军事法庭宪章》,宣判结果"应径送盟军最高统帅核议,并依据该统帅之命令执行判决"。被告乃以此为据,向盟军统帅部提出申诉。盟军统帅部在接到申诉后,决定予以受理。11 月 22 日,盟军司令麦克阿瑟召集对日理事会驻东京的代表和远东委员会各成员国在东京的使节团,征求他们对判决结果的意见,绝大多数代表都肯定了远东国际军事法庭的判决。23 日,麦克阿瑟表示,"我没有任何理由去变更远东国际法庭对被告们所判处的刑罚。如果这样缜密的诉讼程序还不能信赖的话,如果这样博学的法官们还不能信赖的话,那么,世界上便不会有任何可以信赖的事物了"[1]。又说,"我找不到任何技术上的疏漏或审理过程本身的疏漏可以干预判决"。24 日,麦克阿瑟核准了判决,并驳回了重审的要求。他还命令美军第八军司令为执行判决做准备。

但令人意想不到的是,就在战犯们等待受刑、世界人民盼望执行判决的时候,由美国陆军派出的为广田弘毅和土肥原贤二辩护的两位律师却以"人身保

---

1 梅汝璈:《东京审判亲历记》,梅小璈、梅小侃整理,上海交通大学出版社,2016,第 46 页。

护"为由于 11 月 29 日向美国最高法院提出了上诉，要求释放被告。麦克阿瑟竟违反先前的表态和《远东国际军事法庭宪章》的规定，同意将土肥原贤二的上诉书呈交给美国最高法院。上诉书称：① 盟军统帅部无权成立审判日本战犯的军事法庭。② 任何美国立法机关或国际法都从未规定侵略罪。③ 被告所被指控的各项行为，均是遵守日本政府命令而采取的。④ 远东国际军事法庭如能对他们进行重申，他们就不拟"出席美国最高法院受审"。30 日，麦克阿瑟发布命令，决定延期执行对东条英机的死刑判决。12 月 1 日，他又正式宣布，暂缓对 7 人处以绞刑，以便由美国最高法院裁定，其他战犯也将延期执行。接着，岛田繁太郎、岗敬纯、佐藤贤了、东乡茂德、木户幸一也于 12 月 2 日向美国最高法院提出了上诉。

美国最高法院于 12 月 2 日举行秘密商议，以五比四的投票结果决定对上诉书进行审查。6 日，正式宣布受理战犯们的上诉。美国最高法院的决定一经公布，就引起世界舆论的普遍谴责和反对。面对来自世界范围内的广泛反对，美国政府决定进行干预。司法部副部长柏尔曼以美国政府的名义给最高法院发去一道公文，要求最高法院不要干涉远东国际军事法庭的判决。他指出，最高法院的任何干涉，不仅要损害国际司法工作，而且会破坏（国家间）旨在达成合作的其他努力，尤其是联合国的工作。他还指出，最高法院无权重新审查罗斯福总统在战时与各盟国共同达成的关于惩罚战犯的协定，如果最高法院不拒绝日本战犯的上诉请求，"就可能预料在国际事务的发展中将发生最不幸的后果"。在这种情况下，美国最高法院被迫做出让步，12 月 20 日，以六比一的投票结果否决了重新审理远东国际军事法庭所宣告的判决。至此，日本战犯的上诉闹剧宣告失败。

在美国最高法院驳回日本战犯的上诉请求后，盟军即着手执行判决。1948 年 12 月 23 日凌晨，东条英机等 7 人在巢鸭监狱内被秘密执行绞刑，总共只用时 35 分钟。中、美、英、苏 4 国代表见证了执行过程。随后，尸体被运往横滨公共火葬场火化。大部分骨灰被抛入海中，少量骨灰由辩护律师带出，埋在知多半岛爱知县的三根山顶。

12 月 24 日,盟军总司令部以"罪证不足,免于起诉"为由,释放了关押在巢鸭监狱中的岸信介、儿玉誉士夫等 19 名甲级战犯嫌疑人,并发表声明,此后不再审理日本主要战争责任人。至此,东京审判宣告结束。

判处刑期的战犯,则仍在巢鸭监狱中服刑。其中梅津美治郎、白鸟敏夫于 1949 年病死、小矶国昭、东乡茂德于 1950 年病死,平沼骐一郎于 1952 年病死,重光葵于 1951 年 11 月刑满出狱,其他战犯均被假释或提前释放,如荒木贞夫、南次郎、畑俊六于 1954 年出狱,大岛浩、桥本欣五郎、木户幸一、岛田繁太郎于 1955 年出狱,岗敬纯、佐藤贤了于 1956 年出狱,贺屋兴宣、星野直树于 1958 年出狱。

六、后续审判

按照当初的设想,在首次审判后,远东国际军事法庭还将对其他甲级战犯继续进行审判,但由于对首批战犯的调查、起诉和审判耗时太长,费用巨大(据当时新闻报道,审判时,每天耗用的纸张就达 3—5 吨,且还都是从美国、瑞典等国进口的),加上受国际形势迅速变化等因素的影响,后续审判的设想最终变得虎头蛇尾。

早在 1946 年初,英联邦的检察官就提出,对在押甲级战犯嫌疑人中证据不足的应立即予以释放,还有起诉可能的,交由美国方面进行调查,不再进行国际审判。经过罪行调查和甄别后,到 1947 年 8 月,大部分嫌疑人先后被释放,仍有 22 人在押。国际检察局的许多检察官们认为,无理由长期羁押嫌疑人会损害国际检察局甚至同盟国的威信,盟军最高统帅也要求检察长尽快确定嫌疑人的去留问题。10 月底,国际检察局经过调查后,确认 19 名嫌疑人具备继续起诉的可能性,其余人应立即释放。但季南同时向盟军最高统帅部建议,对这 19 名犯罪嫌疑人以不进行甲级起诉为好,而由盟军统帅部下属的法务局围绕乙、丙级罪行展开调查和起诉,其理由是,对他们的甲级审理将耗时费力,而且会做重复审理,且在"冷战"正趋加剧的国际背景下,世人的关注点已有所转移,改变对战犯审理的做法,也不会引起过多的国际关注。季南的建议获得了盟军统帅部的认可。随后,法务局正式接手对在押的战犯嫌疑人进行深入调查,并于1948年4月在给盟军统帅的报告中提出了对他们进行审判的方案:对发动太平洋战争时的内阁成员(承担"阁僚责任"),拟在东京审判宣判后再做具体如何起诉;对曾任横须贺镇守司令、联合舰队司令以及军令部总长的丰田副武以承担"指挥官责任"为由进行起诉;继续调查情报机关负责人儿玉誉士夫和政治活动家笹川良一的罪证,作为潜在审判对象。9月,法务局又将曾任日本陆军省俘虏情报局长和管理部长的田村浩列为待审对象。11月,东京审判宣判后,法务局认为,从宣判结果(发动太平洋战争时的内阁成员中仅重光葵一人被判7年徒刑)看,以"阁僚责任"为由起诉战时内阁成员的依据不足,于是决定将大部分在押嫌疑人予以释放,仅决定对丰田副武、田村浩两人提起诉讼。

1948年10月27日,盟军最高统帅部下达对丰田、田村进行审判的命令,决定成立两个国际军事法庭分别负责对他们的审判工作。审判开始前,盟军总部对外信息办公室曾向各盟国发出任命法官的邀请,得到中国、苏联和澳大利亚的响应,但实际参加审判工作的除美国法官外,只有中国和澳大利亚两国的法官,苏联法官因不懂英语而没有参加。经过10个月的审理,1949年2月23日,田村浩被判处8年劳役的处罚。丰田虽被追究施行残虐行为的责任,但却在9月6日被无罪释放。

至此,远东国际军事法庭对甲级战犯的审理工作就全部结束了。

此外,美国曾于1945年10月向各盟国传达了《关于远东战争罪犯的逮捕和处罚的方针》,建议同盟国在亚洲和太平洋地区全域对分别对(A)反和平罪、(B)普通战争罪、(C)反人道罪的所有战犯提起诉讼。其中,犯反和平罪即甲级的战争罪犯由东京远东国际法庭进行审判,犯普通战争罪、反人道罪即乙、丙级战争罪犯由罪行发生地所在国实施负责审判。其所依据的国际法分别是1899、1907年《海牙公约》即《陆战法规和惯例公约》及其附件《陆战法规和惯例章程》,以及1929年关于战俘待遇的《日内瓦公约》。在这一前提下,各国或同盟国机构组织审判时,可以自行确定具体的适用法律和惩罚手续。一般而言,英、澳等海洋法系国家多直接依据国际法条约,中国、荷兰、印尼等大陆法系国家多同时适用国际刑法和国内法。美国的做法比较灵活,多数地方主要依据国际法进行审判,少数地方如关岛则同时适用了当地刑法。

各同盟国家(不含中华人民共和国和苏联)共设立了 51 个法庭,对 5 700 名 B、C 级日本战犯进行了审判,有 934 人被判处死刑(被执行者)。详见下表 1。

表 1　盟国在亚洲、太平洋地区对 B、C 级日本战犯审判情况 [1]

国别	中国	美国	英国	澳大利亚	法国	荷兰	菲律宾	总计
审判案件数	605	456	330	294	39	448	72	2 244
被告人数	883	1 453	978	949	230	1 038	169	5 700
死刑	149	140	223	153	26	226	17	934
无期或有期徒刑	355	1 033	556	483	135	733	114	3 419
无罪	350	188	116	267	31	55	11	1 018
其他	29	89	83	36	1	14	27	279

需要说明的是,各同盟国家审判的日本战犯数量在不同的材料中有不同的说法。

在国际司法界,中、美、英、苏、澳、法、荷、菲等国对日本战犯的审判,一般均被视作为东京审判的延续或有机组成部分。

七、东京审判的意义与局限

总体来说,东京审判是比较严谨、公正的。当时的世界舆论,多对东京审判持肯定态度。这一点就连当年的日本舆论界也不否认。如《朝日新闻》就曾发表社论,充分肯定了东京审判:① 确立了发起战争将接受国际社会审判的先例。② 是一次文明的审判。③ 法西斯主义必须受到制裁。④ 战争不仅是国家责任,而且也是个人责任,希望世界和平是战胜国和战败国的共同意愿 [2]。这也是日本右翼势力始终无法实现否定和推翻东京审判、否定甚至美化

1　程兆奇:《东京审判——为了世界和平》,上海交通大学出版社,2017,第 150—151 页。

2　转引自程兆奇编《东京审判研究手册》,上海交通大学出版社,2013,第 113 页。

侵略战争、为军国主义者张魂、重新将日本武装成国际战车等罪恶企图的重要原因。

东京审判对于制止侵略战争、促使各国通过和平方式解决相互之间的争端起到了良好的作用。其政治意义在于,它警告了所有妄图再次挑起世界大战的战争狂人,无论他们一时看起来多么强大,如果胆敢策划、发动侵略战争,那么终有一日将成为阶下囚、被押上审判台,甚至被套上绞刑索。这就在很大程度上震慑、挫败了各种侵略战争的阴谋,也鼓舞了世界各国、各地区人民与侵略战争及其发动者进行坚决斗争的勇气和信心。

通过东京审判,进一步揭露了日本侵略者给亚洲和太平洋地区人民所带来的深重灾难、所犯下的罄竹难书的罪行,这实际上也是在对包括日本人民在内的世界各国人民上了一堂关于日本军国主义者所发动的侵略战争的内容真实的历史课,揭露了日本法西斯统治者一直进行的欺骗宣传,极大地启发了日本人民的思想觉悟。战后日本人民曾经掀起过的一浪高过一浪的反战和政治民主运动,警惕军国主义的复活,与东京审判对军国主义者发动侵略战争及其所进行的欺骗宣传教育的揭示,应该说是不无关系的。

正如论者所指出的那样,远东国际军事法庭在法律适用问题上,不仅援用了传统的国际法,还根据当时国际社会和国际法的发展和需要,创建并使用了新的国际法,是在遵循传统国际法的基础上对国际法发展的贡献。东京审判进一步确立了纽伦堡审判所实施的对侵略战争的审判原则,这些原则是对现代国际法特别是战争法的重要贡献,使战争罪行和战犯审判的国际法原则,如关于对侵略战争的定义问题,关于发动侵略战争的国家责任问题以及具体执行者的战争责任问题等,得到了很大澄清。这些被进一步澄清的国际法原则的核心精神和内容主要包括:① 从事构成违反国际法的犯罪行为的人应承担个人责任,并受惩罚;② 不违反所在国的国内法,不能作为免除国际法责任的理由;③ 被告的官职地位,不能作为免除国际法责任的理由;④ 政府或上级命令,不能作为免除国际法责任的理由;⑤ 被控有违反国际法罪行的人,应受到公平审判;⑥ 违反国际法的罪行,包括危害和平罪、战争罪和违反人道罪;⑦ 参与上述罪行的共谋,也犯有违反国际法的罪行[1]。

此外,东京审判还为日后的国际军事法庭的审判提供了范例和经验。东京审判创下了国际审判时间最长的历史记录,期间所付出的周密准备、组织协调以保证审判的公正、有序进行的努力,其工作量之大是难以想象的。在漫长的审判中,法庭受理和审查了八千余件证据材料,其中检方的证据材料长达2.12万多页,辩方证据材料长达2.68万页,采集了数千名证人的证言,经受了多种语言相互翻译的考验,留下了几千万言的庭审记录,仅英文速记记录就长达28 412页。

当然,东京审判也存在诸多不足。

首先,不少理应受到审判的战犯逃脱了受审的命运,特别是日本天皇未被逮捕、起诉和判决;对所有支持日本发动侵略战争并在侵略战争中获益的大企业及财阀,对长期鼓吹军国主义、为日本对外侵略提供理论和舆论支持的几乎所有右翼思想家、理论家以及黑龙会、樱会、国本社、大日本青年党、日本政治会、大政翼赞会等极右组织和个人,也都没有进行有效的起诉;战时普遍存在的性暴力的组织者、实施者以及进行人体实验特别是臭名昭著的七三一细菌部队的组织者、实施者也没有得到罪有应得的审判[2]。

其次,对不少被捕、提起诉讼、经过审理的战犯,判得太轻,有的还被免于起诉,如为害朝鲜[3]甚重的南次郎、小矶国昭等仅被判处无期徒刑,对其余19名甲级战犯做了全部释放的处理;所有被判处徒刑的战犯,实际关押的时间也都不长;一些战犯被"无罪"或刑满释放后,相继重新走上政坛。所有这些,都极不利于对日本军国主义思想和势力的清肃,甚至一遇有利时机就沉渣泛起、死灰复

1　参见梅汝璈:《战争罪行的新概念——总结第二次世界大战后关于战争罪行的国际法原则的一些主要的变化和发展》,《学术月刊》1957年第7期;余先予等:《东京审判——正义与邪恶之法律较量》,商务印书馆,2015,第285—286页。

2　石井四郎作为日本细菌战的实际负责人,长期从事细菌武器的研究和试验,是七三一部队的负责人。东京审判时,美国军方以日方交出化学与细菌部队的研究成果为条件放弃提起诉讼。石井由此逃脱了受审的命运。

3　长期遭日本殖民统治的朝鲜竟未被邀参加东京审判,这也是相当不公平的。

燃,进而至于甚嚣尘上,既给维护世界和平局面留下了诸多隐患,也给日本发展和周边国家的关系增添了诸多不利因素。东京审判后,日本右翼势力一直在为被判刑并被绞死的战犯鸣冤叫屈、质疑东京审判的正当及合法性。20 世纪 80 年代以来日本军国主义思潮的重新抬头、否认侵略历史、美化侵略战争、教科书改恶、首相等政府公职人员及议会议员频繁参拜供奉有甲级战犯牌位的靖国神社、在战争问题上一再"失言"、在对待"慰安妇"等战争受害者的民间索赔问题上始终态度消极等,不能不说与当年对日本军国主义思想和势力的清肃不力有一定关系。

第三,对法官的选择和辩护律师的审查不够慎重、严格,法官间的明显意见分歧、一些辩护律师的胡搅蛮缠和故意拖延,不仅延长了法庭审理的时间,耗费了巨大的人力、物力与财力(总费用高达 750 万美元),对审理结果也产生了某种程度的影响。

导致东京审判存在局限性的原因是相当复杂的,经历了一个由相对较为单纯的技术问题(包括如何尽快结束战争行动并实现对日本的占领等)到政治考量逐步占据主导地位的演变过程。这也是东京审判所留下的沉重历史教训。

中国团队的贡献和遗憾

一、中国团队的主要贡献

本书将参加东京审判的中国法官、检察官及其顾问、秘书、译员等统称为中国团队。这一团队成员分为检察官团队和法官团队两个部分。他们的遴选、确定经历了一个较长的酝酿、准备过程。

1945 年 10 月 22 日,国民政府驻美大使魏道明致电外交部,转达了美国国务院有关组织远东国际军事法庭审判日本战犯及请盟国派遣审判代表的意见。美国希望中、苏、英等大国都能各派出 5 人(后改为各派法官、检察官 1 人)参加日后的东京审判。同时提出,各国所派的代表最好是能操英语的法律专家。这对中国政府选拔和最终确定所派人选产生了很大影响。随后,司法部、军令部及军法总监部等会商后,提出了 5 名候选人,分别是向哲濬、倪征燠、刘方矩、吕节及石毓嵩,外交部推荐了 3 人,分别是梅汝璈、吴经熊、燕树棠。11 月 29 日,外交部部长王世杰将 8 人名单上报国民政府,最终选定了向哲濬和梅汝璈两人,并由行政院于 12 月 11 日通知外交部。1946 年 1 月 3 日,王世杰致电魏道明,告知由向哲濬任检察官、梅汝璈任法官(见图 5)。

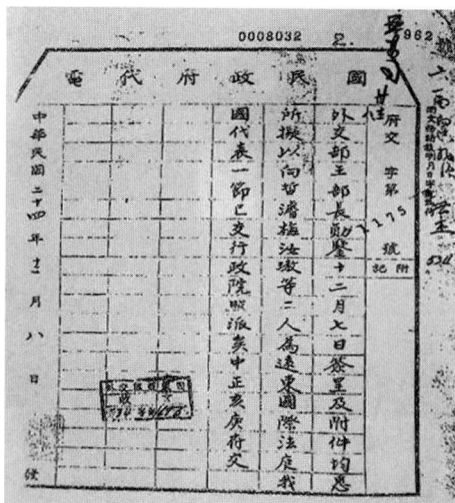

图 5 国民政府的任命函

关于法官人选,中国政府最初曾打

算派遣石美瑜担任,但由于他此时已承担了审判汉奸陈公博、缪斌等任务,随后又被任命为审判日本战犯的军事法庭的少将庭长(首席大法官),开展日本要犯谷寿夫、酒井隆的审判工作,并对日谍川岛芳子进行侦讯。他还主持军事法庭搜集了 1 000 多名南京大屠杀幸存者口述记录和国际友人的证言,确定日军在南京及其周围地区杀害近 30 万名非武装人员。这些证据后来成为远东国际军事法庭进行审判的重要依据。

法官、检察官人选确定后,就是对顾问、秘书及译员等工作人员的遴选和确定了。因审判前对战犯罪证的调查、搜集及起诉等工作均由检察官负责,因此检察官的前期任务相当繁杂,向哲濬首先聘用裴劭恒为秘书(裴还兼任助理检察官。1946 年底,出任美军第八军法庭法官)。1946 年 4—6 月,外交部又选定刘子健、朱庆儒为检察官秘书。同年 4 月,向哲濬利用回国搜集证据的机会,在上海招聘高文彬、周锡卿、张培基、刘继盛、郑鲁达任翻译。1946 年冬,裴劭恒回国,向哲濬于 1947 年 4 月初请求外交部补聘高文彬为检察官秘书。同年初,向哲濬还聘请刚从欧美考察归国的倪征噢为首席顾问(曾一度代理检察官职能),鄂森、桂裕、吴学义为顾问。担任法官秘书的有方福枢、杨寿林、罗集谊。

中国检察官和法官团队各自履行了职责,为东京审判的完成做出了巨大贡献[1]。在他们以及远东国际军事法庭其他检察官、法官的共同努力下,揭露了日本法西斯侵略战争的罪行,追究了战犯的战争责任,维护了战争胜利的成果。

具体来说,中国检察官在东京审判中的重要贡献有:

首先,提出日本甲级战犯的罪行从 1928 年 6 月皇姑屯事件开始算起。在对日本甲级战犯罪行的起始时间认定上,有人认为,应当从 1941 年 12 月 7 日算起,因为这一天日军偷袭珍珠港,12 月 9 日,美国、英国和中国等国才正式对日本宣战。但中国检察官认为,从 1937 年 7 月 7 日卢沟桥事变起,日本就开始全面侵略中国,而卢沟桥事变又是 1931 年九一八事变的继续和延长;九一八事变的发生,又与 1928 年 6 月 4 日关东军在皇姑屯炸死东北最高行政长官张作霖有

1　向隆万、孙艺:《东京审判中的中国代表团》,载《民国档案》2014 年第 1 期。

直接关系。证据表明,阴谋施行皇姑屯事件和策划九一八事变的是关东军的同一批人。所以皇姑屯事件应当作为清算日本战犯罪行的起点。中国检察官向哲濬认为,"从谋杀张作霖到沈阳事变这段时间里,所有活动都是一个阴谋的一部分"。虽然日方律师极力否认,但向哲濬有理有据地说服了国际检察局同仁,最终确定,东京审判中,被告的犯罪日期从1928年算起。

其次,和其他国际检察官一起确定日本甲级战争嫌犯名单。各国向盟军总司令部提出战争嫌犯名单,经初选后予以陆续逮捕,最后由季南检察长和各国检察官会商后挑选出28名甲级战争嫌犯作为被告,首先受审。档案材料表明,中国检察官为提供甲级战犯名单做出了很大贡献。早在1943年7月16日,中国就成立了"敌军罪行调查委员会",任务之一就是确定日本的战争罪犯名单。远东国际军事法庭成立后,中国第一批提出的战犯有18名,其中有9名后来被列入甲级战犯名单。后来又向法庭提交了第二批21名战犯名单。在法庭最终确定的28名甲级战犯中,由中国团队提出的共有15名,占53.6%。有的战犯如土肥原贤二是在中国检察官团队一再据理力争后才被列为甲级战犯并被处以死刑的,有些战犯如谷寿夫、酒井隆等虽最终未被列为甲级战犯,但在中国检察官的要求下,被押送到中国接受审判,并被判处死刑。而在同盟国战争罪行委员会远东小委员会所提出的3 147名的战犯名单中,有2 523人是中国方面提出来的。

再次,参加撰写并向法庭提交《起诉书》(具体承担有关满洲事件部分起诉内容的撰写任务,同时参与其他内容的讨论并提供证据)。《起诉书》对被告共提出55项罪状,涉及中国的内容是最多的,但由于战争持续时间长、范围广,人员流动性大、对证据的保存和搜集意识不强、办法不多,加上日本侵略者在战争过程中和战争结束前夕又有意识地销毁了大量证据,因此,要在不长的时间里将日本侵略者所犯下的严重罪行全面、彻底地调查清楚,是一件相当不容易的事情。经过相当繁细的内查外调,在国内各部门以及中国驻外使领馆和海外华侨的积极配合下,中国检察组最终找到了大量人证、物证材料,并提交给了法庭。从向哲濬检察官的20次法庭发言来看,都能拿出铁的证据材料起诉被告的罪行。这对法庭最终作出较为公正的判决起到了重要作用。

第四,在调查取证方面,中国检察官通过电函要求国内提供日军侵华暴行证据;通过电函要求亚太各地华侨提供日军残害华侨证据;到国内寻访证据;到日本档案机构、媒体搜集证据。例如,1946年3月,季南检察长一行6人来华调查,向哲濬偕秘书裴劢恒同行。从日方档案、绝密电报中,发现秘密转移汪精卫、裹胁溥仪、进行鸦片交易等罪行。

第五,邀请关键证人出庭作证。和收集书面证据相比,邀集证人出庭,难度更大。尽管准备时间短,人手少,中国检察组还是邀集了15名在中国的中外证人出庭。为说服伪满洲国的"执政"者溥仪出庭,中国检察组做了不少工作。溥仪开始非常恐惧,担心作为战犯受审。中国检察组对他进行耐心说服,要他放下包袱,季南检察长也亲自出面,溥仪终于同意。从1946年8月16日至27日(不含休息日),他连续8天出庭作证,引起轰动,对坐实有关战犯的战争罪行起到了关键性的作用。

法庭在1946年7月中旬到8月中旬审理日军所犯下的南京大屠杀暴行时,共有11名检方证人出庭作证,其中有8名是从中国专程到东京出庭的。除了4名直接的受害者代表外,还有4名目击者,其中3人是美国籍,他们列举了大量亲历的日军暴行。正是基于确凿的人证、物证,远东国际军事法庭才把南京大屠杀定为铁案。

在东京审判中,中国法官团队同样居功至伟。梅汝璈法官的第一个贡献是"争座席"。11位法官代表11个同盟国,在法官席位上如何排座次?法官席上庭长理应坐在中间,无论按照日本投降书签字顺序,还是按照抗日战争的实际牺牲和贡献,庭长两边都应当是来自美国和中国的法官。但是,韦伯庭长却希望美国和英国法官坐在他两边。对此,梅汝璈坚决反对,甚至卸下法袍,以示决心。经过反复据理力争,最后,庭长不得不妥协,梅汝璈从开庭第一天起,始终坐在庭长左侧。这对庭审确实起到了一定作用。庭长经常向他询问意见,梅也口答笔写,还积极、主动向庭长提供建议,为庭长及时解决问题提供很大帮助。事后,梅汝璈曾回忆说:"在任何国际场合,争席位、争排场的明争暗斗是经常发生而且是不可避免的。这种斗争常常关系到国家的地位、荣誉和尊严,不能把它当作细枝末节,以为无关宏旨而淡然置之。"[1]这一看法是相当有见地的。如果行之有度、得法,也必然能取得不错的效果。

中国法官团队的第二个贡献是参与起草《判决书》,具体承担了第 8 章揭露日军"违反战争法规的暴行"的撰写任务,长达 171 页。中国法官团队还参与了《判决书》其他章节的讨论。

中国法官的第三个贡献是争取多数,对 25 名甲级战犯均作出有罪判决。如上所述,对战犯是否判处死刑,在法官会议中产生很大分歧。有的法官以本国取消死刑为理由,主张一个不杀;庭长韦伯则主张像对待拿破仑那样,把日本战犯放逐到太平洋的荒岛之中;印度法官帕尔更是主张全体被告无罪。经过梅汝璈和多数法官的努力,通过投票判处 25 名甲级战犯全部有罪,并以微弱多数,判处东条英机等 7 名甲级战犯绞刑,判处 16 人无期徒刑。宣判前,参加审判的梅汝璈法官已做好了如不能将东条英机、松井石根、土肥原贤二等判处死刑就蹈海赴死以谢国人的准备。

法庭宣判后,梅汝璈如释重负,正义最终战胜了邪恶,这是值得欣慰的。1948 年 11 月 12 日,他应邀在《朝日新闻》上发表《告日本人民书》,指出:"经此次审判,日本军界首脑之暴虐行为和虚假宣传已昭然天下","今日国际法庭之最后宣判,清除了中日两国间善睦相处的这些绊脚石,对于今后中日和平合作相信必有贡献。"从东京审判后中日关系的总体发展来看,已充分证明梅汝璈的上述判断是完全正确的。

中国法官和检察官还对美国欲干预东京审判的企图,进行了批评。如梅汝璈法官就曾明确指出:"美国最高法院无权复查或修正远东国际军事法庭对 25 名日本首要战犯之判决。"他说,代表 11 国的国际军事法庭的判决,如需经过某一国法庭的复审,则今后国际间的决定及行动,均可同样由一国单独予以变更或撤销。此种危险先例对于未来国际间的合作及相互信任,将产生不良影响。

---

1 梅汝璈:《东京审判亲历记》,梅小璈、梅小侃整理,上海交通大学出版社,2016,第 68—69 页。

他对美国最高法院接受上诉表示极为惊异,并斥其犯了极大的错误。向哲濬检察官也说:"美国最高法院无权考虑广田及土肥原等之上诉。"并指出:"审判该批 25 名日本甲级战犯,乃国际事项,美国最高法院无资格审查远东国际军事法庭所宣布之判决。"[1]

此外,在东京审判后的后续审判(横滨审判)中,虽一般都由美国人包办,每次审讯一至数名被控犯有暴行罪即普通战争罪的罪犯,但为公平起见,有时也会邀请一些盟国法官参加,中国驻日军事代表团就曾受邀几次派法官参加相关审判活动[2]。曾担任东京审判法官秘书的杨寿林还参加了准甲级战犯的审判[3]。

另据梅汝璈回忆,当时中国派驻盟军总部的军事代表团中的一些官员在审理日本甲级战犯期间也曾以不同方式如担任临时译员、代表检察官参加有关活动等。曾任北京大学国文系教授的张凤举先生曾应中国法官之邀对检方所质疑的一份证据文件做过笔迹鉴定工作[4]。所有这些工作,都可以看成是广义上的中国团队对东京审判所做出的贡献。

二、中国团队的遗憾

同时,也要客观指出,尽管中国团队在各方面的支持和配合下,通过顽强努力,在东京审判中取得了不少成绩,作出了不可磨灭的贡献,但就如同东京审判存在明显不足一样,中国团队在审判期间也留有不少遗憾,诸如未能将日本裕仁天皇列为战犯并绳之以法,除了被判极刑的 7 名甲级战犯之外,其余均被轻处,更多的还未受审就被释放。

导致这些问题的原因是相当复杂的。首先,是由战后国际形势的变化所决定的。二战后,美国凭借其空前强大的政治、经济和军事等综合实力以及单独

1　梅汝璈、向哲濬的谈话分别见《世界知识》第 18 卷第 23 期(1948 年 12 月)及《大公报》1948 年 12 月 8 日。转引自余先予等:《东京审判——正义与邪恶之法律较量》,商务印书馆,2015,第 244 页。

2　梅汝璈:《东京审判亲历记》,梅小璈、梅小侃整理,上海交通大学出版社,2016,第 80—81 页。

3　程兆奇:《东京审判——为了世界和平》,上海交通大学出版社,2017,152 页。

4　梅汝璈:《东京审判亲历记》,梅小璈、梅小侃整理,上海交通大学出版社,2016,第 343、234 页注[2]等。

占领日本的有利条件,自然成了东京审判的主导者。为了避免纽伦堡审判中曾经出现过的与苏联的争执,美国提议并经盟国同意,东京审判由驻日盟军统帅部全权处理,驻日盟军统帅部所表达出来的美国意图在整个审判期间都得到了充分贯彻;美国人担任了东京审判的首席检察官,其他各国只能派出陪席检察官,协助首席检察官开展工作;法庭设有庭长,由亲美英的澳大利亚法官韦伯担任,而不是像纽伦堡审判那样,由美、苏、英、法四国共同作出决定。

对于由美国来主导东京审判,尽管各国也曾有过自己的考量,如英国曾一度担心由美国主导远东审判,其在远东地区的国际影响力必将下降,但同时又纠结,如果反应过于冷淡或不予配合,既不利于英美关系的发展,且自身确也无力主导远东审判;苏联则因为苏日冲突不多,起初有点超然事外的意思。比较重要的是中国的态度,但当时的国民政府正忙于国内政治、军事斗争,有求于美国的支援,自身实力更为孱弱,便只能接受美国的建议。于是,美国便顺理成章地成了东京审判的主导者。

由美国主导的东京审判,不仅在审判程序和文书形式等方面完全按海洋法系进行,在对战犯的确定和量刑方面也主要反映了美国的意图,中国方面尽管也有自己的明确诉求,但首先要在征得美国的同意后,才有可能取得成功。

东京审判期间,"冷战"的大幕已经拉开,尤其是在中国国内的政治纷争形势日益明朗后,美国开始调整其远东政策,改变战时确定的由中国取代日本成为战后远东地区政治大国的基本政策,决定对日本军国主义势力采取绥靖态度,减弱对战犯进行惩戒以及对日本社会进行民主改造的力度,以建立起日益亲密的美日关系,目的是用日本来牵制苏联和中国,实现远东地区的政治均衡。这一立场是美国确立并不断调整东京审判基本方针的基轴。正是基于这样的考虑,美国一再拒绝中国、澳大利亚等国关于战犯名单的建议和要求。

东京审判在一定程度上还受到了美国国内政治斗争的影响。与纽伦堡审判不同,美国派任东京审判首席检察官的季南,仅先后担任过司法部刑事局长、副部长及助理检察长等职,其政客的色彩较为浓厚,而且还有过酒精中毒史,其较低的专业素质、既偏狭专断又爱出风头的行事风格和领导方法(因此曾遭到其同僚的状告与弹劾）等都严重地影响了他在检察官团队中的威信和凝聚力。这与美国派到纽伦堡法庭担任检察官的杰克逊形成鲜明对比：杰克逊不仅担任过最高法院大法官，还担任过罗斯福政府的司法部长，是美国历史上屈指可数的法学家之一，堪称美国法律界"精英中的精英"。在法官的任命上，美国政府也显得相当草率，起初派赴东京法庭担任法官的希金斯无法与派往纽伦堡的法官弗兰西斯·比德尔（Francis Biddle）及其继任者约翰·J.帕克（John J. Parker）相比：希金斯仅担任过马萨诸塞州法院院长，更严重的还是，他因与季南关系不睦，仅干了两个月就提出辞职，仓促间只好由陆军军法署署长克拉默接任；而比德尔曾担任过联邦政府的司法部长，帕克则担任过联邦第四区上诉法院法官。美国任命的检察官和法官，也无法跟其他国家派任的类似人选相比拟。如澳大利亚派出了日本战罪专家、昆士兰州最高法院首席法官威廉·韦伯爵士担任法官，并随即又将其升为该国最高法院的大法官。中国、荷兰、新西兰等派任的法官也都是国内顶级的法律界人士。同样，这些国家派任东京审判的检察官也多是各国首屈一指的法学家。

美国为什么会派出季南和希金斯等出任东京审判的检察官和法官呢？明显地跟战后其国内的政治走向有关，战时那种举国一致、精诚团结的局面已不复存在，取而代之的则是日趋激烈的党派斗争和日益右倾的政治取向，对战后的华盛顿政客们来说，东京审判的政治意味要远重于司法惩戒的正义之举。由于美国在东京审判中的主导作用，严重地影响了其他各国检察官和法官作用的有效发挥，并进而极大地影响了东京审判的整体质量和效果。

其次，各国在东京审判中的不同诉求以及检察官、法官对东京审判的不同认识等，也对中国团队的正义诉求产生了消极影响。以对战犯的认定和量刑来说，各国检察官和法官均以日本军国主义者对本国所发动的侵略战争及其所造成的损害程度的大小为据，比如美国、英联邦各国及法国、菲律宾等均主张以太平洋战争的爆发作为起诉日本战犯的起始时间，中国则强烈主张以日本策划发动九一八事变为起诉日本战犯的起始时间，苏联则仅仅关心日本制造张鼓峰和诺门坎事件所造成的损失。法官个人的价值取向也会对审判结果产生更为直接的影响。在 11 名法官中,来自澳大利亚、法国和印度的法官或因所在国已取消死刑、或因本人反对死刑,而均不同意判处战犯死刑[1]。苏联则因被起诉的战犯基本与其无关,也反对判处战犯死刑。荷兰籍法官的态度有些动摇,经过中国团队反复做工作,最后同意判处部分战犯死刑。最终,法庭以简单多数判处东条英机、广田弘毅、土肥原贤二、松井石根、武藤章、板垣征四郎、木村兵太郎等 7 名战犯死刑。从投票结果(见表 2)中,可以鲜明地看出法官来源国及其本人对于判处战犯死刑的态度,也可以想见中国团队所面临的困难处境。

表 2　法庭对主要战犯是否判处死刑的投票结果推测[2]

被告 / 法官国籍	荒木	大岛	木户	岛田	广田	东条	土肥	松井	武藤	板垣	木村
美　国	√	√	×	×	√	√	√	√	√	√	√
英　国	√	√	√	√	√	√	√	√	√	√	√
中　国	√	√	√	√	√	√	√	√	√	√	√
菲律宾	√	√	√	√	√	√	√	√	√	√	√
新西兰	√	√	√	√	√	√	√	√	√	√	√
加拿大	×	×	√	×	√	√	√	√	√	√	√
荷　兰	×	×	×	√	×	√	√	√	√	√	√

1　澳大利亚法官韦伯除了主张应将被判有罪的战犯进行流放外,还因理应被列为头号战犯的日本天皇竟未遭惩处而不同意判处所有受审战犯死刑。他于审判结束后的 1948 年 11 月所发表的个人意见中说:无论是在结束还是在发动对外侵略战争上,天皇都"掌握着日本的军政大权"。对此,检察官方面掌握有确凿的证据,但却竟然"明确表示不对天皇提起诉讼"。他认为,即便天皇真的是根据臣下的建议而采取行动的,那也是因为他认为"这样做对",因此"其罪过也是不能宽恕的";至于说天皇可能会因拒绝军阀的要求而有遭遇不测的风险,韦伯指出:"所有的统治者都要冒风险",绝不能以此为由而要求对其所发动的侵略战争进行宽恕。他还一针见血地指出:"对天皇免于起诉,这一决定无疑是为了美国的最高利益"。印度法官则因对西方殖民主义的憎恶及对共产革命的恐惧,或许还多少受到了甘地主义的影响,加上对现代国际法的发展脉络和趋势不很熟悉,又经常缺席庭审现场,对检方的诉求及其依据不甚了了,不仅反对对所有战犯判处死刑,甚至主张将它们全部无罪释放。帕尔的依据显然是牵强的,是对包括印度在内的所有因日本法西斯势力侵略的亚洲及太平洋地区国家和人民所产生的巨大痛苦的漠视,其具体论述则大多乖离事实,具有违法官价值中立和司法正义的基本原则,自然遭到世界舆论的驳斥。印度独立后的首任总理尼赫鲁也曾公开表示,帕尔的观点仅仅代表他个人。

2　此结果见儿岛襄:《东京裁判·下卷》,中央公论新社,1971。

（续表）

法官国籍＼被告	荒木	大岛	木户	岛田	广田	东条	土肥	松井	武藤	板垣	木村
澳大利亚	×	×	×	×	×	×	×	×	×	×	×
苏　联	×	×	×	×	×	×	×	×	×	×	×
法　国	×	×	×	×	×	×	×	×	×	×	×
印　度	×	×	×	×	×	×	×	×	×	×	×

* "√"表示赞成死刑，"×"表示反对死刑。

　　法庭宣判后,梅汝璈法官长长地吁出了一口气。经过漫长的审判和中国团队的艰辛努力,终于有 7 名战犯被判处死刑。这些战犯都曾长期策划并直接参与过对中国的侵略活动,给中国人民造成了极其深重的灾难,他们被判处死刑,完全是咎由自取、罪有应得,这也是对数千万名死于侵略者屠刀、枪炮下的冤魂及所有战争受害者的告慰,更是对国际正义的彰显。但按侵略者们所犯下的滔天罪行来说,理应被判处死刑的绝不止 7 名战犯。因此,对中国团队和中国人民来说,东京审判的结果只能说是带有遗憾的胜利。

　　再次,跟国内的支持力度和准备工作不充分也有密不可分的关系。众所周知,中国是日本军国主义者发动侵略战争危害时间最长、造成后果最为严重的国家,但在多种因素的影响下,对相关证据的调查和搜集却做得很不充分,这给东京审判作出符合国人期盼的结果产生了相当不利的影响。东京审判开始后,因国民政府正在全力试图消灭中国共产党所领导的人民革命力量,因此从最高领导人到相关职能部门均难以在人力、经费等方面给予中国团队足够的支持。如国民政府派出人员的数量与中国的地位极不相称,面对一百多名辩方律师,中国检察官团队前后只有 13 人! 向哲濬曾建议引渡岸信介等在中国犯下罪行的日本战犯到中国接受审判,却没有得到批准,当时中国团队的经费也很有限。向哲濬曾帮助赴东京作证的南京市民尚德义申请经济补助,也无结果[1]。

1　向隆万编《向哲濬东京审判函电及法庭陈述》(第二版),上海交通大学出版社,2014。

东京审判初期,中国法官及检察官均只各配一名秘书,即方福枢和裘劭恒,以致向哲濬检察官只能利用晚上时间"自己打字,准备文稿"。后来因为工作量实在太大,以致影响了工作的正常开展,应远东国际法庭以及向哲濬、梅汝璈的一再要求,国民政府才先后同意增派了几名顾问、秘书和一些翻译人员。

可以说,整个东京审判期间,中国团队的人手始终是相当紧张的,有些成员还频繁变动工作,或在日本和国内各地间频繁往来,调查搜集证据,寻找证人,与各部门进行沟通和协调,可谓鞠躬尽瘁,勉力任事。就此而言,在中国团队的不懈努力下,东京审判能作出相对比较公正客观的判决,是相当不易的。

从中国团队在东京审判期间的表现来看,这一审判给中国人留下了的经验教训是:国家统一、民族团结、社会进步及由此而形成的强大实力是其在国际活动中发挥重要作用的基础和条件,也是获得国际社会普遍尊重的重要前提。

下 篇

中国团队群英谱

中国检察官团队

在东京审判中,法官和检察官都很重要。由于审判依据的是英美法体系,因此,搜集符合英美法的证据,对中国团队来说更为重要。如中国团队前后有17人,但是把主要力量投放到检察官团队,先后共13人参加。不幸的是,由于战乱以及证据保全不足,中国检察官团队尽管竭尽全力,仍有不少证据缺失,对中国起诉战犯构成极大的障碍。

本篇中的"中国检察官团队"包括四个部分的人物介绍,一是检察官向哲濬,秘书兼助理检察官裘劭恒;二是检察官顾问倪征燠、鄂森、桂裕和吴学义;三是翻译兼秘书高文彬、秘书刘子健、朱庆儒;四是翻译周锡卿、张培基、郑鲁达、刘继盛等。

这个团队克服了他们难以想象的困难,先后通过国内函件、实地搜集证据以及去日本陆军省档案库中翻检,找到了大量可以举证日本侵略事实的证据。

在东京审判中,从1946年5月3日开庭到1948年4月16日是检察阶段,长达700多天,开庭800多次。由于日军侵略中国的时间最长,在检察阶段,中国检察官团队发挥了主力军的作用。向哲濬、倪征燠、桂裕、鄂森、吴学义、裘劭恒不仅参加了庭审,还作了多次出庭发言,其中向哲濬20次、倪征燠16次,桂裕、鄂森、裘劭恒都有发言(详细见表3),他们在法庭上同仇敌忾,终于将几个罪大恶极的侵略者绳之以法,为国雪耻。

表 3　中国检察官团队出庭及法庭讲话[1]

姓名(法庭用英文名)	职务	庭审记录中出现页数	法庭讲话次数	法庭讲话日期
向哲濬(Hsiang Che-chun)	检察官	91	20	1946：5/14, 7/22, 8/15, 8/26, 8/27；1947：1/17, 1/20, 2/27, 5/7, 5/8, 6/11, 9/17, 9/18, 10/6；1948：1/13, 1/14, 2/11, 2/12, 2/24, 4/16
倪征燠(Nyi Judson)	首席顾问	306	16	1947：4/23, 4/28, 5/1, 9/16, 9/17, 9/18, 10/6, 10/7, 10/8, 10/9, 10/10；1948：1/14, 1/15, 2/9, 2/12, 2/19
桂裕(Kwei Yu)	顾问	9	4	1947：10/6, 10/7；1948：2/11, 2/12
鄂森(Ao Daniel S.)	顾问	7	1	1947：4/9
吴学义(Wu Hsueh-yi)	顾问	2	/	/
裘劭恒(Chiu Henry)	秘书	28	2	1946：8/28, 8/29
刘子健(Liu T. C. James)	秘书	7	/	/

　　中国检察官团队的贡献,为盟国法官团队作出最终判决以及中国法官团队争取对中国有利的判决打下了良好的基础。

1　资料来源:转引自向隆万、孙艺:《东京审判中的中国代表团》,《民国档案》2014 年第 1 期。

检察官向哲濬：
凛然仗剑赴东京

　　向哲濬(Hsiang Che-chun，1892—1987)，字明思，湖南宁乡人。1910 年以湖南榜首的成绩考入设在北京清华园的游美学生肄业馆(即清华学堂，清华大学前身)，在此期间担任过清华学生团体达德学会会长。1917 年赴美国耶鲁大学学习。"五四运动"期间和查良钊一起被选为中国学生代表，1920 年获耶鲁文学士学位，同年进入耶鲁法学院学习，曾任耶鲁大学中国学生会会长和世界学生会会长。1921 年—1922 年，华盛顿九国会议期间任 8 个中国联合组织的秘书。1922 年获资助转入乔治·华盛顿大学法学院学习，同时在美国国会图书馆进修国际私法及国际公法，是美国华德、华法学会会员及律师会会员。1925年获法学士学位。同年回国，先后在北京大学、北京交通大学、河北大学、北京法政大学教授英语和法律。1927 年到南京任司法部秘书、"收回法权筹备委员会"委员、外交部秘书，兼任中央大学教授。从 1932 年到 1941 年，先后任江苏吴县地方法院院长、上海第一特区地方法院首席检察官，1934 年起兼任东吴大学法学院教授。1942 年化装逃出被日军攻陷的上海，到重庆后，任国防最高委员会秘书，负责编辑《现行民事法规》，后任代最高法院检察处检察官。1943 年在湖南桂阳任最高法院湘粤分庭首席检察官。1945 年 1 月任最高检察处检察官，8 月任上海高等法院首席检察官。1945 年 12 月，向哲濬被国民政府派遣，出任远东国际军事法庭中国检察官。从 1946 年 2 月 7 日到达日本，直至 1948 年 12 月 6 日回国，参加了东京审判的全过程。在确定日本 A 级战犯被告人选、确定日本战争犯罪的起始日期、撰写《起诉书》、调查收集大量罪证、邀集证人出庭、与被告及辩方证人和律师辩论、收集整理法庭文档、向媒体发布信息等方面，中国检察官团队"昕夕从公，未敢懈怠"，为最终将日本 A 级战犯绳之于法做出重大贡献。东京审判结束后，向哲濬拒绝了国民政府司法院大法官等职位的任命，谢绝了随季南检察长到纽伦堡国际法院工作的邀请，在上海从事教育工作。1949 年任东吴大学和大夏大学教授，1952 年院系调整后任复旦大学教授。1958 年参加上海市国际关系学会和上海市法学会，并任第一届理事。1960 年调入上海财经学院，1965 年因耳疾退休，时年 73 岁。改革开放后重新焕发精神，1977 年重任上海两个学会的理事，1979 年任民革中央团结委员，1980 年参加修改宪法的讨论。1987 年病逝于上海，享年 95 岁。

一、匈奴未灭，何以家为

向哲濬，原名向哲文，字明思，1892 年出生于湖南省宁乡县沩水边的双江口向家墩的一个农民家庭。虽然生在农村，但向家家教甚好，家庭和睦，崇文尚学、忠诚待人、扶危济困，向哲文自幼培养了待人忠诚、乐于助人、吃苦耐劳的性格[1]。

1910 年，向哲文已是中学二年级学生。恰巧游美肄业馆初次向全国招生，这是一所以美国退还部分庚子赔款举办的学校，相当于留美学生的预科。他抱着尝试的心情报名投考。按当时修业中学的校规，投考外校是不允许的，一旦发觉，将取消学籍。向哲文根据《尚书》有一句"濬哲文明"，就把原来的名字"向哲文"改为"向哲濬"，背着校方去投考。出乎他的意料，在长沙的初试和复

---

[1] 向隆万：《东京审判·中国检察官向哲濬》（周芳：良师爱侣忆明思），上海交通大学出版社，2010。

试都名列榜首[1]。后再经历复试等各个环节,向哲濬被派往美国学习。

向哲濬被派送到美国后,首先进入耶鲁大学,1920年获得文学士学位,同年进入耶鲁法学院。为学习和工作的方便,耶鲁法学院院长将向哲濬介绍到乔治·华盛顿大学的法学院继续学习。

1921—1922年,中国政府参加在华盛顿举行的"九国会议",中心议题之一是中国问题。1922年2月6日,与会国签订《九国关于中国事件适用各原则及政策之条约》。由于人手缺乏,向哲濬被派到华盛顿任秘书。他的勤勉工作态度、深厚法学修养和娴熟英语水平给中国代表留下深刻印象。

1924年3月31日和4月1日,他参加美国国会众议院外事委员会的听证会,主题与第二期退还庚子赔款有关。他是参加听证会唯一的中国人。向哲濬以亲身经历,阐述了清华学堂的宗旨、教学内容和培养成绩,回答了关于款项用途的质疑,确保了美国继续退还赔款的实施[2]。

1925年秋季,向哲濬获得华盛顿大学法学士学位后不久即启程回国。为了尽快把他所学回报祖国,他同时在北京大学教英文和在北京交通大学教国际公法;1926年,他又增加两所院校即北京法政大学和河北大学的教学工作,恨不得把所学到的学问都发挥出来。1927年,国民政府在南京成立。王宠惠出任司法院院长,他指名要向哲濬任司法部秘书,兼任"收回法权筹备委员会"委员。为了实现取消"领事裁判权"的夙愿,向哲濬不得不告别他喜爱的教学领域,随王宠惠先生南下到南京,转入司法界工作[3]。

在南京期间,向哲濬曾到中央大学兼课,并在南京法官训练所主讲,培养了一批法学精英。其中有一位优秀学员石美瑜(1908—1992),以第一名的成绩从福建考入训练所,又以优异成绩毕业。抗日战争胜利后,石美瑜担任南京军事

---

1 向隆万:《东京审判·中国检察官向哲濬》(周芳:良师爱侣忆明思),上海交通大学出版社,2010。

2 见美国第68届众议院外交委员会听证会文件 HEARINGS before the COMMITTEE ON FOREIGN AFFAIRS, HOUSE OF REPRESENTATIVES, 68th CONGRESS, First Session on R. J. Res 201: To provide for the remission of further payments of the annual installments of the Chinese Indemnity, March 31 and April 1 and 2, 1924.

3 同上注1。

法庭的庭长,主审日本 B、C 级战犯的审判,将一批罪大恶极的刽子手绳之以法。

1932 年向哲濬任江苏吴县地方法院院长,不久又被转派为上海第一特区高等法院首席检察官。1934 年 3 月,向哲濬应吴经熊、盛振为之邀,和倪征燠、俞颂华、端木恺等一起受聘担任东吴大学法学院教授。八一三事件之后,由于上海公共租界和法租界仍由英国、美国和法国控制,日本人首先通过汪伪傀儡政权为非作歹,臭名昭著的"七十六号"就是敌伪打入公共租界的特务机关。为了物色司法界的汉奸代理人,敌伪将目光投向租界中的这四个法院。但向哲濬坚持为国服务,侵略者没有得逞。后来被迫向后方撤退。

向哲濬到重庆后,司法行政部谢冠生部长和司法院王宠惠院长先后任命他为司法行政部参事和国防最高委员会秘书,负责编写当时的《现行民事法规》。1943 年春季,司法行政部决定在和广东省交界的湘南郴州邻近的桂阳县设立高等法院湘粤分庭,向哲濬被选派为该庭检察处的检察长。1945 年春节后不久,一支日军窜到桂阳,向哲濬一家在当地老乡的帮助下,逃到深山密林之中。幸而此时日军已成强弩之末,有惊无险。

向哲濬曾对妻子说过,少年时代曾以"匈奴未灭,何以家为"自勉,想不到,今日遇到比古代匈奴凶残百倍的日本侵略者,多少中国同胞家破人亡啊!

国仇家恨,向哲濬有着刻骨铭心的感受。

二、临危受命,仗剑赴日

1945 年 8 月 15 日,日本裕仁天皇宣读的投降诏书,传遍了世界!

根据在日本《投降书》中的签字国,远东国际军事法庭初定由 9 个同盟国参加,后又增加了菲律宾和印度,一共 11 个国家。法庭要求这 11 个国家每国指派 1 名法官和 1 名检察官作为正式代表。中国外交部、司法行政部、军令部等部门反复酝酿,根据外交部的推荐,蒋介石最终选定向哲濬和梅汝璈二人分别担任代表中国的检察官和法官。12 月 8 日,他回复王世杰:

> 外交部王部长勋鉴:十二月七日签呈及附件均悉,所拟以向哲濬梅

汝璈等二人为远东国际法庭我国代表一节已交行政院照派矣。中正亥庚府交[1]。

1946年2月7日，向哲濬和秘书裴劭恒在东京履职。

法庭于1946年4月29日举行预备会议，由检方提交《起诉书》，5月3日正式开庭（见图6）。按照英美法，从6月4日起，整个审判分为两个大阶段："检察审理阶段"和"法官量刑阶段"。

图6　1946年5月4日首席检察官约瑟夫·季南宣读起诉书[2]

"检察审理阶段"又分为"检方立证"（1946年6月4日—1947年2月23日）"辩方反证"（1947年2月24日—1948年1月12日）和"最终审理"（1948年1月12日—4月16日）三个小阶段。在这三个小阶段中，类似于体育竞赛，检方和辩方交互攻防对垒。法官则如同裁判，选取他们认为检方和辩方合理的

1　国民政府外交部收文东34字第1693号（1945）。

2　图片来源：国家图书馆东京审判资源库 http：//mylib.nlc.cn/web.

证据,作为"法官量刑"阶段的基础。

"法官量刑阶段"从 1948 年 5 月开始,法官闭门阅读、分析和讨论繁复的卷宗,然后撰写《判决书》,对各被告进行量刑。11 月 4 日起,韦伯庭长宣读《判决书》,11 月 12 日法庭闭庭。

向哲濬和检察官团队的工作主要在开庭前的准备阶段以及"检察审理阶段"。

在准备阶段,国际检察局首先要确定日本甲级战犯的罪行从何时开始,何时结束。

对于"何时结束",国际检察局的认识非常一致。由于 1945 年 9 月 2 日日本签署了投降书,对日本战犯罪行自然算到投降日为止。但是,对于"何时起始"却有分歧。

最初,英、美、澳等国认为,远东国际法庭审理的是第二次世界大战中日本战犯的罪行,那么 1941 年 12 月 7 日日军偷袭珍珠港之日,应该作为犯罪日期的起点。日本人更是认为,美中诸国对日宣战在珍珠港事件之后,只有正式宣战后才算战争。《天皇投降诏书》就只承认"然自交战以来,已阅四载"。但是中国政府决不同意这种主张。早在 1931 年 9 月 18 日,日军就侵占沈阳,并开始吞并中国东北地区,中日战争自那时起便已开始。进一步剖析历史,阴谋策划九一八事变的日本军国主义分子,早在 1928 年 6 月 4 日就制造了"皇姑屯事件",炸死了当时中国东北和华北的最高行政长官张作霖,这已经是战争行为,中日实际敌对状态那时便已发生。因此,中国提出日本战犯犯罪日期应从 1928 年 1 月 1 日算起,最终被国际检察局认可。

这个起始日期非常重要,从 1928 年 1 月 1 日到 1941 年 12 月 7 日,长达 14 年之久。在此期间,日本法西斯在中国犯下了滔天罪行,当然必须清算。如将追究日本战争犯罪时间限制在珍珠港事件之后,则包括南京大屠杀在内的大量暴行便不在其中,中国人民断难接受。

1946 年 5 月 14 日下午,向哲濬在他第一次发言中驳斥日裔美籍律师乔治·山冈,严正指出:

从 1931 年 9 月 18 日以后,日本在中国采取了战争性的行动,杀死了以百万计的中国人,包括士兵和平民,这是十四年以前发生的事。1937 年 7 月 7 日,日本在卢沟桥发动战争,一个晚上杀死数百人。随后,日本向全中国出兵,杀死了数以百万计的中国士兵,还有儿童、妇女和无助的平民——非战斗人员。我认为那些是全世界都知道的事实。如果这不是战争,我想问,还有什么是战争? 从 1931 年起,在中国方面没有任何挑衅的情况下,日本派兵到全中国,到各个省份。无论日本是否向中国宣战,尽管中国到 1941 年 12 月 9 日才向日本宣战,我主张这就是战争[1]。

泷川政次郎是被告岛田繁太郎的辩护律师。1953 年,他出版专著《审判东京审判》,全盘否定东京审判。但是当他评述向哲濬上述发言时,也不得不表示钦佩:

中国检察官向哲濬对乔治·山冈的辩护作反驳,他指出从满洲事变以来,中日存在战争状态。他的语调非常激昂。所谓"燕赵悲歌之士",大概就是像向检察官这样的人吧![2]

从 1931 到 1941 年,日本军国主义的主要力量用于侵华;中国是世界反法西斯战争的东方主战场。2017 年 1 月 3 日中国教育部发文,要求对各级各类教材进行修改,抗日战争应从 1931 年算起,即"十四年抗战",这与中国政府历来的主张以及远东国际军事法庭对日本侵华战争的时间界定完全吻合。

《远东国际军事法庭宪章》沿用纽伦堡审判的章程,将日本 A 级战犯的罪行定为三项:"反和平罪""普通战争罪"和"反人道罪"。

根据这三项罪名,各国提出接受审判的战犯名单,由国际检察局最终确定首批接受审判的甲级战犯,一共 28 名。他们是:

荒木贞夫、土肥原贤二、桥本欣五郎、畑俊六、平沼骐一郎、广田弘毅、星野直树、板垣征四郎、贺屋兴宣、木户幸一、木村兵太郎、小矶国昭、松井石根、

1　向隆万:《向哲濬东京审判函电及法庭陈述》(第二版),上海交通大学出版社,2014。
2　[日]泷川正次郎:《审判东京审判》,慧文社,2009。

松冈洋右、南次郎、武藤章、永野修身、冈敬纯、大川周明、大岛浩、佐藤贤了、重光葵、岛田繁太郎、白鸟敏夫、铃木贞一、东乡茂德、东条英机和梅津美治郎。

图7　土肥原贤二在远东
国际军事法庭

远东国际军事法庭成立后,中国提出过两批战犯名单,共40名。其中有15名位列上述28名被告之中,占53.6%。在余下的13名被告中,也有多名涉及侵华战争和暴行。这里还要指出,日本投降时,土肥原贤二(见图7)已在日本国内。而他的主要罪行是在中国进行特务活动,并不张扬,曾因证据不足而未列入被告之列。正是由于中国检察官力争,才把这个在中国罪恶累累的特务头子绳之于法。

根据英美法,"起诉"是远东国际军事法庭进行审理的第一个重要步骤。只有原告或检方的起诉书呈递给法院,并为法院接受之后,案件才算成立,法庭相应的审讯程序才能开始。因此,国际检察局在准备阶段的另一件大事是撰写《起诉书》。

由于日本侵华时间最长,中国检察官理所当然成为《起诉书》提供证据的主要成员,也是主要的起草人。当时向哲濬面临着两大障碍:缺乏证据,时间匆促。由于战争环境十分艰难,中国老百姓既缺乏收集证据的条件,也缺乏保留证据的意识;日本政府和军部在战时又实施了极其严厉的舆论封锁措施,在日本投降前后,日军大本营更是三令五申销毁文档,这又使取证难上加难。向哲濬和裘劭恒抵达东京是1946年2月7日,4月29日要向法庭提交起诉书,在如此短促的时间内,准备工作确实非常困难。

但是,他们殚精竭虑,通过多种渠道,还是收集了许多日本侵略罪证,为撰写《起诉书》打下坚实基础。《起诉书》共55条。从法律意义上说,未判之前还不能称"罪",因此起诉书中将"罪状"称为"起诉之原因",简称"诉因"。《起诉书》正文之后,11位检察官逐个签名。第一位是季南检察长,第二位就是中国检察官向哲濬。

向哲濬晚年在一次谈话中回忆:

> 作为检察官,我参加了对战犯罪行的起诉工作。大量人证物证表明,日本军国主义分子对中国人民犯下的侵略罪行真是罄竹难书,令人发指。《起诉书》于1946年4月29日向法庭提出,列举了五十五项罪状,其中与侵略中国有关的就有四十四条之多。

这44条罪状,不仅包括日军在中国国内的侵略和暴行,也包括日军在亚洲-太平洋地区对华侨和中国使领馆人员的暴行。

由于当时人力稀缺,向哲濬起草后亲自打字。他当年所用的打字机,现在保留在上海市人文纪念博物馆里。

1946年5月3日开庭,上午是庭长致词和检察长介绍各国检察官;下午即由法庭执行官范·米特上尉宣读检方《起诉书》[1]。然而,5月6日,《起诉书》宣读完毕,庭长逐个诘问被告是否认罪,所有被告竟然都回答"无罪!"有几个被告甚至大声咆哮,非常猖狂。因此,在整个审理过程中,举证是检方的头号任务。

三、艰苦取证,锁定元凶

中国检察官团队通过以下几个渠道取证。

首先是通过函电向国内求援。

向哲濬到东京后,不到一周就接连发电报向国内提出要求。2月11日的电文如下:

> 重庆外交部:远东国际军事法庭检察局紧急要求知悉有关下列各项之

---

[1] 程兆奇、向隆万主编《远东国际军事法庭庭审记录·全译本》(第一辑)第1卷,程维荣译,石鼎校,上海交通大学出版社,2017。

详细事实与证据：（一）关于 1931 年沈阳事件和 1937 年卢沟桥事件日本违反条约及协定之阴谋；（二）战争期间日本军队在松井石根及畑俊六二人统率之下所作之暴行及其他违反国际法之行为；（三）日本公私方面为欲达到敛财弱华之目的而作之毒化行为，望能详述种植鸦片及贩运物品之实际情形，及中国军民生命及公私财产由于各种侵略行为而受损失之估计数字。以上信息为以约瑟夫 B.季南为首的国际检察局所急需，请尽可能速将材料寄来。向哲濬[1]

侵华日军的暴行并不限于中国本土，日军在亚太地区对华侨和中国使领馆人员的暴行也在追溯范围之内。

2 月 21 日，向哲濬直接致电王世杰部长：

　　国际检察局为撰写判决书之目的，急需日本在香港、新加坡、泰国和其他太平洋地区对中国人犯下的暴行证据和证人，特别是可追溯到由日本高层军政官员负责的暴行。请指派寄至东京。向哲濬[2]

外交部和其他各部门以及我驻外使领馆对向哲濬的要求积极配合。例如：

2 月 25 日，外交部委托梅汝璈法官的秘书罗集谊到东京上任时，携带若干书面证据交给向哲濬，包括《松井石根及畑俊六所属部队之暴行》《日本战争行为类纂新编》《日人战争行为集要》和《日人战争行为论要》等文件；

2 月 28 日，军政部长陈诚寄发的《抗战军事损失要求日本赔偿备忘录》；

4 月 6 日，外交部发送日本在华有关罪行，包括《日本对华战争撮要》《日军在华暴行及其毒化政策实录》《敌伪种烟贩毒卷》等文件；

3 月 20 日和 4 月 4 日，中国驻河内总领事袁子健两度致电外交部，检送日军宪兵在越南暴行；

5 月 25 日，中国驻泰国临时秘书孙秉乾呈送"日人暴行调查表十二份"；

1　向隆万：《向哲濬东京审判函电及法庭陈述》（第二版），上海交通大学出版社，2014。

2　同上注。

5月27日,中国驻仰光总领事致电外交部关于收集日军对华侨暴行资料事宜;

7月2日,中国驻英国大使馆转抄英国军官及外交人员关于日军在香港和马来亚罪行英文报告,由外交部转寄向哲濬;

7月23日,中国驻马尼拉总领事检寄杨光泩烈士被害文件,通过外交部寄送向哲濬;等等[1]。

中国检察官取证的第二个渠道是回国调查。

1946年3月中旬,向哲濬和秘书裘劭恒回国,陪同季南检察长一行,到上海、北平、重庆和南京调查取证。

3月26日,蒋介石在重庆接见了季南。向哲濬晚年曾回忆当时情景:

> 我和远东国际军事法庭检察长季南以及法庭其他人员十余人在重庆受到蒋介石的接见。接见时间约三刻钟。当时说过话的只有四人,即蒋介石、宋美龄、季南三人之外,还有蒋的秘书兼译员一人。
>
> 蒋对季南首先表示,对远东国际军事法庭人员辛勤工作致以慰问,并希望法庭对日本战犯予以应有的惩罚。季南答谢蒋的慰问并保证要竭尽职能,使日本战犯在美中两国以及其他九国的审判下受到应有的惩罚[2]。

中国检察官取证的第三个渠道是通过中国驻日军事代表团向有关部门索要证据。

4月1日,由陆军中将朱世明率领驻日代表团抵达东京。第一批成员包括12名专家和4名军人。

朱世明也及时把国内发来的信息转告向哲濬。例如,1946年6月8日,外交部将土肥原贤二等30名嫌犯的起诉书、桥本欣五郎罪行抄件,以及日军在粤桂湘鄂四省罪行资料,电告朱世明转向哲濬。

中国检察官取证的第四个渠道是从日本档案中寻找蛛丝马迹,以及调阅日

1　向隆万:《向哲濬东京审判函电及法庭陈述》(第二版),上海交通大学出版社,2014。

2　倪征燠:《淡泊从容莅海牙》,法律出版社,1999。

本战时的媒体报道。

由于日军在战时严格封锁消息,投降前更是大肆销毁罪证,中国检察组花了大量精力到日本军部翻阅档案,并搜集和分析日本媒体战时的报道,找到很多有价值的证据。

中国检察官取证的第五个渠道是讯问已经逮捕的战争嫌犯。

在法庭开庭之前,盟军已经分四批逮捕了 118 名战争嫌犯,关在东京的巢鸭监狱。从 1945 年末开始,以季南检察长为首的国际检察局官员就对这些人进行讯问。中国检察组到东京后也参加了讯问。精通日语的刘子健秘书发挥了很大的作用。例如 1946 年 6 月 30 日,发现了关于财阀鲇川义介和九原房之助的新证据,1946 年 8 月 9 日,揭示了 1937 年后土肥原贤二在中国的秘密活动,再如 1947 年 5 月 9 日,证实了 1938 年的日本五相会议确定了进一步侵略中国的方针,等等[1]。

四、起诉疑犯,证据确凿

通过各种渠道找到的证据在庭审中发挥了重要作用。向哲濬在法庭上有20 次发言,第一次是 1946 年 5 月 14 日,即刚开庭不久;最后一次是 1948 年 4 月16 日,即检察审理阶段的最后一天。纵观这些发言,都基于证据文件,很少有情绪性的言词。下面以两个案例来说明。

第一个案例是揭露土肥原到天津胁迫溥仪到东北的阴谋。

九一八事变之后,为了物色日本侵略满洲的傀儡,土肥原专程到天津,软硬兼施,将溥仪胁迫到东北。为了掩盖阴谋,日本人制造了欺骗世人的舆论,声称"关东军对满洲绝无领土野心""满洲民众要求建立自己的新国家""溥仪本人有称帝野心"等。而这些言辞也是东京审判中被告律师进行辩护的依据。

1946 年 8 月 27 日,向哲濬在法庭发言,宣读 4 封日本档案,即 1931 年 11月初,日本驻天津总领事桑岛主计接连三次致日本外交部长币原喜重郎的密

1　程兆奇主编《远东国际军事法庭证据集成》,上海交通大学出版社,2016。

电,以及日本驻上海总领事村井仓松发给币原的一封密电。第二天,继续由英国检察官柯明斯-卡尔、美国助理检察官萨顿和印度检察官梅农代表检方宣读15封当年日本的官方密电。仅从电报发出频率之高、涉及外交官员之广,就足以看出当年诱胁溥仪和拼凑"满洲国"绝非溥仪自发所为,更不是中国老百姓的愿望。这些档案,使被告的各种辩护不攻自破! [1]

第二个案例揭示了日本与另一个傀儡汪精卫狼狈为奸的罪行。

东京审判中,辩方千方百计否认日本策划建立汪伪政权的阴谋。1947年4月22日,被告的美籍律师拉扎勒斯在法庭辩称,包括汪伪政权在内的傀儡政权都被说成是自然形成的,而日本是为了和平和秩序才被动支持的。对谎言的最好辩驳是证据。1947年6月11日,向哲濬在法庭的讲话内容,就是关于日本特务机关如何护送叛逃的汪精卫自河内到上海,以及从上海到东京的秘密行踪。他宣读了土肥原机关的特务头子影佐祯昭发给总务长官的11封密电。尽管是外交电报,其中对"影佐""汪精卫"和"上海"等人名地名大量使用特务的隐语代号。这些档案材料把日本人的阴谋以及实施细节,连坐什么船、找何处藏身、造什么舆论、寻什么借口都揭露无遗。在事实面前,辩方的任何抵赖和狡辩都不堪一击[2]。

《起诉书》把日本侵略中国明确划分为两个阶段: ① 侵略满洲,即侵略中国东北地区;② 侵略全中国。

日本侵略满洲以皇姑屯事件和九一八事变为发端。

皇姑屯事件不是偶然发生的。日本为了寻找在东北的代理人,他们首先物色的对象是张作霖。但是,张作霖并不愿意成为日本人的"儿皇帝"。他对日本在中国的各种特权表示反感,多次拒绝和日本签订不平等条约。张作霖的态度引起了关东军的强烈不满。一群激进的少壮派军人决定暗杀张作霖,除去日本侵占满洲的障碍。1928年6月3日晚,张作霖乘坐专车从北京车站开出。6月

---

1 向隆万:《东京审判征战记—中国检察官向哲濬团队》,上海交通大学出版社,2019。

2 同上注。

4日清晨5时23分,正当专车到达皇姑屯,一声巨响,张作霖被炸,四小时后不治身亡。

虽然皇姑屯事件明显是日本人所为,但日本人拒不承认,甚至制造张作霖被中国政敌暗杀的舆论。经过检方的细致工作,两名证人出庭,使得皇姑屯事件水落石出,真相大白。

1946年7月2日和5日,田中内阁的海军大臣冈田启介和曾任关东军高参的田中隆吉出庭。冈田明确指出:

> 为了阻止满洲南部发生内战,张作霖动身去奉天的途中铁路桥上被炸身亡。

田中说得更具体,对张作霖的暗杀是由日军大佐河本大作率兵具体实施的。他通过东京宪兵队长峰少将奉陆军大臣之命撰写的秘密报告,揭示了日军策划并实施暗杀张作霖的细节:

> 1927年6月3日,从北平开出的列车在南满铁路和京奉铁路交叉处爆炸,导致张作霖一命呜呼。这次爆炸由一些军官——从朝鲜开拔到沈阳的第20工兵联队的部分官兵和士兵实施。

在如此确凿的证据面前,被告的律师提不出任何反诘。日本右翼始终企图否定东京审判,然而对皇姑屯事件这一由日军激进分子制造的铁案,至今无人敢于挑战。

东京审判中,"沈阳事变"(即九一八事变)是一个重要案件。检方和辩方都有大量举证。这里不细述双方的立证以及质询和辩论。1948年2月11日,由季南检察长领衔,英国检察官柯明斯-卡尔和中国检察官向哲濬及顾问桂裕先后宣读"检方总结陈述"。其中向哲濬宣读的"沈阳事变及其后果"包括"导致这次事变的事件""沈阳事变:1931年9月18日"和"沈阳事变后的军事进展"这三部分。

1948年2月24日,向哲濬代表检方宣读《对被告板垣征四郎的起诉总结》,共分八节。其中前四节着重揭示板垣征四郎在九一八事变前后的作为,可以说是 2 月 11 日陈述的补充。

这些讲话,有力地揭示,九一八事变绝不是偶发事件,完全是日本军国主义激进分子有计划的阴谋;策划阴谋和作战指挥的核心人物是板垣征四郎,他们的阴谋得到陆军大臣南次郎及关东军的支持。

向哲濬在法庭的讲话中引用了大量证据。仅在 1948 年 2 月 11 日引用证据就达 95 件次;而在 1948 年 2 月 24 日引用证据更是高达 197 件次!既厘清历史事件的真相,也有力地说明中国检察官团队工作的细致和艰难。

在远东国际军事法庭对日本侵略满洲的审理中,最引世人瞩目,也是最重要的证人之一,是伪"满洲国"的"皇帝"溥仪。

日本在策划和实施军事行动的同时,寻找中国代理人的努力从未停止。张作霖被炸身亡后,日本人一度拉拢少帅张学良。张学良拒绝了日方要求,转投国民革命军。1928 年 12 月 29 日,张学良宣布东北四省易帜,通电服从南京国民政府领导;南京政府则任命张学良为东北军政最高领导人,全国统一宣告完成。

张氏父子都未成为代理人,日本人的下一个目标就是"末代皇帝"溥仪。

1924 年,溥仪被冯玉祥将军驱逐出北京紫禁城,次年在日本人保护下逃往天津。九一八事变之后,特务头子土肥原贤二到天津做诱胁溥仪的工作。1931 年 11 月 13 日,溥仪在日本军人和便衣警察的"护送"下到达辽东;1932 年 3 月 9 日,"满洲国"的就职典礼在"新京"(即长春)举行,溥仪以"满洲国执政"的名义成为首脑,实际上完全是日本人的傀儡。按照溥仪自己的说法:

> 在天津租界七年的影响和遗老们十几年教育的基础上,已弄到了离开日本人就不能生存和思想的程度。为了虚假的自欺欺人的尊严,为了保住一条性命,为了"重登大宝"的幻想,我只有依附在关东军的皮靴上[1]。

为了更好统治东北这块殖民地,日本人决定让溥仪过一把"皇帝瘾",使他

---

1 溥仪:《我的前半生》,群众出版社,2007。

更死心塌地成为日本人的走狗。1934 年 3 月 1 日，一场"登基"丑剧在长春郊区开演："满洲国"改为"大满洲帝国"，国号取为"康德"，溥仪也由"执政"改称"皇帝"。"大满洲帝国"的实际支配权当然在关东军和日本陆军省手中。从1932 年至 1945 年，作为傀儡，溥仪始终顺应"太上皇"的旨意，起到了日本侵略者"帮凶"的作用。溥仪曾经交代：

> 在整整十四年中，在人民的反抗、痛骂、怨恨和呻吟声中，我为了一项私欲——从君临天下的野心降到维持皇帝的招牌，再降到生命的安全——我尽力讨好强盗和凶手们，顺从地为他们效劳，给他们涂脂抹粉，把掠夺和屠杀都变为合法的行径[1]。

"满洲国"仅仅在名义上是一个国家，实际上毫无任何主权。

1945 年 8 月 9 日，苏联红军出兵东北，溥仪仓皇出逃。8 月 17 日，溥仪随同日本人吉冈安直逃到沈阳机场。企图逃亡日本，正好苏联红军赶到，溥仪一行被俘，随即被押送到苏联西伯利亚。

向哲濬认为，溥仪虽是傀儡，但是日本许多举措在形式上还是要通过他。溥仪若能出庭作证，现身说法，必将有力地揭示日本对东北侵略掠夺的罪行。经国际检察局通过，取得苏联同意后，盟军总部将溥仪引渡到东京。经过中国检察组的耐心说服，特别是裘劭恒秘书多次和溥仪谈心，让他揭发日本侵略罪行，立功赎罪。溥仪终于放下包袱，从 1946 年 8 月 16 日至 27 日连续 8 天出庭作证，引起轰动。

溥仪从以下五个方面作证，也可以说是对日本人的控诉。第一，详细叙述了他被软硬兼施、从天津裹挟到大连的过程；第二，袒露他被迫接受当"满洲国"傀儡政权首脑的原因；第三，承认"满洲国"首脑完全是傀儡；第四，揭露日本人在满洲强行推行日本的神道教，实施思想控制；第五，控诉日本人对他本人及家人的打击迫害。在《远东国际军事法庭庭审纪录》中，关于溥仪出庭的纪录达到

---

1 溥仪：《我的前半生》，群众出版社，2007。

453 页之多,其中溥仪回答检辩双方的询问高达 764 次,占 333 页[1]。

九一八事变后,半年之中,东北全境几乎都沦陷于日军铁蹄之下。但是,军事占领并不等于拥有领土主权。中国政府向国联上诉后,得到国联多数理事国的同情。1933 年 3 月 27 日,日本退出国联,这就摆脱了许多日本曾经签署的国际条约的约束。日本军国主义者更加肆无忌惮,他们下一个目标就是中国广袤而富庶的华北地区。

1936 年 6 月,日本天皇批准了新的《帝国国防方针》及《用兵纲领》,公然宣称要实现控制东亚大陆和西太平洋,最后称霸世界的野心。8 月 7 日,由日本首相、陆军大臣、海军大臣、外交大臣和大藏大臣组成的"五相会议"通过了《国策基准》,具体规定了侵略中国,进犯苏联,待机南进的战略方案,同时制定了 1937 年的侵华计划。

1937 年 7 月 7 日夜,日军违背《辛丑条约》限定的地区,在北平西南宛平县卢沟桥附近进行演习。忽然借口一名名为志村菊次的士兵"失踪",要求进入宛平县城搜查,遭到中国第 29 军严辞拒绝。实际上,志村早已归队,日军假装不知,竟向中国守军开枪射击,又炮轰宛平城。第 29 军奋起抗战。这就是震惊中外的"卢沟桥事变",也称"七七事变"。七七事变是日本帝国主义全面侵华战争的开始,也是中华民族进行全面抗战的起点。

远东国际军事法庭在"日本侵略满洲"的审理阶段之后,紧接着就是"日本侵略全中国"的审理阶段。因此,揭露日军七七事变的阴谋,从国内寻找恰当的证人出庭,是国际检察局特别是中国检察官团队的重要任务。

美籍助理检察官萨顿一行到中国调查时,有意约请国防部次长秦德纯出庭。七七事变时,秦德纯任北平市市长,同时兼任 29 军副军长,当然是最合适的人选。但是,东京审判期间,秦德纯已升任国防部次长,兼任战争罪行调查委员会主席。作为这样级别的高官,是否愿意出庭?是否有思想和心理的准备?

1　程兆奇、向隆万主编《远东国际军事法庭庭审记录·全译本》(第一辑)第 4 卷,程维荣译,石鼎校,上海交通大学出版社,2017。

能否携带充分的证据？当时向哲濬在东京，为了让秦德纯以及其他可能出庭的高级官员做好准备，1946 年 6 月 10 日，他急电外交部：

> 大员出庭作证，在法治国家当属常事；国际法庭亦可直接传询证人。惟我国大员此时公务繁重，远适异国，须重复陈述，一再反复诘问，是否相宜自成问题。行止似应由被邀大员酌定；倘出庭作证，宜就所问事件尽量携带有关资料，对于事实作有系统之准备。惟大员临时因公不能出庭作证时，似可书面陈述[1]

最终，检方邀请了秦德纯和另外两名中外证人出庭，专为卢沟桥事变作证。

根据向哲濬电报提供的信息，秦德纯行前作了比较充分的准备，秦德纯用毛笔工整书写的证词《七七事变纪实》[2]，有力地揭示了日军在卢沟桥事变前后的侵略罪行。从 1946 年 7 月 22 日至 25 日连续出庭作证 4 天。在《远东国际军事法庭庭审纪录》中占 247 页，其中秦氏讲话为 130 页[3]。7 月 27 日，向哲濬专门致电外交部，高度评价秦的表现：

> 秦次长德纯自养日起出庭作证四天，有日圆满结束[4]。

1946 年 8 月 6 日至 7 日，时任宛平县长的王冷斋出庭。他出示了亲笔撰写的《卢沟桥事变》，详细描述了事变前后的过程，也提及了中国军队抗敌，赵登禹和佟麟阁两位将军壮烈牺牲的事迹。他的结论是：

> 观上述陈词，我们易看出日本的侵略行径是经过精心策划，并非一夜而成。他们应对战争承担全部责任[5]。

1　向隆万：《向哲濬东京审判函电及法庭陈述》（第二版），上海交通大学出版社，2014。

2　国民政府外交部东临字 314 号。

3　程兆奇、向隆万主编《远东国际军事法庭庭审记录·全译本》（第一辑）第 1 卷，程维荣译，石鼎校，上海交通大学出版社，2017。

4　向隆万：《向哲濬东京审判函电及法庭陈述》（第二版），上海交通大学出版社，2014。

5　程兆奇、向隆万主编《远东国际军事法庭庭审记录·全译本》（第一辑）第 3 卷，程维荣译，石鼎校，上海交通大学出版社，2017。

1946 年 8 月 7 日美国驻华大使巴雷特上校出庭。卢沟桥事变发生时,他任美国驻北平使馆副武官。1937 年 7 月 9 日,卢沟桥事变刚发生不久,奉美国驻华武官史迪威之命,从 7 月 9 日到 25 日,到宛平实地考察五次。巴雷特认为日军的行动是"对中国主权的侮辱和直接挑衅",巴雷特还比较了日本当年在东北的行径,手法如出一辙。从而得到如下结论:

> 这无疑揭示了宛平事件是个经过精心策划的借口。日本借此机向中国大举不义之师开展侵略的第二阶段,而第一阶段则始于 1931 年 9 月 17 日和 18 日的奉天[1]。

这三名中外证人的证词完全呼应,充分说明,七七事变及后来日军的侵略都是有计划性的阴谋。

1948 年 2 月 12 日,向哲濬、萨顿、倪征燠和布朗代表检方宣读关于日本侵略阴谋的第二部分,题目是"从对'满洲国'的控制和占领扩张到整个中国",详细揭示了日本在卢沟桥事变前后的侵略阴谋和行动[2]。

日本侵华期间,进行经济掠夺是重要罪行之一;其特点是,经济掠夺、政治统治和军事镇压"三位一体",更显疯狂和残酷。

日本侵占东北之后,加快了经济掠夺的步伐。1934 年末,日本政府设立了"对满事务局",全面掌管"满洲国"的外交、经济、文化、舆论宣传等事务。远东国际军事法庭的许多被告都曾涉足。例如板垣征四郎、畑俊六和东条英机担任过"对满事务局"的总裁;冈敬纯、佐藤信义、贺屋兴宣、重光葵、梅津美治郎担任过"对满事务局"的委员等。

1937 年 10 月,日本成立"满洲重工业发展公司",其唯一目的就是将满洲变为日本生产战争物资的车间。

与此同时,日本的经济掠夺也从满洲扩展到全中国。1938 年日本设立两个

1　程兆奇、向隆万主编《远东国际军事法庭庭审记录·全译本》(第一辑)第 3 卷,程维荣译,石鼎校,上海交通大学出版社,2017。

2　向隆万:《向哲濬东京审判函电及法庭陈述》(第二版),上海交通大学出版社,2014。

经济实体：华北开发公司和华中振兴公司。这两个公司的目的是统一华北和华中的各种企业，并在日本政府的监督下经营。一切重大决定，必须经日本政府批准。被告梅津美治郎是这个公司的筹备负责人；另一名被告贺屋兴宣长期担任该公司的总裁。

此外，日本在控制占领地区的公共事业和金融也煞费心机，例如接收上海的各种公共事业公司；设立"中国联合银行"，发行纸币在占领地区流通等。

两名中国企业高管作为检方证人到东京出庭。一位是上海浦东电器公司经理童受民，另一位是广西平桂矿务局总经理陈大受。抗战胜利后他二人分别被指派到上海和华北接收被日本侵占的企业。1946 年 8 月 28 日和 9 月 9 日他们先后出庭，以翔实的数据和事实，揭示了日本疯狂掠夺和破坏中国企业的罪行[1]。

在日本侵略中国的 14 年中，毒品交易自始至终是军国主义者极其阴险毒辣的手段。这一点并不为人所熟知。

1946 年 8 月 15 日，向哲濬在开场陈词中，专门起诉"关于针对平民和其他人士的暴行，以及在中国使用鸦片和其他麻醉毒品"，他指出：

> 作为他们征服中国计划的一部分，日本领导人把鸦片和其他麻醉毒品作为准备和深入侵略中国的武器。这违反了关于禁止鸦片和毒品的三个公约的规定，日本也是签署国之一。
>
> 毒瘾对身体的影响是如此鲜明，日本妄图使数以百万计的中国人民放弃或无力抵抗侵略的野心昭然若揭。证据显示，日本扶植的鸦片和毒品交易有如下两个目的：（1）削弱中国人民抵抗的毅力和意志；（2）为资助日本军事和经济侵略提供巨额的收益来源[2]。

日本在种植、制造和贩卖毒品的数量和规模上，为今日之毒枭所望尘莫及。《远东国际军事法庭判决书》指出：

1　程兆奇、向隆万主编《远东国际军事法庭庭审记录·全译本》（第一辑）第 4 卷，程维荣译，石鼎校，上海交通大学出版社，2017。

2　向隆万：《向哲濬东京审判函电及法庭陈述》（第二版），上海交通大学出版社，2014，第 86 页。

1937 年天津被占领以后,使用麻醉品的人数明显上升。位于天津的日本租界成为著名的海洛因制作中心。租界有不下 200 家海洛因工厂,1937 年国联鸦片交易委员会声明,全世界接近 90% 的非法白色毒品是由日本人在天津、大连以及满洲和华北的其他城市制造的[1]。

当时全世界竟然有"接近 90% 的非法白色毒品"在日本人控制下生产,恐怕创造了空前绝后的世界纪录!

五、屠城南京、罄竹难书

东京审判揭露出大量日本侵略罪行,其中最令世人震惊的是惨绝人寰的南京大屠杀。

从 1937 年 8 月 13 日至 11 月 2 日,在上海地区,中日双方进行了长达三个月的"淞沪会战"。虽然以上海沦陷告终,但是中国军民的顽强抗击,使日军侵华战争速战速决的狂妄计划成为泡影。日军恼羞成怒,8 月 15 日,日本政府竟然颠倒黑白,悍然发表声明:"为了惩罚中国军队之暴戾,促使南京政府觉醒,于今不得不采取之断然措施。"[2]根据上海派遣军司令官松井石根进军南京的计划,11 月 14 日,日军攻陷太仓;17 日,突破苏州外围昆山;19 日,苏州、常熟失陷;27 日,无锡陷落。11 月 28 日,东京参谋本部下令"向南京追击。"12 月 1 日,参谋本部再次下达命令,命令华中方面军、上海派遣军等部队从陆上和水面夹击,"协同攻克南京。"经过激烈战斗,日军于 12 月 2 日占领江阴、金坛、丹阳、溧阳、溧水;12 月 5 日占领句容;12 月 8 日占领镇江。中日两军开始在南京城垣四周激战交锋。

尽管南京保卫战非常激烈,日军付出了重大伤亡的代价,但是南京卫戍部队兵力不足,防守战线过长,加之指挥有误,最终未能阻止南京陷落。

12 月 13 日,日军攻入南京。此后长达六周中,南京经历了惨绝人寰的浩

1 《远东国际军事法庭判决书》,张效林节译,向隆万、徐小冰等补节译,上海交通大学出版社,2015。
2 张宪文、张连红、王卫星:《南京大屠杀史》,南京大学出版社,2014。

劫,日军的暴行馨竹难书。主要有以下几类:

第一类暴行是集体屠杀。

12月13日,日军进抵下关时,部分中国军民正在渡江。日本即以装甲车、机枪、大炮等武器向正在渡江和困在江边的中国军民猛烈扫射轰击,大量中国军民死于江中或岸边。日军攻占南京前曾下达"扫荡令",从12月13日起,日军在南京城内反复扫荡,在下关集体屠杀了大批放下武器的中国军人及普通平民。尽管日军禁止军人把恶劣行为外传,许多日本兵在日记或家信中还是留下了真实记录;"安全区"国际委员会主席、德国人拉贝的大量日记对日军暴行也作了充分的描述。

第二类暴行是零散屠杀。

这方面的事例不胜枚举。美国传教士约翰·马吉从1937年12月12日至1938年2月5日,向他的妻子福斯特写了许多信件,揭露了大量他亲眼目睹的日军暴行,至今作为档案保留在他的母校耶鲁大学神学院图书馆。他在1月30日的信中,提到一名8岁小姑娘一家的悲惨遭遇:

> 日本兵来到城东南的一座房子里。房子里共13人,除了一名8岁和一名3岁或4岁的小女孩外,全被日本兵杀死。8岁的小女孩背上和侧面被刺了三刀,但没有死。死者中包括76岁的老头和74岁的老太、母亲和三个女儿。三个女儿年龄分别是16岁、14岁和1岁。两名姑娘被强奸三次,然后日本兵以最残忍的方式将她们杀死,那个1岁的小孩也被一刀刺死[1]。

这个小女孩名叫夏淑琴,她侥幸活了下来,直到耄耋之年还多次向人们控诉当年日本鬼子对她家的血债。南京大屠杀期间,南京市约有一二十家慈善机构,开展救济、医护、埋葬等慈善活动。根据世界红卍字会南京分会和南京崇善堂的统计,南京大屠杀的非正常死亡人数已超过15万!

---

[1] 张宪文、崔巍、董为民:《南京大屠杀重要文证选录》,凤凰出版社,2014。

第三类暴行是大规模的性暴行。

在日军占领南京期间,对中国妇女,不分年龄、职业、身份,甚至对孕妇、病妇,都施行了惨无人道的性暴力。数万中国妇女被强奸、轮奸,其中许多被蹂躏致死。其暴虐程度,骇人听闻。前面提到夏淑琴一家的悲惨经历,被杀死的 10 个人中,就有 2 名幼女遭到先奸后杀的兽行。从受害人和西方见证人的控诉、日记、函电和媒体报道中,大量案例被公诸于世。日军还多次侵入安全区,或将大批妇女房去奸淫,或夜间翻墙而入,摸索强奸。除大规模强奸外,日军性暴行中充斥着种种变态的虐待。大量案例简直难以卒读。

第四类暴行是抢劫和掠夺。

日军攻占南京之前,早已军纪涣散。日军命令前线的粮食供应依靠"就地征发",实际上就是命令部队从当地平民中抢劫。南京陷落后,日军更是肆无忌惮。官兵全员参与的大规模洗劫遍及市内每个角落。上至国民政府高官府邸,下至平民百姓住宅,都难逃劫难。繁华的商业街道更是日军洗劫的重点。抢红了眼的日本兵,甚至不顾外交规则,竟然闯入并未和日本宣战的各国驻华使馆进行抢劫。战前西方教会兴建的一批教会建筑也遭到抢劫和严重破坏。南京是著名的六朝古都,保藏了大量珍贵图书和文物。掠夺图书文物,是日军自上而下的决策。攻占南京后,9 名日本特务人员从上海赶赴南京,对南京图书收藏状况作了大规模调查。他们调查了国民政府行政院、文官处、外交部、考试院、中央党部、交通部、教育部、省立图书馆、编译馆、紫金山天文台、中央研究院等 70 多个单位,然后大肆掠夺。1938 年 8 月,日本"中支占领地区图书文献接收委员会"将抢劫的图书分类统计,总数近 90 万册。而当时日本最大的东京图书馆藏书仅 85 万册[1]。

第五类暴行是纵火破坏。

日军在南京城内外抢劫的同时,有组织地纵火焚烧。日军占领南京的当天,根据第 10 军司令官柳川平助下达的命令:

---

1 张宪文、张连红、王卫星:《南京大屠杀史》,南京大学出版社,2014。

应尽一切手段歼灭敌军。为此,如有需要,烧毁城区。

日军将许多劫掠一空的商业街区焚毁,大量街区建筑及民宅化为灰烬。1937 年 12 月 21 日,拉贝在日记中记载:

毫无疑问,日本人正在纵火焚烧城市,可能仅仅是为了抹去他们洗劫掠夺的痕迹。

同一天,美国医生威尔逊(Robert O. Wilson)在日记中也有类似叙述:

到目前为止,超过一半的城池被烧光了。整个商业区都被点上了大火。

特别严重的是,作为宗教文化名城,南京大量的寺庵、道观等建筑,也在日军纵火破坏之下成为废墟[1]。

尽管当时中外媒体对南京大屠杀已有报道,由于日军封锁消息和销毁罪证,世人对南京大屠杀的规模和程度并不了解。如何为法庭提供充分的人证物证,便成了中国检察组的关键任务。

早在 1946 年 3 月,裘劭恒随向哲濬和两名美国助理检察官到中国实地调查,历时 5 个星期,期间会晤了 31 名证人,他们共同撰写了题为《来自中国的报告:对平民的暴行》的调查报告。东京审判开庭后,他们再次到南京等地取证。从 1946 年 5 月 31 日到 6 月 12 日,他们搜集了大量证据,并邀集若干证人到东京出庭作证。1946 年 7 月中旬至 8 月中旬,法庭审理日军南京大屠杀的暴行。检方证人有 11 名,其中有 8 名跟随裘劭恒从中国专程到东京出庭。他们是金陵大学医院医生美国人威尔逊,"南京安全区国际委员会"住房委员会负责人许传音博士,受害者尚德义、伍长德和陈福宝,金陵大学历史系美籍教授贝茨,中国军医梁庭芳,以及美籍牧师约翰·马吉。极为难得的是,马吉牧师冒着生命危险,用 16 毫米电影摄影机摄下了长达 105 分钟的胶片,记录了日军烧杀、抢劫、强奸的真实场面,留下铁证,给世人留下了不可磨灭的印象。除出庭证人

---

1 张宪文、崔巍、董为民:《南京大屠杀重要文证选录》,凤凰出版社,2014。

外,检方提供了多份书面证据,其中最令人注意的是南京市安全区国际委员会15 位成员提供的档案,包括 7 名美国人、4 名英国人、1 名丹麦人和 3 名德国人。

由于中国检察组和美国检察人员的努力,日军在南京大屠杀惨绝人寰的暴行公之于众,惊心动魄,震惊世界。法庭共接受了 37 件检方证据和 23 件辩方证据。在此基础上,《判决书》第八章"违反战争法规的犯罪"中专列一节"南京大屠杀",长达 9 页,详尽描述了日军暴行。其中提到:

> 在占领后的一个月中,在南京市内发生了二万起左右的强奸事件。"据后来估计,在日军占领后最初六个星期内,南京及其附近被屠杀的平民和俘虏,总数达二十万人以上"[1]。

在法庭定罪时,作为南京大屠杀日军部队司令的松井石根难辞其咎,被判处绞刑。中国检察官团队在东京审判期间,留下了大量语言文字,成为坚持法理的历史见证。

除了和国际检察局同仁共同撰写的《起诉书》之外,最直接昭告世人的是在法庭的起诉、质询、反诘与辩论。从《远东国际军事法庭庭审记录》中,可以找到中国检察官团队的法庭讲话记录。其中向哲濬出庭讲话 20 次,庭审记录中近400 页;倪征燠出庭讲话 17 次,630 多页;桂裕出庭讲话 4 次,27 页;裘劭恒出庭讲话 1 次,20 页[2]。

从庭审记录中还可看到,中国检察官团队经常在法庭和被告律师激烈辩论。例如 1947 年 10 月 6 日关于板垣征四郎罪行的辩论,向哲濬检察官、倪征燠首席顾问和桂裕顾问代表检方,日籍辩护律师山田半藏、板垫淳吉、加藤隆久以及美籍辩护律师坎宁安、马蒂斯、布鲁克斯代表辩方,进行了激烈辩论。按庭审纪录统计,检方 3 人共发言 122 次,辩方 6 人共发言 123 次,持续了整整一天![2]美国国家档案馆保存有这场辩论开场的纪录片,影片中出现向哲濬和山田抢话

1 《远东国际军事法庭判决书》,张效林节译,向隆万、徐小冰等补节译,上海交通大学出版社,2015。

2 东京审判研究中心编《远东国际军事法庭记录——索引、附录(上)》,上海交通大学出版社、国家图书馆出版社,2013。

筒的罕见场景,辩论的激烈程度可见一斑。

在整个东京审判过程中,中国检察组还担负了繁复的资料整理工作。目前找到向哲濬发给外交部和司法行政部等部门的函电有 83 封,以及由高文彬秘书收集成册,向哲濬签发呈送的审判笔录证件缮本和其他重要文档。1948 年10 月 20 日向哲濬的公函将这些资料概括为:

> (1) 自起诉至辩论终结时之审判笔录(计 48 412 页,分订 226 卷);
> (2) 远东国际军事法庭审判笔录节本;(3) 国际检察处综合辩论书;
> (4) 国际检察处对被告方面综合答辩之最后反驳书;(5) 远东国际军事法庭接受检察、被告两方所提证件之缮本(共 3 915 件,计检察处提出者 2 282件,被告方面提出者 1 633 件);……[1]

1948 年 1 月 24 日,在法庭审理阶段行将结束之际,向哲濬手书一封长信致外交部,在工作汇报外,他特别表达了全体检察组成员顾全大局和努力工作的决心:

> 职自奉命来此办理检察事务,事繁人少,与在事各员,昕夕从公,未敢懈怠。

六、请辞官职,教书育人

法庭工作结束后,国民政府忙于内战,焦头烂额。法庭的中国工作人员竟无人过问。大家都知道国民政府即将逃亡台湾,多数不愿跟着去。有的留在日本,有的去香港,向哲濬认为,自己曾担任这样重要的职位,理应向祖国人民交代。他一回国,才知道当时国民政府各机关的官员,多已离开南京去广东或台湾。对于审判日本战犯这样的大事,早已无暇顾及。他到司法部、外交部作了交代后回沪,就此不了了之,成为他一生的憾事。他和秘书高文彬带回两套法庭文档,包括全部庭审记录和许多证据,一套送外交部存档,一套送东吴大学法

---

1 向隆万:《向哲濬东京审判函电及法庭陈述》(第二版),上海交通大学出版社,2014。

学院供教学之用,可惜都不知所终!

法庭将结束时,国民政府曾任命向哲濬为最高法院检察署检察长,他当即电辞。回国后,又被任命为国民政府司法院大法官,要求速往台湾赴任,并告知在广州已准备好飞机,可携眷同往。大法官是国家的最高法官,是终身制,向哲濬仍然将此任命辞去。在那动乱不堪的岁月,南京国民党政府官员、上海的富商巨贾,多纷纷设法逃亡到台湾、香港,向哲濬却反其道而行之。除了对国民党失去信心外,一个重要原因是他钟情于教书育人。实际上,从他从美国学成归来,并没有完全脱离教学。即使进入司法界,仍在中央大学、南京法官训练馆、东吴大学兼课。现在,脱离司法界,他可以全身心回到教育岗位。1949 年 2 月,他愉快地接受了大夏大学(华东师范大学的前身之一)和东吴大学法律系的聘请,担任国际公法、国际私法、国际审判等课程的教学。夫人周芳也被聘为大夏大学附属中学英文教师。5 月 26 日,向哲濬和家人迎来了上海的解放。

新中国成立后,人民政府对原教育工作人员采取保留下来的政策,向哲濬在原校留任。20 世纪 50 年代初,中国高校施行院系调整,向哲濬到复旦大学法律系任教。与同事们合作翻译了《印度的发现》一书,向哲濬并且对全书进行了审阅修饰,此书于 1958 年在世界知识出版社出版,被读者选为当年最受欢迎的图书之一。

1987 年 8 月 31 日,向哲濬因病逝世,享年 95 岁。

秘书兼助理检察官裘劭恒：
劝说溥仪出庭作证

裘劭恒(Henry Chiu，1913—2009)，江苏无锡人，著名法学家。早年就学于国立音乐专科学校[1]，1932年和1935年先后毕业于东吴大学文理学院和法律学院，获文学、法学双学士学位。1932年考取上海第二特区地方法院英语翻译官，1933—1941年在其兄裘汾龄律师事务所工作。抗战后，任东吴法学院兼职讲师二年。1942—1943年初，进上海公共租界工部局，任劳工课助理，后任主任。1943—1945年，出任中国银行人事课长和秘书二职。1946年，担任远东国际军事法庭中国检察官秘书、助理检察官及东京涩谷案中方法官。同年冬回国任上海秉公律师事务所律师。1949年后转任上海贸丰行经理，后就职于公私合营上海国际贸易公司总管理处。1956年加入中国农工民主党。1980年11月至1981年1月，担任最高人民法院特别法庭审判"林彪、江青反革命集团"案的法律顾问。1983年，担任全国人大法制委员会副主任，为1984年我国《民法通则》

---

1 上海音乐学院前身。

和其后相继制定的《商标法》《专利法》《著作权法》做出贡献。同年,担任第六届全国人大代表、全国人大常委会委员,出席各国议会联盟第75、76届会议。1984年12月16日,出任我国第一家民间经济法律咨询机构——振兴经济法律咨询公司副董事长。1985年4月至1990年4月,担任香港特别行政区基本法起草委员会委员。1980年代还担任中国国际贸易仲裁委员会仲裁员,上海市第八、九届人大常委及法制委员会副主任等职。1991年被推举为上海市法学会名誉会长和上海市外文学会会长,1997年任农工民主党第九届中央委员。

建国后裘劭恒长期从事国际法学、英语、英美法律方面的教学和研究。1957年始,先后在上海外贸干校、上海对外贸易学院、上海外国语学院任教,身兼悉尼大学法律系中国法制客座教授以及《民主与法制》《国际商务研究》等刊物的学术顾问和主编。

2009年9月22日,裘劭恒因病在上海华东医院逝世,享年97岁。

一、学法报国,初露锋芒

1913年8月,裘劭恒出生于"鱼米之乡"江苏无锡。初、高中分别就读于上海东吴第二中学校和沪江中学[1]。1931年春,裘劭恒考入蔡元培创办的国立音乐专科学校(简称"国立音专"),师从俄籍著名教授苏石林老师学习声乐。但似乎学音乐并不是其初衷,在"老音专"这所艺术殿堂仅学习了半年,便决定弃乐学法,报效国家。

1932年秋,裘劭恒始入"东吴大学法律学院"正式学习法学[2],开始了他与法学结伴一生的风雨路程。三年间,他共学习了37门法学专业课程[3],接受了当时国内最好的英美法和比较法教育,掌握了大量的域外法律制度。1932年和

---

1 《上海东吴第二中学校第一次录取新生案·初中三年级》,《申报》1925年8月28日;《沪江大中学入学试验揭晓·高中二年级》,《申报》1927年9月5日。

2 《私立东吴大学法律学院第二次录取新生揭晓》,《申报》1932年9月26日。另:早在三年前(1929—1932),裘劭恒在学声乐前,已在苏州东吴大学本部的文理学院接受法预科学习。(见《1935年毕业生卷宗》,苏州大学档案馆藏。

3 《1935年毕业生卷宗》,苏州大学档案馆藏。

1935 年,裘劭恒从东吴大学顺利毕业,获文学、法学双学士学位。抗战开始后,他应母校聘请,任兼职讲师二年,先后开设世界史、商法、英国法律等课程。

在东吴求学时期,裘劭恒已活跃于中外法界舞台。1932 年,他考取了上海第二特区地方法院英语翻译官,一年后进其兄裘汾龄律师事务所,主持英文文书工作,助理外商的诉讼和非讼案件。1941 年,敌伪接收租界内法院,裘劭恒和其兄拒绝登记做伪律师,随即停止业务,关闭事务所。这 8 年的涉外司法实践(1933—1941)使他不仅能非常娴熟地处理公共租界里的法律事务,而且清楚地认识到中国社会现实的残酷和此时的中国到底需要什么样的法律人才。

抗战时期,上海一位薛姓的年轻企业家与瑞士洋行做生意,起了经济纠纷,之前请过几个律师但都不甚满意,后辗转托人[1]请裘劭恒帮助。上海开埠后,万国通商,华洋杂处,讼事尤繁,中国律师业刚跚跚起步,极少有人能掌握英美法律和用英语出庭办案。各国驻沪领事署还自设法庭,不受中国法律管辖,严重侵犯中国司法主权。因此,这起合同纠纷案需要向瑞士领事法庭起诉,从写诉状到开庭,只有英、法、德三国语言适用。择日开庭后,法庭设在瑞士驻上海的领事馆内,裘劭恒全权代理原告方,其在法庭上不卑不亢的仪态、运用自如的英语表达和谙熟的英美法辩护水平,让正好也在法庭的刘世芳对这个青年人产生了极佳的印象。在当时,一个中国人能够出现在外国人的法庭上已是凤毛麟角,况且还一举为同胞打赢了官司,裘劭恒因之名声鹊起。休庭期间,两人一见如故,这次邂逅给裘劭恒的一生带来了不一样的故事。

二、伯乐荐英才

二战结束后,盟军总部向各同盟国发出催促函,要求各国尽快派出法官、检

---

[1] 所托之人是裘劭恒的世交傅雷。在东京审判前夕,即 1944 年冬至 1945 年春上海沦陷时期,傅雷曾组织十余友人如姜椿芳、宋悌芬、周煦良、裘复生、裘劭恒、朱滨生、伍子昂、雷垣、沈知白、陈西禾、满涛、周梦白等每半个月集会一次,在各人家中轮流举行,事先指定一人做小型专题讲话,每次谈话后必对国内外大局交换情报及意见(参见傅雷著、金梅编《傅雷谈艺论学书简》,天津人民出版社,2015,第 211 页)。

察官前往东京工作。1946年1月3日，国民政府外交部王世杰部长致电驻美魏道明大使，再次通报中国政府的任命，责令出行时间："向哲濬任检察官，梅汝璈任法官，向即赴日，梅俟法庭组成后前往……"[1]。

因被告众多、案情复杂，法官、检察官各一人不足以应对错综复杂的局面，故罗致人才成为当务之急。依照法庭规定，向哲濬可带一名助手，这名助手要精通英美法系和英语口笔译、且有很强的英语诉讼能力。南京国民政府在考察检察官助手的人选时，颇费一番功夫，司法部、外交部多方努力，均未能寻觅到合适人选。正当一筹莫展之际，梅汝璈法官建议向哲濬到人才荟萃的上海物色助手人选，于是，向检察官来到上海，并请老朋友、东吴法学院著名法学教授刘世芳先生举荐人才。

刘世芳第一时间就想到了裘劭恒，认为他低调、业务精通，故非他莫属，对其不吝赞美之词。

出乎刘世芳所料，一开始裘劭恒就婉言谢绝了他的推荐。于是刘世芳做起了裘劭恒的工作，他对裘劭恒表达了以下几个意思：第一，此去东京，不是推荐你去做官，而是去和梅汝璈法官、向哲濬检察官一起审判日本战犯；第二，有抱负的优秀人才应当为国为民有所建树，地域范围不宜局限在上海，去东京参与举世瞩目的审判战犯工作，正是一个为国家和民族做点力所能及之事的极好机会；第三，此次东京法庭的规模是和"纽伦堡审判"一样史无前例，届时世界一流的法律专家云集，它是一次很好的学习交流机会，是一个人一辈子可遇不可求的难得阅历。总而言之，"怎能轻易放弃呢？"

刘世芳循循善诱的肺腑之言最终打动了裘劭恒，他成为我国第一批赴远东国际军事法庭的人员。1946年2月7日，裘劭恒与向哲濬二人乘美军C-47型双引擎螺旋式军用飞机（见图8）由上海抵达东京，那天一场纷纷扬扬的大雪落满了东京厚木机场。

---

[1]《远东国际军事法庭审判资料：172—1—0899（1）Epson0094》，中国台湾省"国史馆"档案，第12—13页，外交部发文740号。

图8　1946年2月7日,裘劭恒抵达东京

三、艰难准备取证材料

中国检察组的工作从一开始就步履维艰。

东京审判采用英美法系的诉讼程序,首先由检察官对案情作一般陈述,提出不利于被告的人证物证,主张"无罪推定、控辩平等、法官中立、有利被告"等诉讼原则。因此证据至关重要,一旦中国检察方面被法庭裁决证据不成立,那么,公理与正义就有可能功败垂成。

对刚到东京的向哲濬与裘劭恒来说,证据收集情况不容乐观。

首先,国际检察局对日本战犯的预审和证据搜集进展得不够理想。总检察长季南和他的助手于1945年12月6日在日本着陆的时候,"对于法庭的规模,或者检察团参与国的数目,甚至连罪名的确切性质都没有清晰的概念。"[1]后来委任国际检察局首席调查员萨基特初步了解最高统帅部有关甲级嫌犯迄今办

---

1 [美]阿诺德.C.布拉克曼:《另一个纽伦堡——东京审判未曾述说的故事》,梅小侃、余燕明译,上海交通大学出版社,2017,第44页。

案的进展情况,调查结果令人大失所望。"据我所知,没有哪个与本总部(最高统帅部)有关的部门或个人对起诉主要日本战犯的范围作过任何详细的研究,也没有形成任何具体的理论。""没有收集或者特别寻找与主要战犯案件有关的证据。"[1]在向哲濬与裘劭恒到达东京的九天后,即 2 月 16 日,季南主持的首次国际检察局会议上,一再要求中方提供确凿证据。

其次,日本有计划地销毁了大量罪证,为寻找定罪证据造成巨大的麻烦。日本利用投降与美国占领日本之间的空隙[2],销毁了大量战罪证据。被销毁的文件包括所有帝国会议的文件、所有最高军事指挥会议的记录、所有内阁和秘密会议的决议、所有关于战俘的档案、所有关于攻击菲律宾和东南亚的命令和计划,所有关于在满洲和中国行动的文件[3]。不仅如此,日本还通过伪造记录、自杀等行为来达到毁灭暴行记录和见证人的目的。

再次,国民政府对东京审判认识严重不足,没有为审判准备足够的人证和物证材料。战后国民政府忙于抢夺抗战胜利的果实和发动内战,无暇收集有力证据,又缺乏外汇,没有派遣专业的翻译人员,他们万万没有想到在日后的审判中,证据法的运用是这样的严格。

中国是第二次世界大战中受害最惨重的亚洲国家,东京审判也绝非一场战胜者惩罚战败者的形式主义审判,故而中方有大量的查证工作,且当时离开庭只有两个多月的时间,仅向、裘两人完成调查取证工作难度相当大。为了增派译员,在征得国际检察局同意后,向哲濬立刻回国,招募遴选了高文彬、周锡卿等五名翻译人员。为了摆脱证据匮乏的困境,裘劭恒又忙于在东京各图书馆、日本外务省封存档案中查找资料,并受命回国,奔跑于上海、南京、北京、重庆等地,查阅大量案卷材料,寻访许多证人。

在筹备起诉期间,裘劭恒在取证方面的主要贡献有:

---

1 萨基特报告的秘密备忘录如今收藏在美国国家档案馆。[美]阿诺德.C.布拉克曼:《另一个纽伦堡——东京审判未曾述说的故事》,梅小侃、余燕明译,上海交通大学出版社,2017,第 45 页。

2 1945 年 8 月 15 日,天皇发表投降演说;8 月 28 日,美国人的先头部队抵达东京,占领日本。

3 余先予、何勤华、蔡东丽:《东京审判——正义与邪恶之法律较量》,商务印书馆,2015,第 11—12 页。

（一）南京大屠杀案的取证工作

为搜集有关南京大屠杀案中罪犯之物证及人证，1946年3月至6月，裘劭恒受命两度到南京寻找证人证据[1]。期间国际法庭调拨一架美军军机供中方使用，为了达到公平与公正，委派两名美方检察官（托马斯·H.莫洛上校和大卫·尼尔森·萨顿助理检察官[2]）同时来南京配合调查。因任务紧迫，裘劭恒顾不得回上海探望父母，乘飞机直飞到南京，《申报》曾报道：

> 东京远东国际军事法庭，……特派检察官马鲁[3]上校、调查专员柯莱暨中国检察官办事处秘书裘劭恒来京，已于四日到达，下榻京市上海路七十三号，现已开始向各方调查中[4]。

裘劭恒在南京的取证工作得到国民政府司法部刑事司杨兆龙司长的配合和帮助[5]。杨司长要求中国最高法院门口登出布告，号召幸存者、目击者、受害者及其亲属前来递交控诉材料。一时间，法院门口挤满了愤怒控诉的人群，哭骂声不绝于耳。裘劭恒与两名不谙中文的美国同事一起，通宵达旦地翻阅登记了上万份控诉材料，前往实地调查了约20名受难余生者，逐个询问搜集日军屠杀的罪证，并按国际上通用的英美法律程序作了起诉时所需的"誓证"，即证人、本国律师和外国律师一起签字画押。然后，裘劭恒带领最能充分证实日军暴行的目击者如伍长德、尚德义及南京安全区国际委员会成员马吉、史密斯、贝茨等

1　检察长季南根据南京原美国基督教教会曾向美国报告大屠杀的情报，提议将惨绝人寰的南京大屠杀案作为调查重点。向哲濬、裘劭恒及美方检察官数人一起回到中国调查日本侵华罪证，到南京后，向哲濬去北京负责调查日本人控制下的伪政府罪证，裘劭恒及两名美方检察官在南京负责调查南京大屠杀案。

2　裘劭恒先生在为《侵华日军南京大屠杀暴行日志》一书撰写的序言中写为"马罗上校到和石登助理检察官"，出于翻译不同的原因，此二人实指托马斯·H.莫洛（Thomas H. Morrow）上校和大卫·尼尔森·萨顿（David Nelson Sutton）助理检察官。

3　即托马斯·H.莫洛上校（Thomas H. Morrow）。

4　《申报》1946年4月7日。

5　杨兆龙向裘劭恒推荐了一位得力助手也系东吴法学院校友王式成。王式成在抗战期间当过军法官，抗战胜利后，在司法部工作，曾专门调查过南京大屠杀惨案。这次他把收集到的调查表格、照片、铅印材料都拿给裘劭恒参考。裘劭恒从这些调查材料里挑选出6份典型事例，并请王式成陪同自己与两名美方检察官一起逐个调查当事人。

十多名证人,请他们同机赴日,出庭作证。法庭用了三个多星期的时间,专门听取来自中国的 10 多位中外证人亲眼目睹大屠杀的证言,接受了 100 多件书面证词及有关文件,并鞫讯了松井石根本人[1]。

事实证明,裘劭恒和两名美方人员从国内搬来的这些证人在远东国际军事法庭上的血泪控诉,是审判中最沉重、也是最震撼人心的一幕;其调查收集到的证言、证据使庭审南京大屠杀案的工作得以顺利进行,战争罪犯受到了应有的惩处。这些人证、物证构成了南京大屠杀主犯松井石根罪证的一个重要组成部分,后法庭判定松井石根犯有破坏和平罪、违反战争罪和违反人道罪,被处以绞刑;大量的证据还确认了日军在南京的暴行,是现代史上破天荒之残暴罪行。

侵华日军南京大屠杀遇难同胞纪念馆前馆长朱成山在获悉裘老去世时的唁电中表示:"裘劭恒在南京寻访幸存者的工作,为南京大屠杀罪行的审判发挥了重要作用,他卓越的工作能力得到了西方同行的肯定。"

(二)日本大特务土肥原贤二罪行重要证据的发现

土肥原贤二,是日本陆军特务系统中有名的"中国通",被称为"满洲的劳伦斯[2]",此人惯于幕后策划,行动诡秘,知道不留证据和随时销毁证据。中国方面虽对他提出了起诉,但国内却无法提供有力的证据。而美方更在意那些发动对美国袭击的日本战犯,对土肥原这类没有直接危害美国的战犯不够重视,甚至开脱,当时确有外国检察官认为土肥原官职低,不拟列入A级战犯。

这是一场无销烟的战争,证据就是一枚枚子弹,如果证据不足,中国检察组无疑将陷入"有冤难申、有苦难言"的境地。早在回国取证前,裘劭恒已全身心投入寻觅证据的工作,他在东京各图书馆、资料部门查找罪证,但收获不大,非常着急。

1　裘劭恒:《侵华日军南京大屠杀暴行日志·序》,南京出版社,2004,第 1 页。

2　劳伦斯:英国近代著名间谍,长期在阿拉伯国家活动。

裘劭恒英文流利,为人坦诚直率,在东京时与美国同行交流多,信息面广。一次偶然的机会,他从美方那里获悉,国际检察处资料室有一部分美军保管的日本外务省档案。于是他一有空就去那里查阅档案,寻找战犯们犯罪的蛛丝马迹,其中一位美军黑人资料保管员十分友善,经常为其查阅资料提供方便。有一天,裘劭恒找到一份日本原驻天津总领事桑岛主计给外务省的电报,内容是土肥原不顾一切,煽动津保安队起事,将溥仪装入一木箱秘密押至天津塘沽,然后用船密送大连,再转送沈阳,成立所谓"满洲国"[1]。

这份电报成为日后确定土肥原贤二罪行的重要证据之一,它证实了日本立溥仪为傀儡皇帝,妄图成立伪满洲国的幕后策划者就是土肥原,这个沾满中国人鲜血的侵华罪人最终被法庭判处死刑;这份电报还说明了成立伪满洲国不是溥仪寻求什么保护,而是日军侵犯中国主权的铁证。向哲濬看了以后非常高兴,立即以检察官的名义发电向国内报告这一突破性的发现。

向哲濬曾对亚洲世纪社记者说:"侵华元凶土肥原的列入甲级战犯,曾化(花)了极大的气力。"[2]这"极大的气力"功劳薄上必定有裘劭恒的位置。

(三) 日本对华经济侵略的取证工作

完成了在南京的调查取证工作后,裘劭恒与两位美国检察官莫洛、萨顿赶赴上海取证。之前无论是国际检察局还是中国检察组,取证工作重点都放在政治与军事方面,而作为日本侵略罪行的一个重要组成部分——经济罪行却没有引起重视。裘劭恒希望在上海这座商业中心城市发现日军经济侵略的罪证,对战犯追究刑事责任。

上海调查期间,裘劭恒找到了当时浦东电气公司经理、曾任南京国民政府资源委员会秘书的童受民。童受民 1919 年毕业于上海的江苏商业学校,毕业后进入浦东电气公司。1927 年担任浦电厂务主任兼总务科长,1936 年

---

[1] 此份文件在倪征燠反诘土肥原时作为重要证据提出。倪征燠在他的文集中曾写道:"此项电报,早经中国检察组裘劭恒君于外务省密档内检出,由向哲浚(濬)君当庭提出宣读附卷,铁案如山。"(倪征燠著,施觉怀等编《倪征燠法学文集》,法律出版社,2006,第 149 页。

[2] 倪家襄编著《东京审判内幕》,亚洲世纪出版社,1948,第 11 页。

出任副经理[1]。

裘劭恒在与童受民的接触中,敏锐地感受到他将是一名重要的证人。首先,他接受过良好的教育;其次,对法庭来说,最为重要的一点是,他的证词具有无可辩驳的真实性和权威性。1937年八一三淞沪战役前,童受民参与经营管理浦东电气公司,从一名小职员成长为公司的核心人物;战争爆发后,浦电的经营与发展完全中断,全部资产由日方控股的华中水电公司接收,他被迫带领员工撤离浦东;抗战结束后,在接收浦电及追索被拆迁的设备时,他亲历了浦电受日本帝国主义破坏和劫掠的惨痛经过,对浦电的损失如数家珍。

童受民的作证无疑将具有亲身经历与文献印证的双重可靠性,基于此,裘劭恒诚挚地邀请童受民和他同机赴日出庭作证,童受民因而成为在东京审判中作证的第一位中国企业家[2]。在开庭前,裘劭恒帮助童受民熟悉英美法庭的审判程序,两人一起演练,对庭上可能出现的情况进行充分准备。在法庭上,经裘劭恒的启发,童受民以国有企业和私人企业主双重身份出席作证,控诉日本的经济侵略罪行。

(四)日军使用芥子气等毒气的取证工作

远东国际法庭不是一般的普通法庭,它既是法律场合,又是政治、外交场合[3]。在侵华战争中日军使用了惨无人道的细菌武器,这一事实是毋庸置疑的,但是日军的细菌战议题在法庭中却是敏感的领域。远东国际军事法庭中虽曾出现暗示日本人进行人体细菌实验,但是也仅是"不经意间浮出过水面,然后就迅速而神秘地被掩盖过去了"[4]。

据裘劭恒生前讲述,他搜集过当时国内不太了解的日军使用芥子气等毒气

---

1 程维荣:《东京审判涉及的浦东电气公司》,载东京审判研究中心编《东京审判再讨论》,上海交通大学出版社,2015,第330—331页。

2 东京法庭上,先后有两个中国企业家出庭作证,控诉日本对中国企业的掠夺与破坏,童受民是前一位。

3 梅小璈、梅小侃:《梅汝璈东京审判文稿·前言》,上海交通大学出版社,2013,第5页。

4 [美]阿诺德.C.布拉克曼:《另一个纽伦堡——东京审判未曾述说的故事》,梅小侃、余燕明译,上海交通大学出版社,2017,第187页。

从事化学战的罪行证据,看到中国人中毒面部肿烂的照片。但这方面的罪行国际检察组没有加以揭露,这方面的证据材料也没有使用。日军化学战的重要资料在东京审判中被束之高阁。

四、说服"王牌人证"溥仪出庭作证

对于远东国际军事法庭检察方面来说,举证日本阴谋分裂中国的罪行,再也没有比溥仪更有力的人选了。可以说,在许多方面,除了天皇裕仁本人[1],没有一位证人能够像前满洲皇帝一样,与被告们有如此密切的关系[2]。在溥仪到达东京前,检方已向法庭提交了题为"有关满洲事务的秘密记录"的罪证资料,其中包括裘劭恒发现的土肥原密电等重要文件,这些证据无一不证明溥仪是日本控制下的傀儡。当裘劭恒从国内取证回到东京后,检察长季南与他面谈时表示,虽然我们已经掌握了一些证据,但如果溥仪能亲自出庭作证,那么审判的效果会更具有说服力。考虑到溥仪是中国人,因而指派裘劭恒为检方律师,希望他去做溥仪的思想工作,消除顾虑,出庭作证。裘劭恒欣然接受国际检察局安排的这一任务。

让溥仪出庭作证,是远东国际军事法庭中国、苏联和美国相互配合的结果。溥仪当时处于苏军控制下,美方主动找苏方磋商,苏联检察组同意了美方请求,8月10日傍晚,溥仪作为证人从苏联抵达东京,居住在苏联大使馆,由苏军看守。

裘劭恒与溥仪初次见面时,溥仪主动握手,口称"同志",非常紧张,似惊弓之鸟。"开头他看见我好像顾虑重重,因为他知道我是中国人,他担心中国是不

---

1 出于战后美国战略利益的需要,美国在权衡各种利益关系后,制定了对日本天皇的处置方针:作为日本未来的国家框架,允许保留天皇制,不逮捕、也不起诉天皇。但在新宪法中,天皇只能是一种象征性存在。(中央电视台《探索·发现》栏目编《丧钟为谁而鸣——远东国际军事法庭审判纪实》,安徽教育出版社,2004,第6页)

2 28个被告中有24个跟他有过直接或间接的关联。如东条英机曾任"满洲国"宪兵队首脑,板垣征四郎是关东军的总参谋长。土肥原贤二负责关东军的间谍组织。梅津美治郎从1939年到1944年是关东军的司令官。广田弘毅获得过"满洲国"的大勋位菊花章。

是要审判他。"为了稳定溥仪的情绪,打消其顾虑,裘劭恒宽慰他说:"这次是审判日本战犯,你是来作证的,不用害怕。"并且鼓励他大胆地、实事求是地出庭作证。第一次见面就这样结束了。此后裘劭恒经常到溥仪住处与他接触交谈,溥仪明白了很多。起初每次都有一名苏联军官在旁监视,"到后来,检察组的美国人、苏联人也放松了,所以我去的次数很多,我到那边去,他们开头在旁边听,后来他们不听了最后也不去了,就是我去。这个时候,溥仪就比较随便了。"[1]裘劭恒渐渐打消了溥仪的戒备,赢得了信任。

　　1946年8月16日,溥仪第一次出现在法庭上,日本的《朝日新闻》把溥仪的出庭说成是东京审判中"一个划时代的日子"。之后溥仪连续出庭八天(至27日),创下了远东国际军事法庭作证时间最长的纪录,成为世界各国媒体的头条新闻。

　　由于起诉和驳斥对方辩护律师的需要,裘劭恒多次和美方检察官一起前往苏联大使馆与溥仪交谈取证,从双方谈话中选择最能揭露日本制造傀儡政权,在中国东北实行侵略和殖民统治的罪证供庭审使用。在一次庭审作证后,一名美国新闻记者曾拍摄下一张弥足珍贵的历史照片(见图9),这张照片赠送裘劭恒一份,并作为国际法庭的官方

图9　溥仪、耶扎夫少校、裘劭恒
（摄影师：维格纳）

照片留存。照片背面有美军的英文说明,内容为:

　　　　前皇帝溥仪及陪同人员。溥仪、苏联陪同耶扎夫少校、副检察官裘劭恒在溥仪于起诉日本太平洋战争罪责的庭审作证后,在戴尔法官的办公室中谈话。美军通信兵团摄。1946年8月16日。

　　经过裘劭恒的努力和帮助,溥仪在法庭上有条不紊,当提及种种屈辱时表

1　中央电视台《探索·发现》栏目编:《丧钟为谁而鸣——远东国际军事法庭审判纪实》,安徽教育出版社,2004,第38页。

现得愤怒而悲情。他在庭上证言九一八事变之后,"天津日本驻屯军司令香椎如何强迫他去旅顺;其后关东军参谋板垣又怎样威逼他从旅顺到长春去当伪满皇帝,以及如何遭受日人监视毫无权力,甚至也无个人自由:如签订对日各条约,对内颁布命令,均系关东军首脑本庄繁、植田、菱刈、板垣等所包办,最后说出随身监视他行动的吉冈中将毒杀其爱妻,认为是终身恨事。"[1]溥仪出庭作证的后六天,接受了被告辩护律师鹈泽聪明、布莱克尼、冈本、藤井、马太斯等的轮番质问,他们都想从对质中证明溥仪热衷追逐伪满帝位,并与日本全面勾结,但无论辩护方如何盘诘,都徒劳无功。溥仪始终坚定他在法庭上的立场,力辩出任伪满洲国皇帝均系日军胁迫所致。检察方面的这个目的达到了。

溥仪在他后来所写的回忆录《我的前半生》中叙述道:"虽然我确实说出了日本侵略者的一部分罪恶事实,但是为了掩护自己,我又掩盖了一部分与自己罪行有关的历史真相。"[2]但即便如此,溥仪的证词"对于日本战犯罪行之确定及处决,实为有力之佐证。"[3]

裘劭恒最后一次去看溥仪时,溥仪对他的辅导工作深表感激,赠送裘劭恒两张书法作品:一张"天下为公",一张是由"克己复礼、正心修身"八个字组成的逢年过节贴在大门上用来驱鬼避邪的"斗"字。在审判期间,裘劭恒与溥仪亦有数次合影,这些照片和题词,裘老生前一直保存着(见图10、图11)。

五、作为出庭检察官起诉日本对华经济侵略

东京审判的议题顺序按日本侵略事件的先后安排。日本侵华最早,所以一开始审判围绕的议题主要是1928年关东军策划皇姑屯事件、九一八事变、建立"满洲国"傀儡政府、卢沟桥事变、南京大屠杀等。但这些涉及中国的出庭事务在审判初期却由美方代劳。

---

1 倪家襄编著《东京审判内幕》,亚洲世纪社,1948,第22页。

2 溥仪:《我的前半生》,群众出版社,2007,第304页。

3 《读溥仪在东京供词的感想》,《申报》1946年8月23日。

图 10　溥仪与裘劭恒等远东国际军事法庭检察官合影

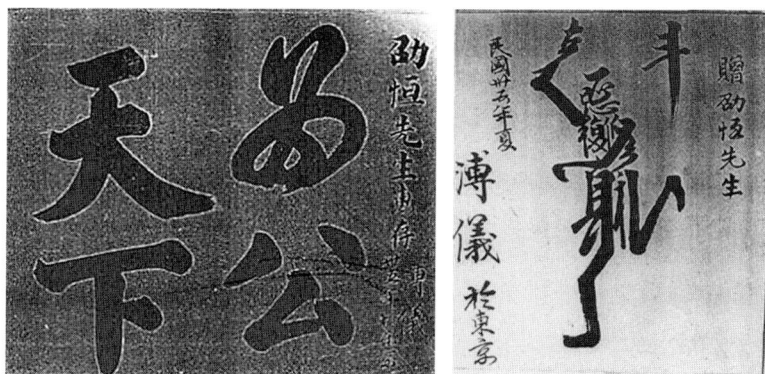

图 11　溥仪赠送裘劭恒的两幅书法作品

　　裘劭恒生前回忆,中国第一次起诉前,他在国际检察组获悉是美国代中国出庭,关于中国方面要不要派人直接出庭起诉,裘劭恒向国际检察组提出义正词严的要求,中国非自己出庭起诉不可,事关国家尊严,不容退让。在起诉日本侵华经济罪行开庭前几天,国际检察组通知裘劭恒为出庭检察官。

　　在向检察官的支持下,裘劭恒毅然挑起了出庭起诉日本对华经济侵略的重任,并全身心地投入出庭的准备工作。在上海取证期间,裘劭恒找到了当时浦东电气公司经理、国民政府资源委员会秘书长童受民,从他那里收集了日寇掠夺我国国家资源和公民私产的犯罪证据。为了适应东京审判的复杂场面,裘劭恒又连夜同他一起进行审判模拟训练,对可能出现的各种情况作了充分的准备。

1946 年 8 月 28 日至 29 日,裘劭恒作为中方检察官起诉日本对华经济侵略,走上了国际法庭的第一线,引起了海内外广泛关注。裘老曾回忆说:"那时,我的心情既高兴又紧张,几个夜晚都没有睡好觉。我为能代表中国人在国际法庭上亲自控告日本战犯侵华罪行并伸张正义而高兴,也担心因我不慎出差错给中国人丢脸。"[1]

在起诉中,裘劭恒对我方证人童受民直接询问,以连续问答的方式,就他本人经历过的浦东电气公司受破坏和被劫掠的情况以及确知的日本军国主义对我国进行经济侵略的事实,向法庭作证。在童受民作答的过程中,多次被日方辩护律师打断、抗议,对此,裘劭恒镇定自若、据理辩驳,指出自己所提出的问题及证人的作答与日本战犯经济侵略的罪行密切相关。法庭上裘劭恒所体现出的缜密思维和清晰法理一再得到审判长韦伯的肯定。如当童受民证实八一三战事与日本占领期间浦东电气公司所遭受的损失时,美籍辩护律师迈克尔·列文(Michael Levin)"提出异议",并质问童受民的"作证内容不适合、无关和空泛",裘劭恒则一针见血地指出:"……我一直在试图揭示日本的经济渗透,我的目的是比较日本人占领这些设施前后的条件与情况",这一点得到韦伯的认可:"这是显而易见的,驳回异议。"当童受民作证日本占领期间上海其他电力公司的损失时,列文辩护律师再次质问:"……反对这种细节的作证。……怀疑他是否能够回答(其他工厂的损失),并且怀疑介绍日本人接收工厂和他们收回工厂的期间内千瓦数减少的详情的必要性。"裘劭恒驳斥道:"如果法庭同意,我要揭示的不仅是证人自己作为经理的两家公司的情况,还有当时上海其他电力公司的一般情况。"对此,韦伯庭长反驳道:"……细节累计起来,就更有说服力了。"[2] 在接下

---

1 朱成山:《为远东国际军事法庭寻找证人——访当年检察官裘劭恒》,《南京史志》1995 年第 1 期。
2 以上法庭内容引自《远东国际军事法庭庭审记录·中国部分——侵占东北检方举证》,上海交通大学出版社,2016,第 260—267 页。

来的交叉质证环节,裘劭恒也及时提出反问展开辩驳,有力地控告了日本军国主义经济侵略的罪行。

　　1946 年 9 月初,中国的出庭起诉环节完成了既定程序。完成任务的第二天,法庭内外声誉正隆之时,裘劭恒因病辞去秘书和助理检察官职务,并请向哲濬检察官向外交部转达,不久获准。

顾问倪征燠：
临危受命战法庭

倪征燠（Judson T. Y. Nyi，1906—2003），字哲存，中国当代著名国际法学家。1906 年 7 月 28 日，出生于江苏省吴江县黎里镇的一户书香人家。自幼即立志学法。1923 年升入沪江大学。1925 年转学至上海东吴大学法学院就读。1927 年在持志大学兼读文科。1928 年获东吴大学法学院法学学士及持志大学文学学士学位。1929 年获美国斯坦福大学法学博士学位。1929—1930 年任美国约翰·霍普金斯大学法学研究所荣誉研究员。回国后在东吴大学法学院、大夏大学、持志大学、中国公学兼课，讲授国际法、英美法、法理学、法律哲学等课程。同时与其东吴同学鄂森合作，兼任律师事务所律师。1932 年一·二八淞沪抗战爆发，到南京司法行政部"编纂室"任编纂。次年调往上海特区地方法院、江苏高等法院第二分院担任推事，办理涉外案件。1942 年赴陪都重庆从事司法工作，历任江津法院首席检察官、重庆地方法院院长、司法行政部参事，并在重庆朝阳学院、重庆东吴沪江法商学院等校兼课。1945—1946 年赴美、英、法三国考察司法制度和审判实践。1947 年 2 月至 1948 年 12 月，作为中国检察组首席顾问赴东京参加远东国际军事法庭对日本战犯的审判工作,对土肥原贤二、板垣征四郎等侵华主要战犯提出了有力的控诉。回国后辞谢上海高院检察长之职。1948—1952 年先后任东吴大学法学院教授、法律系主任、教务长。1956—1981 年先后任外交部条约委员会专门委员和条约法律司法律顾问,多次作为中国代表参加国际会议。1981 年在第 36 届联合国大会上当选为联合国国际法委员会委员。1984 年在联合国第 39 届大会及安理会上当选联合国国际法院法官,成为新中国首位国际法院大法官。1985 年赴荷兰海牙上任,1994 年退休。2003 年 9 月 3 日,因病于北京逝世,享年 97 岁。

一、学法之路,践行理想

倪征燠年少时,就被惩恶扬善、推理断案类故事深深吸引,加之成长过程中,他目睹中国在丧失法权后受到的屈辱和种种法治乱象,坚定了学习法律,恢复中国法权完整的理想。

1925 年夏,在沪江大学读满两年文科的倪征燠转学至东吴大学法学院,开启了他三年的法科学习生涯。东吴大学法学院推行高门槛的精英教育,对学生实行"严进严出"的政策。在这里,倪征燠的法律知识和技能不断增长,实践能力大步提高,英文水平日益精进,英美法思维逐渐形成,这为他以后从事司法工作,乃至走上东京法庭打下了坚实的基础。为在毕业前拿到"双学位"去斯坦福留学,倪征燠在大学最后一年到持志大学兼读一年文科。

1928 年夏,倪征燠以优异的成绩同时从东吴、持志两所大学毕业。同年8 月,倪征燠乘美国大来公司的"麦迪逊总统号"漂洋过海抵达加利福尼亚州的旧金山,进入斯坦福大学攻读博士学位。在美国,倪征燠将学习重点转向国际法,开始思考形成东西方法制差异的原因。1929 年,为继续深造,倪征燠又赴美国约翰·霍普金斯大学法学研究所做了一年荣誉研究员。

1930 年,倪征燠学成归国,开始从事司法工作。他先在鄂森的律师事务所做兼职律师,同时在东吴大学法学院、大夏大学、持志大学、中国公学四所大学兼课。1932 年一·二八淞沪抗战打响,倪征燠调往南京司法行政部编纂室,直接参与了收回法权的准备工作。1933 年,倪征燠任职上海特区地方法院推事。之后他被借调到上级法院——江苏高等法院第二分院办案。几年中,倪征燠办理了大量的涉外案件,其中不乏案情复杂、争议颇多的案例。倪征燠在岗位上一丝不苟地默默耕耘学习,积累涉外司法经验。1941 年底,太平洋战争爆发,日军攻入租界。不愿做亡国奴的倪征燠在枪林弹雨中奔赴大后方重庆,被任命为江津法院首席检察官。1943 年 1 月,倪征燠就任重庆地方法院院长。

1944 年秋,倪征燠调回司法行政部任参事。同年,美国国务院派前驻华法院法官密尔顿·海尔密克(Milton Helmick)来华访问。倪征燠作为司法行政部代表负责接待事宜。作为回访,1945 年 7 月 15 日,倪征燠乘坐美国的 ATC 军用飞机飞往纽约,开始了为期一年在美英法等国的司法考察,并将英美法系的审判实践作为考察重点。1946 年 7 月 31 日,倪征燠结束考察行程回到上海。

二、临危受命,国内搜证

1946 年 10 月,远东国际军事法庭中国检察官向哲濬自东京回国述职,得知倪征燠已经归国的消息,马上向司法行政部部长谢冠生点名要倪征燠参与检察工作。

此时距向哲濬衔命赴日已过去了八个月。八个月来,中国检察组在东京殚精竭虑,却始终处于被动的局面。

人员不足的问题一直困扰着中国检察组。在开庭的初期向哲濬只带去了裘劭恒一位助手,虽然后续增添了刘子健、朱庆儒两位秘书,但面对繁重的检察工作,人员配备依然不能满足需求。审判采用英美法系的程序进行,不同于大陆法的纠问制,英美法主要采取对质制,审讯提问由控辩双方的律师(刑事案件原告律师为检察官)完成。因此,东京审判的法庭上,检察官和律师的作用尤为关键。法庭以日本律师不谙英美法为由,为每个被告配备了一名甚至多名的美国辩护律师。这些律师嚣张跋扈,咄咄逼人,对中方提出的控诉多方发难,致使中国的检察工作极为被动。对中方来说,此时最需要补充的就是能改变这一不利局面的高水平检察官。要做到这一点,具备英美法系理论知识和实践经验是必不可少的。

　　寻找证据是中国检察组更为艰难的任务。彼时的南京政府正忙于内战,又要寻求美国的庇护,对此次审判形势的预估严重不足,错误地以为"是战胜者惩罚战败者,审判不过是个形式而已,哪里还需要什么犯罪证据,更没有料到证据法的运用如此严格"[1]。虽然《远东国际军事法庭宪章》规定了"法庭不受一般技术性的采证规则之拘束",但在实际操作过程中,"大多数法庭成员未能摆脱英美法系高度技术性的、烦琐复杂的证据法规则的影响"[2]。中方缺乏具体详实的人证、物证,一些证据未被法庭采用。阴谋发动太平洋战争的东条英机是美国人的眼中钉,自然死罪难逃;南京大屠杀总指挥松井石根的罪行也昭然若揭,因为国际检察局手里掌握了大量目击者、幸存者的证言、报告及影像资料。但是对于在中国欠下累累血债的元凶巨憝土肥原贤二[3]和板垣征四郎[4]中方始终找不到足够的"技术性证据"。由于中国检方势单力薄,土肥原、板垣二人的控诉任务已经被国际检察局分配给菲律宾检察官。如果不能将他们送上绞刑架,如何向深受其害的亿万中国人民交待? 深感压力的向哲濬频频向南京发回函电,请求派遣精兵强将支援审判。

　　此时刚刚回国的倪征燠正是绝佳人选。第一,倪征燠毕业于东吴大学法学院,接受过当时国内最好的英美法教育和扎实的英语训练,具有理论背景及语

1　倪征燠:《淡泊从容莅海牙(增订版)》,北京大学出版社,2015,第132页。

2　梅小璈、梅小侃编《梅汝璈东京审判文稿》,上海交通大学出版社,2013,第163页。

3　土肥原贤二,1913年即来到北京,在中国从事间谍特务的勾当长达30余年,是日本陆军特务系统中有名的"中国通"。历任奉天特务机关长、奉天(沈阳)市长、第五军军团长、东部军总司令、日本驻新加坡第七方面军总司令、陆军教育总监等职。皇姑屯事件、九·一八事变、挟持溥仪成立"满洲国"、威胁华北自治、制造冀东伪府、煽动内蒙独立、诱迫吴(佩孚)唐(绍仪)合作等事件都由他一手策划执行。

4　板垣征四郎,关东军灵魂人物,历任关东军陆军大佐、关东军副参谋长、第五师团长、关东军参谋长、陆军大臣、中国派遣军参谋长、朝鲜军总司令、日本驻新加坡第七方面军总司令等职。他是土肥原一系列侵略行动的幕后主使,策划实施了九·一八事变,主张扩大侵华战争,力主日、德、意三国缔结军事同盟。

言优势;第二,当时在日本的中方人员大部分都是在国内学习法律的,只有梅汝璈、向哲濬、周锡卿有美国留学背景。但是身为法官的梅汝璈不能参与检察工作,周锡卿又是经济学硕士。因此留学美国的法学博士倪征燠正是向哲濬最需要的熟悉西方法制的专业人才;第三,倪征燠的法律生涯中,办理过大量的涉外案件,有丰富的"涉外"司法经验;第四,向哲濬与倪征燠曾在司法行政部和上海特区法院两度共事,三十年代又同在东吴大学法学院任教,对他的专业素养和业务能力十分认可;第五,也是最重要的一点,倪征燠刚从美英考察司法归来,具有中国团队最缺乏的英美法审判实践经验。

面对这样错综复杂的形势,倪征燠义不容辞。事实上,在最初外交部推荐的赴日人选里就有倪征燠的名字[1]。在此之前,倪征燠也涉足过部分战后工作,曾担任"战犯罪证调查室"副主任、"讨论战后法规特种委员会"委员和民事组组员[2]。此番临危受命,倪征燠已做好了"不破楼兰终不还"的打算,誓要与团队成员一起同仇敌忾,将日本战犯绳之以法,以慰国人。向哲濬与倪征燠商定,并报外交部核准,增派同样毕业于东吴大学法学院的上海律师鄂森、桂裕,以及南京中央大学法学教授吴学义作为检察官顾问,倪征燠为首席顾问,准备前往东京。

倪征燠是一个计划性很强的人。他仔细分析了东京审判的形势。庭审程序大体分三阶段:第一阶段为"检方主张立证";第二阶段为"辩方反证",其中又包括被告集体答辩与被告个人辩护两个环节;第三阶段为"检辩双方最终举证与辩护"。此时,第一阶段关于中国的部分已经告一段落,要想挽回颓势,必须在后两个阶段下功夫,"利用被告答辩阶段中检察方面还可以对被告所提证人进行反诘的规定,见缝插针地提出一些有助于检察方面的证据"[3]。

倪征燠没有急于赶赴东京,他去走访了曾在远东国际军事法庭上作证的秦

1 台湾省"国史馆"藏远东国际军事法庭审判资料:172—1—0899(2)Epson 0097,第17页。转引自向隆万、孙艺:《东京审判中的中国代表团》,《民国档案》2014年第1期,第62页。

2 刘正中:《庞德与中国之法制——1943年至1948年之中国法制历史》,《法学》2000年第12期,第4页。

3 倪征燠:《淡泊从容莅海牙(增订版)》,北京大学出版社,2015,第133页。

德纯。秦德纯是国民政府军政部次长,曾任北平市长,与土肥原贤二签订过所谓"秦土协定"。倪征燠希望他能补提一些证据,但他说"抗战进行中,没有一个司令官会想到应保存证据,作为日后控诉战犯之用"[1]。秦德纯提出建议,可以去找关押在北平监狱的伪满"立法院院长"赵欣伯、"华北临时政府"首脑王揖唐、南京"维新政府"首脑梁鸿志等汉奸手书土肥原、板垣的罪行材料。他们已被国内法庭判处死刑,此举可减轻其罪责。于是兵分两路,向哲濬先回东京法庭,倪征燠与鄂森赶往北平(见图12)。

图 12　倪征燠(左四)与鄂森(左五)赴华北收集日本战犯罪证

在北平,他们提审了关在监狱里的汉奸,寻访了吴佩孚的遗孀张夫人。监狱之行一无所获。不过在吴家他们从张夫人口中得知了吴佩孚拒绝"吴(佩孚)唐(绍仪)合作"之后,被日本人残忍杀害的经过。"吴唐合作"的阴谋当时尚不为人所知,这一段历史成为日后倪征燠在东京法庭上反诘土肥原和板垣的有力武器。

倪征燠和鄂森原计划还要去土肥原、板垣长期活动的东北地区找寻证据,但此时国共和谈破裂,东北战事又起,他们不得不取消了行程。

---

1 倪征燠:《淡泊从容莅海牙(增订版)》,北京大学出版社,2015,第 135 页。

时间进入到 1947 年 1 月,在东京的向哲濬急切盼望着倪征燠等人的到来。他在 1 月 24 日和 31 日连续致电外交部:

> "法庭将休假两周,倪征燠等四员速来准备";"检方证据提完,倪鄂吴桂来日"[1]。

不敢有任何耽误,2 月 9 日晚 9 点,倪征燠与鄂森、吴学义一起乘美军飞机赶赴东京,桂裕也于不久之后东渡[2],一场大战即将打响。

三、备战东京,庭审风云

远东国际军事法庭,位于东京涩谷区前陆军士官学校旧址。战时这里是陆军省和军国主义者之大本营。四周围墙森严,建筑威武雄壮,旁边有土堤青草,春天会开满杜鹃花。很难想象曾有那么多罪恶出自于此。现在,日本战犯要在他们无比熟悉的"老巢"接受国际法庭的最终审判,这让倪征燠"有不胜今昔之慨"[3]。

图 13 倪征燠在远东国际军事法庭标示牌前留影

倪征燠(见图 13)一到东京就马不停蹄地投入工作,夜以继日地阅读庭审记录,熟悉审讯的程序和特点。努力搜寻能为土肥原和板垣定罪的线索,此其一。其二是必须在被告辩护阶段开始之前,将此二人的控诉权从菲律宾检察官那里争取过来。这二者互为因果,只能同时进行。

向哲濬马上向法庭首席检察官季南

---

1 向隆万:《东京审判检察官向哲濬的函电》,《世纪》2015 年第 5 期,第 18—19 页。

2 《国际法庭顾问桂裕展缓赴日》,《申报》1947 年 2 月 11 日。

3 倪征燠:《远东国际军事法庭审判纪略》,载《倪征燠法学文集》,法律出版社,2006,第 145 页。

提出申请,鉴于中方的检察力量大为充实,应将土肥原贤二和板垣征四郎的控诉工作交回中国检察人员。但是菲律宾检察官佩特罗·洛佩兹(Pedro Lopez)并不答应,因为他已经做了很多准备工作,且此二人在太平洋战争后期曾先后担任东南亚地区日本侵略军指挥官,在当地犯下累累罪行。倪征燠与向哲濬商议后,想出了折中的办法。由洛佩兹在以战区为标准的综合性辩论中负责东南亚地区对二人的反诘,由中国检方负责此后个人辩护阶段对二人的反诘。这次,洛佩兹欣然同意。

这样的安排实属无奈,但也为中方争取了宝贵的时间。依照英美法系的规则,个人辩护阶段检方已不能漫无边际的提证,只能根据被告方提出的证据进行有针对性的反诘,通过迂回战术伺机补充第一阶段未曾提出的证据。为了尽可能多地找到土肥原和板垣的罪证,中国团队群策群力,反复研究和讨论。倪征燠回忆说:"那个时候简直是饭都不想吃,就是想这个问题怎么解决。"[1]最后,大家决定去已经封闭的日本前陆军省档案库中找证据。这需要得到盟军驻日统帅道格拉斯·麦克阿瑟的批准。中国检察组找到了曾亲自前往厚木机场迎接倪征燠一行的中国驻日军事代表团团长朱世明将军。在他的斡旋下,盟军总部同意了中国的申请。中国团队夜以继日,找出不少有力的证据。每个人都在紧张地备战,为出庭做足充分的准备。

倪征燠第一次登上东京法庭是在1947年4月23日。他在被告集体答辩阶段以检察官的身份质询辩方证人——原日本中国驻屯军参谋长桥本群,对其证词中关于七七事变爆发前日本的对华方针、中国驻屯军的军事行动及事变之后发生的廊坊事件、广安门事件等一系列中日武装冲突的说辞进行了驳斥。之后倪征燠又陆续出庭几次:4月28日,就大连会议与东方旅行社相关问题质询原南满铁路公司奉天铁路局顾问古山胜夫;5月1日,就八一三事变爆发前后上海虹桥机场事件和商务印书馆事件等质询原日本驻上海总领事冈本季正。促使法庭更加明确了七七事变和上海八一三事变期间日本对中国的侵略事实,同时

1　中央电视台《探索·发现》栏目编《丧钟为谁而鸣——远东国际军事法庭审判纪实》,安徽教育出版社,2004,第53页。

也揭露出日本逼迫中国承认"满洲国"并有意识将势力从"满洲国"渗透到华北的企图[1]。

这几次庭审为接下来的重头戏——对土肥原与板垣个人辩护阶段的反诘积累了一定的经验,也使倪征燠更加适应了东京法庭的节奏。

1947年9月10日,被告个人辩护阶段开始。法庭审理也随之进入高潮,旁听席总是挤满了人,甚至贵宾席也是一票难求。由于永野修身和松冈洋右已于审判过程中病死,大川周明因突发"精神病"而免受审判,此时出庭受审的被告减为25人。中方的目标非常明确,就是土肥原贤二和板垣征四郎。这二人狼狈为奸,在中国共同策划执行了多项阴谋活动,是侵华战争的罪魁祸首。中国检察组分工明确,派出了以倪征燠为主,向哲濬和桂裕为辅的出庭阵容,并将反诘二人的任务交给了倪征燠,由刘子健等人则从旁做一些协助和准备的工作。倪征燠重任在肩,连日来情绪紧张,经常工作至深夜。他深知如果不能将二人绳之以法,断无面目回国见江东父老。

图14　倪征燠与高文彬在日本陆军档案库取证[2]

1　以上庭审内容根据"东京审判研究中心编:《远东国际军事法庭庭审记录·中国部分——全面侵华辩方举证(上)》,上海交通大学出版社,2016,第70—85、208—215、320—337页"整理。

2　图片来源:倪征燠:《淡泊从容莅海牙(增订版)》,北京大学出版社,2015。

依照姓氏英文字母的先后顺序,9月16日,排在第二位的土肥原贤二出场。土肥原个子不高,心思缜密,善于隐藏在幕后执掌一切。此时的他故作镇定,但不断抽搐的脸暴露出他的紧张与不安。他大多时候都闭着眼睛,不时在被告席上蠕动,偶尔睁开眼,低头在纸上写着些什么。

土肥原所举出的第一个证人是其任奉天特务机关长时的新闻课长爱泽诚。爱泽诚说,土肥原为人忠厚坦白,奉天特务机关仅包括长官、助理及四个职员,负责搜集信息、发布新闻,并无其他秘密活动。倪征燠出场质询,问他是否知道土肥原在1935年发起政治攻势,集结关东军部分兵力至长城一线进行武力恫吓,企图在平津策动"华北五省自治"的阴谋。爱泽诚摇摇头:"对此我一无所知。"倪征燠继续追问:"你知道全世界的报纸都在报道土肥原在平津地区与策划五省自治运动有关的活动吗？既然你从事信息搜集工作,你到底有没有读过那些报纸的报道？"爱泽诚只得承认读过。倪征燠不紧不慢,拿出奉天特务机关1935年编写的《奉天特务机关报》一份。里面盖有土肥原的印章,其中一页载有一句:"华南人士一闻土肥原、板垣之名,有谈虎色变之概"。此语本为向上邀功所作,谁知弄巧成拙,反成为土肥原与板垣在华作恶多端之铁证。此时土肥原的美国律师弗兰克林·E.沃伦(Franklin E. Warren)提出反对,说这份文件谈论的是一只老虎,与本案无关,不应作为证据被法庭接纳。倪征燠解释说,"谈虎色变"是一句中国成语。在这里用来形容老百姓一谈起土肥原、板垣二人,就像谈起老虎一样惊恐。有的老百姓甚至会用"老虎来了,土肥原贤二来了"的话来吓唬不听话的孩子,足见二人的凶恶可怕。听到这样的解释,法庭顿时哄堂大笑起来。此外,倪征燠还指出爱泽诚证词中所说奉天特务机关负责督导在"满洲国"政府的日本职员,实际上暴露出土肥原掌管下的特务机关并不局限于收集和发布新闻的事实[1]。

1　以上庭审内容根据"东京审判研究中心《远东国际军事法庭庭审记录·中国部分——被告个人辩护举证(上)》,上海交通大学出版社,2016,第100—109页"及"倪征燠:《淡泊从容莅海牙(增订版)》,北京大学出版社,2015,第143—144页"整理。

土肥原的另一个证人是原日本驻天津总领事桑岛主计。1931 年,桑岛奉日本外务省之命,屡次规劝土肥原放弃挟持溥仪去东北成立"满洲国"之计划,并迭电报告。在土肥原一意孤行,不听劝告,煽动天津保安队起事,将废帝装入一木箱经塘沽运往东北之后,桑岛又向前外务大臣币原喜重郎发出长电详述经过。该电文早已被裘劭恒在外务省密档内检出,由向哲濬当庭提出宣读附卷,铁证如山[1]。怎料桑岛此次出庭,竟推说电报是其听信流言所写,信息来源未经核实,并不可靠。倪征燠在对桑岛进行反诘时,请求法庭出示电报原文,上面清楚地写道:

> ……我已同他(土肥原)深谈过多次规劝他不要做如此鲁莽行为,但他看起来将要继续其推翻张(张学良)的统治的计划,并且我担心,他可能在不久的将来将在平津地区制造另一事变[2]。

这彻底打击了桑岛"未经核实的流言"一说。"能帮你恢复与土肥原谈话的记忆了吗?"倪征燠问道。桑岛面红耳赤,讪讪退下[3]。

土肥原所举证人,还有曾任张学良顾问的柴山兼四郎、参谋矢崎勘十等人。但他们的证言大多片面空洞,避重就轻,对辩方并无太大帮助。仅有柴山兼四郎在倪征燠追问下不得不承认九一八事变前夕张学良方面对促成中村震太郎被处决一案的和平解决怀有极大诚意[4],侧面证实土肥原以调查中村案为借口在东北密谋军事行动的狼子野心。

《李顿报告书》[5]中有数段对土肥原不利之言论,为图补救,其辩护律师沃

---

[1] 倪征燠:《远东国际军事法庭审判纪略》,载《倪征燠法学文集》,法律出版社,2006,第 149 页。

[2] 倪征燠:《为土肥原定罪的检察官发言稿》,载《倪征燠法学文集》,法律出版社,2006,第 156 页。

[3] 以上庭审内容根据"东京审判研究中心编《远东国际军事法庭庭审记录·中国部分——被告个人辩护举证(上)》,上海交通大学出版社,2016,第 120—129 页"及"倪征燠:《淡泊从容莅海牙(增订版)》,北京大学出版社,2015,第 144—145 页"整理。

[4] 东京审判研究中心编《远东国际军事法庭庭审记录·中国部分——被告个人辩护举证(上)》,上海交通大学出版社,2016,第 116 页。

[5] 九一八事变后,国际联盟根据中国政府的要求,派出以英国的维克多·布尔沃·李顿(Victor Bulwer Lytton)为首的调查团对九一八事变进行调查后所写的报告。

伦提出李顿曾在与土肥原谈话时，"称赞"他在九一八事变之后维持治安有功，全然不顾此话的嘲讽意味。且土肥原在那次回答李顿问话时，矢口否认挟持溥仪成立"满洲国"的事实，与法庭调查大相径庭，反而将土肥原置于不利的境地[1]。

一切都按照倪征燠的计划在走。但是意想不到的事情发生了，土肥原放弃了自辩的权利。除开庭第一天向法庭声明"不认罪"之外，土肥原始终一言不发。这使得倪征燠无法通过对他的盘问和反诘揭露他的罪行。对此，当时出版的《东京日日新闻》一语点破：

> 土肥原曾任奉天特务机关长，为关东军在华活跃的中心。此次采取特异立场，不自登台陈述，实为避免中国检察团于反诘时集中攻击，致遭不利[2]。

不能亲自审问土肥原，倪征燠稍觉遗憾。但他是一个性格平和且冷静的人，他没有乱了阵脚，而是默默在心中调整了计划。既然土肥原与板垣多年来沆瀣一气，那可以在反诘板垣时将土肥原的罪证一并提出，达到一箭双雕的目的。

10月6日，板垣征四郎的个人辩护阶段开始。板垣为人刚愎自用，在法庭上经常嬉皮笑脸，奸相毕露，还扬言要和中国人大战三百回合。此次自辩，他派出以十五个证人为前驱，自己为殿军压阵的浩荡阵容，来势汹汹。岂料一上场就被倪征燠来了当头一棒。

板垣所举的第一个证人是九一八事变发生当晚在柳条沟指挥日军的联队长岛本正一。他自称当晚因赴友人宴请，酒醉而归，之后才得知柳条沟发生的事情。意在证明此事为偶发事件，并非提前策划。倪征燠马上抓住了他的漏

1　以上庭审内容根据"东京审判研究中心编《远东国际军事法庭庭审记录·中国部分——被告个人辩护举证（上）》，上海交通大学出版社，2016，第129—130页"及"倪征燠：《远东国际军事法庭审判纪略》，载《倪征燠法学文集》，法律出版社，2006，第149页"整理。

2　倪家襄：《东京审判内幕》，亚洲世纪社，1948，第26—27页。

洞,向法庭声明,岛本既已承认当日酒醉,就没有资格继续为当晚发生的情况作证,应取消其证人资格。此声明得到法庭支持,岛本被轰下证人台[1]。

为板垣作证的另一个证人是前日本同盟社社长古野伊之助。他自述在1938年4月奉近卫首相之命前往华北前线劝说板垣接受陆军大臣一职时,板垣提出了全面撤退在华日军、以和平方式解决中日争端的愿望。倪征燠问道:"作为一个新闻人,你知不知道,在板垣征四郎担任日本陆军大臣之后,中国的战火越烧越旺,日本将侵略的铁蹄伸向了华中和华南,攻占了汉口和广州?"古野只好答称:"是这样的。"[2]在事实面前,板垣所谓撤军的言论也就不攻自破了。

对方派出的证人中还有1938—1939年板垣任陆军大臣时的次官山胁正隆。他对板垣歌功颂德,描述其如何整饬军纪,促进日中和平云云。倪征燠首先诱导山胁承认"土肥原机关"存在与吴佩孚及其他政治人物的接触。接着倪征燠向法庭呈上一份由山胁亲自签字并上交给内阁的文件,上书板垣留任陆军大臣的七个条件,诸如反对"近卫声明"、扩充军火、促进日德意三国关系更加稳固等,驳斥了其粉饰板垣的证词。倪征燠还拿出一份在陆军省档案库中找到的文件——1939年2月山胁以陆军省次官名义签发给战区司令官的《限制由支(那)返日军人言论》通令。该通令列举了返日军人的种种言论禁忌,诸如"作战军人,如经个别侦查,无一不犯杀人、强盗或强奸罪";"强奸后如欲无事,或则给以金钱遣去,或则于事后杀之以灭口";"我等有时将中国战俘排列成行,然后以机枪扫射,以测验军火的效力"等。此文件明确记录了日军在华军纪无存、罪恶滔天的实况,具有很大的作证价值,为法庭所重视。因为山胁在其供词中曾提到,他在任陆军省次官时,是以板垣的意旨为意旨的。他既已承认自己承办之事必经板垣认可,等于变相证明板垣放任日军暴行的罪责。倪征燠的反诘,不仅大大挫伤了板垣的锐气,还坐实了日军在华所犯的罪行,对其他

1　以上庭审内容根据"倪征燠:《淡泊从容莅海牙(增订版)》,北京大学出版社,2015,第147页"及"倪家襄:《东京审判内幕》,亚洲世纪社,1948,第32—33页"整理。

2　东京审判研究中心编《远东国际军事法庭庭审记录·中国部分——被告个人辩护举证(下)》,上海交通大学出版社,2016,第17页。

被告亦为不利[1]。

板垣的证人逐一登场，但他们的证词大多空泛无物，不足为据。辩方所提证据材料被法庭拒收者更是多达四分之三[2]。我方此前已听闻板垣准备登台自辩，为防打草惊蛇，除对古野、山胁等个别证人略事反诘外，未予一一盘问。

10月7日，板垣本人登上证人台。他准备了长达48页的书面证词以自辩。倪征燠利用事先搜集到的外务省密档中所藏御前会议、内阁会议、五相会议等文件，关东军与陆军省往来密电，关东军动员令，政府要员日记等第一手材料，对板垣连续盘诘三日（见图15）[3]。

图15　倪征燠在东京远东国际军事法庭诘问板垣征四郎[4]

板垣在证词中将九一八事变归咎于中国军队的主动挑衅，不断高涨的"反日情绪"使得关东军不得不提前拟定了作战计划。针对这一点，倪征燠问道：

1　以上庭审内容根据"东京审判研究中心编：《远东国际军事法庭庭审记录·中国部分——被告个人辩护举证（下）》，上海交通大学出版社，2016，第25—39页"及"倪征燠：《淡泊从容莅海牙（增订版）》，北京大学出版社，2015，第147—148页"整理。

2　倪征燠：《远东国际军事法庭审判纪略》，载《倪征燠法学文集》，法律出版社，2006，第150页。

3　以下关于板垣征四郎的所有庭审内容根据"东京审判研究中心编：《远东国际军事法庭庭审记录·中国部分——被告个人辩护举证（下）》，上海交通大学出版社，2016，第53—191页"及"倪征燠：《淡泊从容莅海牙（增订版）》，北京大学出版社，2015，第148—150页"整理。

4　图片来源：苏州大学档案馆。

"你参与了这个作战计划的草拟吗?"板垣狡猾地说:"作战计划是由负责作战计划的军官草拟的,与最高司令部的指令保持一致。我与此事没有直接关系。"倪征燠抓到漏洞:"但你的证词中却说,这个作战计划是在日本陆军最高司令部不支持的情况下制定的,这不是自相矛盾吗?"板垣仍不死心:"只要仔细阅读我的证词就会明白,关东军希望增加军力、升级武器装备的诉求一直没有被陆军中央所采纳,因此关东军只好根据现有的兵力、装备、物资等实际情况制定了作战计划,这是别无选择的无奈之举。"倪征燠并不理睬他的诡辩,继续追问:"这个作战计划是否汇报给东京的日本陆军中央,并得到了批准?"板垣不得不回答:"是的。"

倪征燠当庭朗读了一份1931年9月5日日本外务大臣币原喜重郎发给日本驻奉天总领事林久治郎的电报:

> 我们听说,在奉天板垣征四郎大佐和关东军的其他军官近期正在采取各种各样的行动,比如说向日本在中国的浪人们以及国粹会会员提供巨额的资金,操控他们的行动……鉴于中村事件与中方谈判进展缓慢的局面,他们正准备在本月中旬制造一些事端……请你想一些必要的办法,控制一下浪人和国粹会员的行动。

板垣辩驳说,关东军参谋长三宅少将曾给他看过这份电报,他和三宅都认为电报内容非常荒谬。倪征燠马上反问:"就在几分钟前,你还说从来没有听说过国粹会,现在你又说看过这份电报? 这是不是代表你根本就知道国粹会是一个怎样的组织?"板垣只能当场反口说对电报内容没有印象,可笑至极。

板垣在证词中说"满洲国"之建立,乃出于"民意",且日本对"满洲国"所有事务始终都恪守中立原则。针对这一说辞,倪征燠列出以下事实予以驳斥:在九一八事变之后日本组建了奉天市政当局,其中的重要职位皆由日本人把持;在关东军司令部的支持下,土肥原推行鸦片贸易和发行彩票以增加奉天市政当局的收入;关东军司令部命令奉天和平维持会宣布与张学良的前任政权和国民政府撇清关系；日本人对东北当地中国官员施加了巨大压力；1931 年 10 至 11 月间土肥原去天津与溥仪会谈的具体内容由板垣安排，之后土肥原挟持溥仪至东北成立了"满洲国"。这些事实清楚地证实了"满洲国"乃日本一手炮制的傀儡政权，与"民意"丝毫扯不上关系。

关于关东军是否介入"满洲国"内政的问题，倪征燠拿出一份日本人的账本作为证据来证明关东军控制着"满洲国"境内的铁路、港口以及水路运输。板垣则认为，账目中涉及的铁路只是在《日满议定书》规定下由日本管理的那些铁路。倪征燠又问："关东军是不是掌握着'满洲国'关税税率的修订权？你承认关税问题是'满洲国'的内政问题吗？"板垣只好说："是的。"但是南次郎的美国辩护律师阿尔弗雷德·W.布鲁克斯（Alfred W. Brooks）竟然在这时候跳了出来，不断表示反对。面对他的胡搅蛮缠，倪征燠掷地有声："我反对布鲁克斯先生使用这样的词语侮辱法庭——'降低了法庭的尊严'……我们现在是在证明一个重要的事实——'满洲国'是否是独立的国家……我们这样做也是在检验证人证词的可信度，因为这一点与他的证词是矛盾的，他把一切责任都推到了'满洲国'的官员身上了。"庭长韦伯爵士支持了倪征燠，并表示："检方成功地通过证人让法庭采信了他们的证据。"

关于板垣担任陆军大臣之后的对华政策问题。倪征燠问他，是否在履职之后认同日本政府在 1938 年 1 月 16 日发表的"近卫声明"中想要彻底打败中华民国政府，建立一个新政府的政策。板垣虽然辩称自己为调整对华关系做过努力，但也不得不老实承认他延续了前任的政策。倪征燠拿出 1938—1939 年数次五相会议决议来连续诘问板垣："这些会议是否决定了日本要求中国政府投降的条件，条件之一为蒋介石必须去职？是否决定了一旦中国政府拒绝投降，日本会集全国之力来摧毁中国政府或者迫使中国政府投降？是否决定了另一个报复手段——没收中国政府的海外资产，让中国政府经济崩溃？是否决定了如果中国政府继续抵抗并拒绝投降，日本政府就要在占领区建立一个亲日政权分裂中国，最后再将这个亲日政权扶植为中国的中央政权？是否决定了该政府成立后，日本将全面监管其军事、外交、经济、宗教和教育等事务，并在关键岗位上安插日本顾问或日本军人？是否决定了日本政府即将采取的外交政策，目的是让英国和德国大使在中日战争中保持中立，并让英国政府停止对蒋介石的援助？是否决定了成立一个特别委员会，以策划用战争手段对付中国的政治和经济战略？是否决定了建立一个由沦陷区各傀儡政权代表组成的联合委员会，该委员会由日本主导？……”面对连珠炮似的提问，板垣焦躁不安。在一系列确凿的证据面前，他只能生硬地以“不知道”或者“不记得了”来回答，态度蛮横又心虚。倪征燠冷冷地问道：“你似乎忘记了所有五相会议决定的政策，也忘记了你在五相会议上的观点。这就是你想要告诉法庭的吗？”

法庭还出现了令人啼笑皆非的一幕。“张鼓峰事件”[1] 发生后，板垣曾在 1938 年 7 月觐见天皇，要求天皇批准在张鼓峰地区使用武力。针对这件事，倪征燠问板垣：天皇是否因此事严厉地训斥了他，指责陆军不听中央政府的命令、独断卑劣、令人生厌，最终使他痛哭流涕。这个问题使板垣非常难堪，受天皇谴责是莫大的耻辱，没想到被眼前这个看似慈眉善目的中国人当众揭穿。他不知道倪征燠早已掌握了日本已故元老西园寺公望的日记[2]，上面清楚地记载了这一幕。恼羞成怒的板垣几乎要咆哮起来：“你如何知道此事？！”倪征燠淡淡地说：“现在不是你问我，而是我问你，请回答我的问题。”板垣迟疑了片刻，悻悻地说：“并无此事。”答案是否属实显而易见，法庭顿时响起窃窃私语之声，经庭警敲桌之后方才恢复秩序。

整整三天的法庭辩论，板垣 48 页证词中涉及的所有问题，倪征燠几乎都没有放过。同时，他也没有忘记那个龟缩起来的土肥原。在对板垣的诘问中，他适时地将土肥原与板垣联系在一起，深挖二人共同主谋的挟持溥仪登位、威胁华北自治、逼迫吴唐合作等各项事务细节，加深法庭对土肥原罪行的

---

1 “张鼓峰事件”是指 1938 年 7—8 月日军与苏联在“张鼓峰”（位于中、苏、朝三国交界处的军事高地，海拔 152 米）发生的一次武装冲突。最终日本战败，撤退到图们江西岸，苏联控制了张鼓峰，占领了沙草峰。8 月 10 日，苏日双方在莫斯科签订了《张鼓峰停战协议》。

2 由西园寺公望口述，其秘书原田熊雄笔记。

认识。当庭审渐入高潮之际,倪征燠难抑胸中的怒火,手指着被告席上的土肥原质问板垣:"你在陆相任内后期派往中国去拉拢吴唐合作的土肥原,是不是就是当年僭充沈阳市长、扶植傀儡溥仪称帝、勾结关东日军、阴谋华北自治、煽动内蒙独立、到处唆使汉奸成立伪政权和维持会、煊赫一时、无恶不作,而今危坐在被告席右端的土肥原?!"[1]倪征燠觉得此刻好似四万万中国同胞全都站在自己身后,几乎潸然泪下。板垣回答与否并不重要,因为二人的罪行已昭然若揭。

　　1948年1月12日,辩方反证阶段全部结束,检方反驳立证开始。向哲濬和倪征燠分别出庭(见图16),提交日本驻奉天总领事与外务大臣之间的电报数封、1938—1939年数次五相会议决议、驻东京德国大使发往德国总理府的电报等文件进行补充反证[2],以反驳板垣征四郎在庭审时的狡辩。经过辩方再度反驳立证、检方总结陈词、辩方最终辩护、首席检察官最终陈词各程序后,1948年4月16日下午,法庭审理全部结束,进入判决书起草阶段。

图16　庭审现场的倪征燠,左一为向哲濬 [3]

---

1 倪征燠:《淡泊从容莅海牙(增订版)》,北京大学出版社,2015,第149—150页。

2 以上庭审内容根据"东京审判研究中心编《远东国际军事法庭庭审记录·中国部分——检辩双方最终举证与辩护》,上海交通大学出版社,2016,第110—165页"整理。

3 图片来源:苏州大学档案馆。

　　1948 年 11 月 4 日,远东国际军事法庭庭长韦伯开始宣读长达 1213 页的《远东国际军事法庭判决书》。倪征燠和向哲濬坐在检察官席位上,既忐忑又紧张。在此之前,他们也不知道最终的判决结果。基于法庭的规则和职业道德,他们并没有就量刑情况与中国法官梅汝璈提前通气。11 月 12 日,法庭宣判所有被告有罪。其中 7 人被判绞刑,16 人被判无期徒刑,1 人被判 20 年有期徒刑,1 人被判 7 年有期徒刑。被判绞刑的除了土肥原贤二和板垣征四郎之外,还有广田弘毅、木村兵太郎、松井石根、武藤章、东条英机。判决结果送交盟国最高统帅麦克阿瑟核准执行。

　　此时又横生变故。宣判后,由土肥原贤二、广田弘毅挑头,先后有 7 名被告

图 17　倪征燠、向哲濬欢庆胜利[1]

向华盛顿美国最高法院提出"上诉"并被受理,麦克阿瑟下令暂缓执行判决。国际舆论一片哗然,抗议之声不绝于耳。强压之下,美国最高法院宣布不再审理。1948 年 12 月 23 日凌晨,7 名战犯在东京巢鸭监狱伏法。

　　多年后,倪征燠回忆起这场看不见硝烟的战争,写下了这样的话语:

　　　这场战斗,对我来说,是一场殊死战,因为我受命于危难之际,当时已把自身的生死荣辱,决定于这场战斗的成败。事后追忆,历历在目,既有酸辛苦楚,亦堪稍自告慰,有不可言喻之感慨。我写到这里,已泪水盈眶,不能平静下来(见图 17)。[2]

　　1948 年底,倪征燠回国后,鉴于对腐败的国民政府的失望以及对共产党政

1　图片来源:倪征燠《淡泊从容莅海牙(增订本)》,北京大学出版社,2015。

2　同上注,第 154 页。

权的信心,倪征燠谢绝了国民政府任命的上海高院检察长及全国最高检察长之职,回到培育他成长的母校——东吴大学法学院任教,与其夫人张凤桢一起,在上海迎接解放。

顾问鄂森：
华北取证质丹下

鄂森（Daniel Ao，1902—1970），原名鄂浚，字吕弓。江苏省丹徒人[1]，清光绪二十八年（1902 年 10 月 21 日）出生。鄂森先生幼时在私塾读书，先后就读于江都大桥镇第六小学、江苏省立第八中学、南京高等师范学校附属中学。

1922 年考入上海沪江大学，并于当年加入了基督教，读完预科后于 1925 年 9 月转入东吴大学法学院。在东吴大学学习期间，鄂森成为著名的《法学季刊》编委会成员。鄂森 1928 年毕业于东吴大学法学院，获法学学士学位，是第 11 届法学院毕业生。1929 年鄂森获美国林肯大学法学博士学位[2]，毕业论文为《中国法理之沿革及今后之发展》。1929 年学成回国后在上海做执业律师，同时兼任东吴大学法学院教授，教授英美刑法、国际法、国际私法。1937 年上海沦

---

1 一说为江苏扬州人。

2 备注：东吴大学法学院施行的英美比较法法学教育，得到当时世界各国法学院的认可，因此东吴大学法学院毕业生在获得法学学士学位后，可直接申请英美大学法学院继续攻读法学博士学位，学制一年。

陷期间,鄂森留沪担任东吴法学院代教务长,孤岛办学历尽艰辛,辗转五次迁址,呕心沥血维持学校运营。1945 年出任上海社会局第一处处长。

1946 年 11 月鄂森被选为远东国际军事法庭东京审判中国团队增派的四名中国检察官顾问之一,与倪征𣊅、桂裕、吴学义前往日本东京。1947 年 2 月,鄂森因东吴法学院教务需要回国。

1948 年鄂森任南京国民政府行政院参事,五个月后辞职返沪任教。1949 年后,先后担任东吴大学法学院教务长、院务委员,同时兼任上海市面粉工业同业公会主任秘书。1956 年任上海市工商联史料科科员,1962 年被聘为上海市文史馆馆员。1970 年病逝,享年 68 岁。

一、学业精进,享誉沪上

鄂森 1922 年考入上海沪江大学,完成预科学习后,于 1925 年 9 月转入东吴大学法学院。1928 年获取东吴大学法学院法学士学位后,继而赴美留学,先后在斯坦福大学、林肯大学学习,于 1929 年获林肯大学法学博士学位。鄂森回国后在上海做执业律师,并兼任东吴大学法学院教授,教授英美比较刑法、证据法、国际法、国际私法等。鄂森将英文版的《美国远东贸易》《拉丁美洲各共和国史》等国际著作翻译成中文,并把中文版的《公司法》翻译成英文单行本。鄂森还编写了《国际私法讲义》,该书阐述了大陆法系和英美法系国际私法理论,比较系统完整地向读者介绍了西方国家国际私法的学说和实践,具有国际私法史的作用。1918 年中华民国颁布的《法律适用条例》在适用过程中遇到许多问题。因此,如何引入西方先进的国际私法理念,解释这部法律,成为了当时国际私法学界的重要任务。鄂森的著作运用西方国家私法理论解释中国实际情况,并举出案例加以解释,深入浅出且清晰明确,更好地对理论进行了诠释。

在上海滩上,鄂森是与"东吴系"的江一平、陈霆锐、刘世芳齐名"大状",他身为律师,秉持公道,为人耿直,精明强干,能言善辩,且富正义感。鄂森曾在多起著名案件中充当辩护律师,闻名于世的有民国"胡蝶和林雪怀解约案""救国会七君子案"和"'美丽牌'香烟侵权案"等。在担任律师期间,鄂森坚守律师的职业操守,从被代理人利益出发,坚持依法辩护。"正大光明"是鄂森执业、做人的准则,也是他心中始终照亮一生的明灯。鄂森代理诉讼,不计钱财,如遇穷苦人家官司,他甚至分文不取,以至有时到了年关,鄂森还得回家取款来支付生活开销。鄂森非常同情生活在社会最底层的弱者。1932 年,上海法租界的法商水电公司工人,为反抗帝国主义压迫,自发开展了罢工斗争。在此过程中,一名水电工人徐阿梅被法租界拘捕,鄂森闻讯后挺身而出,自愿以律师身份免费为同胞徐阿梅作义务辩护,依法将徐阿梅保释出来。

1936 年 11 月 22 日深夜,救国会的沈钧儒、邹韬奋、李公朴、史良、章乃器、王造时、沙千里七人被上海市公安局逮捕,他们就是中国现代史上著名的"犯爱国未遂罪"的七君子。事发之后,东吴大学法学院的鄂森与江庸、张志让等人义务担任七君子的辩护人,鄂森是李公朴的辩护律师之一。从逮捕到起诉,再到审判,每一个环节鄂森都竭尽所能依法抗辩,积极参与营救"救国会七君子"的活动。正是在他们的共同努力下,七君子被无罪释放。

二、临危受命,华北搜证

二战过后,同盟国组建远东国际军事法庭开始审判战犯。战争期间,虽然中国被日军践踏、蹂躏至少有 15 年之久,按说应该可以有大量的侵犯证据呈现。但是因为远东国际军事法庭适用英美法程序,对战犯实行"无罪推定",同时既要求"实体的正义"又要求"程序的正义",证据成为诉讼的关键。对证据的采用规则,按照《远东国际军事法庭宪章》第十三条(丙)项第三款的规定,法庭得采纳"证人经宣誓提出之书面供词,各大种证词,或任何经签字之陈述书"。但是法官,尤其是庭长,对于宣誓书抱有传统偏见,辩护律师对之也持激烈反对的态度。按英美法院的旧传统,一般证人的证言必须在公审庭上作出,并经过对方的反诘(如果对方认为有反诘的必要),证言方会被法庭采用。因此,提供证人的一方必须保证法庭能够传唤该证人亲自到庭受讯,否则他便丧失证人的资格,用书面证言是不能替代亲自出庭的。

日本方面有预谋有计划地采取销毁证据文件,使得远东国际法庭中国检

察官代表团在参与审判过程中举证困难重重。中国检察官向哲濬抵达东京
一周,就接连向国内发回电报,请给予人员上的支援。1946 年 9 月 12 日向哲
濬电称:"亟待选派政治经济专家来日襄助。"10 月 3 日再次求援:"请派精通
法律英语及中日情形专家来日襄助。"[1] 1946 年 11 月间,鄂森被外交部聘任为
远东国际军事法庭中国检察官顾问,另外三位顾问分别为倪征燠、桂裕、吴学
义,其中倪征燠为首席检察官顾问。

　　在去东京之前,鄂森与倪征燠一起到华北地区调查取证,他们先去找已经
从东京国际军事法庭作证回国的国民党军政部次长秦德纯。随后,立即赶往北
平监狱找到关押在那里的赵欣伯、梁鸿志、王辑唐等汉奸取证,可是等到倪征燠
和鄂森找到他们时,唯有伪满"立法院院长"赵欣伯比较清醒,甚至表示考虑写
些材料(见图 17)。但几天后赵欣伯又改变初衷,当着倪征燠与鄂森的面,将所
写的材料投入火炉之中[2]。后经介绍,倪征燠和鄂森又去北平访问吴佩孚的遗

图 17　倪征燠与鄂森在北平调查取证[3]

1　向隆万:《东京审判检察官向哲濬的函件》,抗日专稿,第 18 页。

2　徐宏慧:《东京大审判中吴江籍人士倪征燠》,《钟山风雨》2015 年第 2 期,第 31—34 页。

3　图片来源:倪征燠:《淡泊从容莅海牙(增订本)》,北京大学出版社,2015。

媚张夫人,张夫人详尽地讲述了日本人让吴佩孚成为其傀儡的计划落败后,日本医生在楼下为吴"治牙"时注射了一种毒剂,使吴立时晕倒,张夫人闻讯下楼,吴已气绝身亡的过程,这段证言曾被作为土肥原贤二、板垣征四郎罪证的一部分[1]。

三、东京审判,庭上激辩

1947年2月,在远东国际军事法庭的庭审记录上,记载有这样一段法庭庭审交锋。在检察长韦伯主持下,辩方由宗宫辩护律师宣读了辩方证人原日本海军少将丹下薰二就一·二八事件作证的证词,中方由鄂森检察官顾问进行交叉询问(见图18)。

图18　1947年在东京远东国际军事法庭上(左一 吴学义,
左二为鄂森,左三倪征燠)[2]

1　倪征燠:《东京大审判》,载《人民之声》杂志2004年2月,第48页。

2　图片来源:苏州大学档案馆藏。

宗官辩护律师： 下面我将宣读证据文件第 2422 号：

宣读证词

1936 年 11 月，我从海军退役，当时我的军衔是海军少将，从那时起直到战争结束，我一直在经商。

1930 年 12 月，我被任命为平户号巡洋舰（大约 5 000 吨）的海军大佐。当时平户号巡洋舰隶属于第一遣外舰队，负责保卫扬子江水域。自 1931 年 9 月奉天事变爆发后，扬子江沿岸地区（包括上海、南京和杭州等地）的抗日运动发展猛烈。

1932 年 1 月 27 日，平户号巡洋舰停靠上海，28 日起锚，然后到达南京。当我们离开时，舰队司令官海军少将盐泽对我下达了以下指令：

日本政府和海军的政策都是要将"满洲事变"在当地解决。在保护南京居民时要注意使用最小心谨慎的方式，避免引起任何麻烦。

1932 年 1 月 29 日，当得知爆发了"上海事变"后，日本领事馆、常驻军队、海军军官以及其他日本居民均前往日本轮船云阳号紧急避难。居民的行李被运送到日清汽船会社的码头，天龙号巡洋舰向那里派遣了一支海军陆战队进行保护。当时停泊在南京附近扬子江上有 6 艘日本海军战舰，包括平户号、天龙号和对岛号巡洋舰和三艘驱逐舰，以及一艘美国驱逐舰和大约 10 只中国军舰。

1 月 29 日一大早，盐泽司令官通过我向中国海军部长、海军上将陈绍宽转达了一封信，他在信中说："尽管在上海发生了不幸事件，但日本并没有将中国视为敌人，而是仅针对对日本持挑衅态度的第十九路军。我希望中日之间的亲密关系将一如既往。"针对这封信，海军上将陈绍宽也作出回复，表示他赞同盐泽司令官的意见，并说他将要求中国船只在经过日本军舰时，避免采取可能会引起误会的行动。2 月 1 日上午，中国海容号军舰舰长高宪甲上校对我们进行了拜访，对第十九路军在上海与日军开战表示遗憾，并表示中国海军希望继续与日本保持友好关系。当天下午，我对他进行了回访。其他情况一切正常。

　　大约在 2 月 1 日 23：00 时，从南京附近的狮子山炮台传来开火的声音。我们听到日清汽船会社的码头方向有枪击的声音。然后我意识到我们的天龙号和对岛号进行了反击，接着就收到了守卫码头的部队发来的救援请求。码头的枪声和狮子山炮台的炮击声几乎是同时传来，此外还有码头附近中国驻军营地的步枪和手榴弹声。在战斗中我们有一名三级海员遇难，另一名海员受伤。

　　为应对这种局势，由于担心日本居民可能面临的危险，担任指挥官的我命令云阳号军舰（当时停泊在日清汽船会社的码头）起锚。同时，我还命令守卫码头的部队回到天龙号。当炮台停止发射炮弹时，我下令我们的军舰"暂停射击"，继而又下令"停火"。我们向停靠在同一地点的英国和美国军舰通报了情况。

　　我们非常谨慎地观察着局势发展。然而，这场战争似乎结束了，因为敌人阵营没有再发射炮弹。我们也仅仅发射了几颗炮弹作为回击。狮子山炮台和日本军舰之间距离有 2 000 米。我们通过领事，向中国有关当局提出抗议，要求他们对遇难海员及在码头损失的行李进行赔偿。

丹下薰二
1947 年 3 月 28 日

韦伯庭长：有交叉询问吗？鄂先生。

鄂检察官：如果法庭允许，我想问证人几个问题。

交叉询问（由鄂检察官顾问询问丹下薰二证人）

　　问：丹下先生，在你的宣誓证词第 1 页，你说当你们于 1932 年 1 月 27 日离开上海去南京时，你们的司令官盐泽命令你们，在保护南京居民时要注意"使用最小心谨慎的方式，避免引起任何麻烦"，是吗？

　　答：是的，我接到了这样的命令。

　　问：在第 2 页的中部，你还说中方与日方官员之间进行了礼节性互访，一切都正常,是吗?

答: 是的。

问: 那么,尽管你接到了上述命令,而且当时关系正常,你还是命令一队海军登陆,是吗?

答: 海军陆战队并未登陆,而是——

译员: 我们卡在某个技术术语上了。

答: (继续)海军陆战队并未登陆,而是在"某物"上,目的是保护日清汽船会社。

语言监督官: 请你稍等一会儿。我们现在还卡在这里,阁下。

韦伯庭长: 好吧,我们知道没有登陆。

译员: 更正:海军陆战队并未登陆,而是登上了码头,目的是保护。

问: 你的意思是,登上码头不是登陆吗?

答: 根据我的理解,码头不是陆地的一部分。尽管日清汽船会社本身是在陆地上,但根据我的理解,码头是一种供船只停泊的突堤。也就是说,码头是陆地延伸到水中的部分,船只可以停泊在那里。我们所指的那个码头,看起来就像一只系在岸边的船,起着步桥的作用。

问: 根据你刚才所述,日清汽船会社在陆地上。你们的登陆部队包括日清汽船会社吗?

答: 可以重复一遍问题吗?

(日本的法庭书记官宣读了一遍上一个问题)

答: 我指的是日清汽船会社拥有的一个码头。

韦伯庭长: 鄂博士,用简短的句子,在每句话结束后停顿一下以进行翻译。否则我们会浪费大量的时间。

鄂检察官: 谢谢您。

问: 丹下先生,你们的海军陆战队登陆,或如你所说登上码头或是其他什么说法,是发生在听到据称从狮子山传来的枪声之前吗?

答: 是的。上海事变爆发后,日本居民在日清汽船会社避难,因此,海军陆战队登上码头,为这些居民提供保护。

问:丹下先生,你是否知道你们的海军登陆引起了中方的抗议?

答:我不知道。

问:你是否知道日本驻南京领事说他对此事无能为力?

韦伯庭长:罗伯茨先生。

罗伯茨辩护律师:如果庭长阁下允许,我认为试图获得有关日本领事证词的问题不适宜,因此,我反对这个问题。

韦伯庭长:我认为他有权举出他的证据,并让证人对此确定或否认,这是很常见的。

罗伯茨辩护律师:他在假定一些不包含在证据中的事情。

韦伯庭长:我的理解是,这些事实摘自《李顿报告书》,顺便提一句,《李顿报告书》中也提到了登上码头。

反对无效。

罗伯茨辩护律师:我不知道他提到的有关领事的叙述是摘自《李顿报告书》。这是我提出反对的原因。

问:丹下先生,你是否知道南京只是一个通商口岸,这与设有公共租界地的上海或杭州不一样,因此,你们的海军不应当登陆,你知道这一点吗?

罗伯茨辩护律师:我反对这个问题,如果庭长阁下允许,因为它要求证人提供观点,而且也超出了本方询问的范围。

韦伯庭长:法庭书记官可以再宣读一遍问题吗?

(法庭书记官宣读了上一个问题)

罗伯茨辩护律师:而且是争论性问题,我认为。

韦伯庭长:不,我认为可以允许这个问题。反对无效。

问:现在,丹下先生——

韦伯庭长:他还没有回答,是吗?

证人:我必须回答那个问题吗?

韦伯庭长:是的。

答：我认为，当海军陆战队在保护居民过程中有登陆必要时，这样做就是非常恰当的。

问：丹下先生，你在宣誓证词第 2 页最后一段说，枪声从日清汽船会社的码头方向传来。那是什么时间？

答：大约 11 : 00。

问：是晚上吗？

答：是大约 23 : 00。

……

正是通过鄂森的质问，将日本侵略者的蓄谋之举大白于天下。

四、东京归来，发表观感

1947 年 6 月，《东吴法声》[1] 复刊第四号上，鄂森就在东京审判中三个月间亲历的见闻发表观感特稿，从"战后的日本""联合国军事法庭"两大部分，详细阐述了当时日本的经济、社会秩序、政治及教育等状况以及远东国际军事法庭的第一手资讯，向国人第一时间传递真实的信息。

《出席远东国际军事法庭观感》

笔者于去年(1946 年)11 月间由外部聘任为远东国际军事法庭中国检察官顾问。在赴日前，曾携司法行政部倪参事哲存赴华北对日本战犯罪证作一度之调查。在东京勾留未三阅月，审判尚未结束，竟因东吴法学院教务而被召回国。国人因报章对于东京战犯审判之情形甚少记载，至有虽感觉兴趣而不能得其详之叹，故颇多垂询。今就现实能发表之个人观感，概述于后，以供国人参证，俟他日再赴东京，将工作结束后，当有更为详实之介绍。

战后之日本

战时破坏——自太平洋战事发生，日本即预料美军可能在日本本土登

1　鄂森：《出席远东国际军事法庭观感》，载于东吴大学法学院、东吴法声社编《东吴法声》复刊第 4 号，东吴大学法学院、东吴法声社出版发行，1947。

陆，故所有公路多不标示路名，路灯亦悉予拆除，至今仍未全部恢复。大战迹象，到处可见，尤以工厂区所遭破坏至烈。工厂百分之九十以上，已夷为平地，东京市被炸者，亦达百分之七十左右。自日本全面投降后，联合国进驻军进驻东京，所有该市大建筑物如旅邸办公处及高等住宅等已悉为联军总部征用，今我国代表团驻节之所，亦即日本农林部旧址。

经济情况——目前日本民众之生活状况，虽陷于困窘，但由于统治与配给之办理有效，故虽寡而未患不均。惟物价腾踊，内有隐忧，亦自方兴未艾。在笔者驻日短短三个月中，物价之增高，已达二倍以上。至战前充斥我国市场之日货，现因工厂被炸复兴未易，致产品在质与量方面皆远不如昔。由横滨往东京途中，夹路旧皆工厂，今则空余烟囱林立，而工厂设备，则悉已荡然，其损失之惨重，概可想见。

社会秩序——日本交通情形，诸如火车电车公共汽车等公用车辆，皆已恢复旧状。惟于私用汽车，则限制甚严。故平民生活，虽较战前为苦，事实上尚非迫于冻饿。尤以人民之能恪守纪律，秩序井然，实使吾战胜国人民汗颜。此次战败以后，日本人民对种种战后痛苦，俯首贴耳，逆来顺受，而无怨言，换言之亦即尚无觉悟之意，其坚忍耐苦之处，固殊敬佩，然亦足见其婢颜奴膝，曲意承旨，阿谀之外，犹复包藏祸心。笔者敢谓东亚和平威胁，犹未尽解除，国人倘不赶快消弭己见，走上建设之路，应付未来可能之危机，唯恐有俯首就擒而已。

政治及教育——日本各政党，亦当公开宣传，共产党于街头有演讲及募捐等举动，但未见民众对之发生兴趣。由此可见日本之经济情形，一时尚不致趋于急剧受动。目下日本学校教育所用课本，均经麦帅总部审定，已逐渐有民主趋向，不似战前之笼罩于封建天皇及军阀毒氛之下。惟笔者以为美中不足者，即此种改进之纯正教育，现大部实行于都市，尚需力事推动，使普及于乡村，则收效庶宏。盖战后退伍军人，大抵散处丛林，实亟需完善之教育，以改造此等憨不畏法黩武主义者之思想，而免将遗毒灌输兴后世也。

司法之改造——日本之司法制度,程序方面为四级三审判,其余大体与中国相仿。惟公诉案件,检察官在法庭之座位,已不与推事并列,而与辩护人相对,并已适用辩护人对证人直诘反诘制度,(英美制)庶可有助法院发见证据之真伪。

联合国军事法庭

组织及法规——联合国军事法庭,乃由中、美、英、苏、法、荷、印、菲律宾、加拿大、新西兰、澳大利亚等十一国合组之。庭长为澳人韦伯氏。其组织法,由联军总部核准而施行,所用实体法,乃依国际公法华盛顿会议,巴黎会议,《波茨坦宣言》及各种条约为准绳。审判程序则泰半以英美法系为依据。

分部审判——联合国对日作战,以我国抗战时期为最长,陷区亦最广,而损失亦最巨。敌日之侵华行为,自一九二八年张作霖在皇姑屯被刺时起,以迄于一九四五年,敌日屈膝时止,前后达十七年之久。故审判侵略有关战犯,以时间分别,分为下列部分。

(一)满洲部分——自"皇姑屯事件"起而九一八事变至哈尔滨、黑龙江、热河、察哈尔等地被占,中间包括敌日在满洲一带之政治经济与军事侵略及毒化政策。

(二)中国本土部分——包括第一次一·二八,冀东伪政权,五省自治,卢沟桥事变,八一三上海事变,而南京而广州、汉口、长沙、衡阳、桂林等地被占,及日军在华种种军事政治与经济侵略行为及毒化政策。

(三)苏联部分——包括张鼓峰事件等

(四)太平洋部分——自珍珠港事件起,而香港马尼剌、安南、荷属东印度、缅甸、新加坡等逐件之审判。

其次始为各被告个人部分。按检察方面,对于提证件,定有总纲,循序办理,尽力搜集人证物证,以证明自皇姑屯事件以来,敌日首相更替,内阁改组,虽有十五次之多,而各被告之侵略行为,则皆基于一贯之预定计划。

搜集证据——法庭检察方面,苟对于被告之犯罪行为,提证未臻充分,则被告方面,可无需提出反证,而针对所诉请求,加以驳斥。故缘于提证之匪易,旁搜博采,需时费事,而致审判进行,稽延时日。又军事法庭,所适用之语言有两种,一为英文,一为被告之语言(即日文),故凡提供一证,无论书证人证,必有英日两种译本,侦讯问答,一字一语,皆经重译,而目前被告战犯,有二十五人之多,于是审结时间,固不能如德国纽伦堡方面之迅速矣。法庭速记人员,每三十分钟更迭一人,并用机器速记,然后再加整理复印,固大抵每日上午开庭,即日下午便可读到全案记录,其迅捷如此,而工作之繁重又如此。于笔者抵日之初,记录全卷,已达一万六千余页,证据已达两千余件。况法庭程序,检查方面所提各证,俱经被告指定辩护人之反诘,故证人所为之证辞,当经热烈辩护后,始由法庭决定此项证辞或证物之应否采用,此亦审判稽滞之又一原因也,法庭对被告法律上应有之权益及保障,处处顾及,而其周详缜密之处,笔者深感钦服,盖法庭办理此项有关国运世道之巨案,乃有史以来罕有之工作,亦为创造国际公法之机会,何可草率了事?故宁延长时间,不厌求详,以期摘奸发伏,暴露侵略者之狰狞真实面貌于无遗,庶几克尽厥职耳。待检察方面证据提完后,始由被告方面提供反证,而前后顺序,亦当依照证据法原则受检察方面之反诘。

中国检察处——在以往审讯进行中,利用新发现证据而反诘,至将被告所提反证完全推翻其证据力,中国检察处所发现之新证据尤多,工作异常艰巨,成绩亦称圆满。且在整个法庭检察工作中,对于满洲及中国本土部分,已取得领导地位。

审结时期之预测——估计被告提供太平洋部分之反证,大约至本年(1947年)七月底可以结束,以后各被告将直接受审,检察处届时工作,将益形紧张。所有各战犯已分配于各国检察处担任,中国检察处则将负责土肥原及小矶二巨憨。检察处对各被告审讯后递为终结之言辞辩论,于是全案可告终结。苟一切顺利进行,则本案判决以时间估计,当在本年十一月中。

笔者对军事法庭执行工作,一切纯以法律为依据,推断论处,明允精湛,堪称为一示范法庭,而各指定辩护人之克尽己职,处处顾到被告之利益,其辩证之精神,亦所心折。

再敌日各政派所具之侵略野心，与彼此间之倾轧腐败及黑暗情形，平时不易观者内容，今于对簿之际，奸形毕露，纤屑无遗，实平生难逢之机缘。回忆笔者本人，于沦陷期间，亦曾身受敌宪兵之逮捕及审讯，囊日之敌忾，历历如昨，今日得面鞠其酋，又安得不引以为快哉。

同期的《东吴法声》上，还有鄂森组织东吴大学法学院教研室翻译的《远东国际军事法庭组织法》[1]。从其中可以看出：

法庭之永久所在地为东京，法庭由六到十一人组成，联合国最高统帅任命法官一人为庭长，并设有秘书处，秘书长负责管理及指导秘书处之工作，法官有六人出席时，即得正式开庭，有全体法官过半数之出席，始能表决，法庭所有决定及判决包括罪之确定及刑之宣告在内，应以出席法官过半数之同意为之。票数双方相等时，由庭长决定。

英美等大国主导的审判之下，英美法体系下的审判是必然。此程序与大陆法系不同，英美法系案件实施的发现委诸于控诉方和辩护方的举证和辩论，犯罪嫌疑人的辩护律师在庭审中发挥着重要的作用。中国检察官在充分了解法庭组成及诉讼程序的情况下，才能更加充分地发挥自身的作用，将日本战犯绳之以法。

1　资料室译《远东国际军事法庭组织法》，载东吴大学法学院、东吴法声社编《东吴法声》复刊第4号，东吴大学法学院、东吴法声社出版发行，1947。

顾问桂裕：
团队合作擒板垣

　　桂裕(Kwei Yu, 1903—2002)，海商法和保险法权威专家。字公绰，浙江慈溪人。1920年考入商务印书馆编译所，参与《辞源》续编等编撰工作。1927年东吴大学法学院毕业，获法学学士学位。1933年任国民政府司法行政部编审，1935年任上海第一特区地方法院推事，不久升任江苏高等法院第二分院推事。珍珠港事件后，任国防最高委员会秘书。1948年初，担任东京远东国际军事法庭中国检察官法律顾问，参与审判日本A级战犯，伸张国际正义。1949年1月任司法院参事，同年去台湾任教，历任台湾大学、"司法行政部"法官训练所、东吴大学、辅仁大学、中国文化学院专任教授或客座教授。1958年，赴日内瓦参加联合国第一次海洋法会议，以其精湛的法学素养，建构国际海权秩序。一生教学不倦，桃李满门；勤于撰述，著作等身。台湾的大法官有三分之二以上是桂裕的学生，陈水扁、马英九、吕秀莲、张俊雄、焦仁和、施启扬、谢长廷等台湾政界人物和著名作家李敖，都出自其门下。著有《海商法》《海商法新论》《保险法》《保险法论》《诉讼程序之简化》《司法制度之检讨及改进》《美国海事法概论》（英文)《瑞士民法》《论语新说》《老子五千言新说》《行与言》等。2002年1月2日病逝于台北,享寿百岁。

一、法学启蒙,初涉司法

桂裕,1903年6月23日出生于浙江慈溪,1910年,他和兄弟桂绍盱、桂壁如随母亲从慈溪迁到苏州。1920年,桂裕考入商务印书馆,供职于编译所英文部。英文部英语学习氛围得天独厚,大家相互谈话多用英语,日积月累,桂裕的英文水平日益精进。平日他与集体同居共食,无需考虑生计问题,生活中的重要内容便是利用充足的业余时间到图书馆借书看,是为英文部中靠自学成材而蜚声社会的人才之一,后来桂裕考上东吴法科预备班,成绩优异升入正科毕业亦得益于此。

1924年10月9日[1],时年22岁的桂裕入学上海的东吴法科,开始了法学的启蒙。考虑到大多数学员兼有工作,东吴法科实行夜校制,每周一至周五下午的四时半至七时半上课,任教者几乎都是受过美国训练的法律专家,如罗炳吉、何世桢、刘达江、吴经熊、陈霆锐、萨莱德等,桂裕在此接受了高水准的美国式普通法教育,学习了二十几门法学专业课程。1927年,他顺利毕业,是东吴法科第十届法学士。

“东吴法学院一直是以培训职业律师而著称”[2]。毕业后的桂裕很快便凭借自己的才能在上海律师界打开局面,于北四川路永安里创办了“桂裕律师事务所”。1928年11月,桂裕加入上海律师协会;1931年4月和6月,先后受任上海市出版业工会和大江书铺常年法律顾问[3]。

1933年,桂裕赴南京司法行政部编纂室工作,工作重点是关注新法律的执行情况,与收回法权、取消领事裁判权的准备工作相配合。1935年春,经司法行

---

1 《桂裕学籍材料卷》,编号：099,苏州大学档案馆藏。

2 ［美］康雅信：《培养中国的近代法律家：东吴大学法学院》,见贺卫方编《中国法律教育之路》,中国政法大学出版社,1997,第289页。

3 《申报》1928年11月20日、1931年4月6日、1931年6月2日。

政部允准,桂裕派充江苏上海第一特区地方法院(简称特一法院)推事,后又升任其上诉机关——江苏高等法院第二分院(简称高二分院)推事。期间他被分配在涉外案件较多的民庭工作,起初主要处理小额欠款、房租、迁让等简单案件,不久便深谙证据审查、判决起草等工作细则,其办案质量和水平在业界有口皆碑。

二、不惧暗杀,辗转渝沪

桂裕是一位坚定的爱国主义者。抗战时期,汪伪政权曾诱以高官厚禄请他出任要职,被他严辞拒绝,从此得罪了日寇和汉奸。1937年"八一三"之夜,桂裕工作的特一法院和高二分院高层玻璃窗被枪弹击毁。1938年11月后,敌伪将魔爪伸入司法机关,高二分院郁华庭长、特一法院钱鸿业庭长先后遭暗杀,一时风声鹤唳。1939年后,桂裕家里常出现不速之客,臭名昭著的上海"76号"特务机关欲置他于死地而后快。1941年4月23日夜,桂裕和特一法院法官莫润华、李琥三人寓所,"被暴徒袭击,与驻警格斗,均未得入门,开枪三十响至一百响。""……间保护该三寓之巡捕亦开枪还击数十响。"[1]其时,租界当局派出巡捕在桂裕住所周围加强巡逻,并派巡警驻守,才使他躲过了日伪的追杀。桂裕与法院同仁面对敌伪恐怖手段,不惧威胁,冒生命危险,与之周旋四年半之久,坚守岗位撑持到最后一刻。

1941年12月8日珍珠港事变后,日本对美英宣战,租界内的法院失去保护,法院中人不得不离开法院,"孤岛"沦陷。从上海向"内地"撤退的人,不仅道路拥塞,而且日军到处扫荡,安全没有保障。桂裕"拖大带小"同行更是艰难备至,"沿途遭遇过敌兵,饿困于船中,……带有大批行李,竟一无遗失,可说幸运之至。"[2]一家三口几经辗转,于次年二三月间抵达陪都重庆。不久,桂裕被任命为国防最高委员会秘书。抗战胜利后,桂裕返沪重操律师业,和时任东吴法

1　熊月之主编《稀见上海史志资料丛书》第7册,上海书店,2012,第157页;《特一法院官员　移居院内》,《申报》1941年4月24日。

2　徐蔚南著、熊飞宇编校《从上海到重庆》,上海书店出版社,2016,第53页。

学院教务长的鄂森在九江路创办"鄂桂律师事务所"。

1943—1946 年间，桂裕还任教于在重庆复校的东吴大学，担任"司法组织"课教员[1]。辗转渝沪期间，桂裕在商务印书馆影响力最大的综合性期刊——《东方杂志》上发表《简化诉讼程序之管见》《大陆法系与英美法系：司法问题之一》《处置日本在华财产之法律观》等十多篇法制和政论性文章。

三、东京审判，配合反诘

桂裕是最后一批到达东京的中国检察官顾问。此时，"马拉松"式的东京审判已进入辩方反证阶段。

东京审判自 1946 年 5 月 3 日开庭，因被告众多，案情复杂，检方主张立证阶段历时九个月之久，到 1947 年 2 月 3 日起诉才告完毕。仅就有关中国部分的审判来说，形势非常严峻。首先，证据不足，特别是罪行累累的土肥原贤二和板垣征四郎尚缺乏符合"证据法则"的确切证据；其次，法庭拘泥于英美法的程序，辩护律师在法庭上采取积极的"延宕政策"，企图等待国际形势的变化来挽救被告；再次，中国检察组人手相当紧张，而工作任务艰巨，他们不仅要消化汗牛充栋的法庭记录[2]，还要在浩如烟海的资料中继续寻找深入打击被告的犯罪证据。为此，中国检察官向哲濬回国告急，请求立即派员支援。

1947 年初，中国增派倪征燠、鄂森、桂裕和吴学义四人为检察官顾问，倪为首席顾问。四人受命于危难之际，争分夺秒，2 月，倪、鄂、吴三人便先期到达东京，桂裕"尚留沪，继续收集日战犯罪工作"[3]，于 5 月间续至东京。2 月 24 日，法庭进入辩方反证阶段，日方将案情分为综述、满洲、中国、苏联、太平洋和被告个人辩护等六大部分，企图为日本的对外侵略战争辩护。其中被告个人辩护阶段于 9 月 10 日始，桂裕与向哲濬、倪征燠负责第八个出场的板垣征四郎

1　《法律学系教授介绍》，《东吴法声》复刊号，1945 年 1 月，第 25 页。

2　在整个检察阶段，"计出庭证人一百另四名，提出证件，检方和被告方面合计三千三百四十一录件，法庭记已逾四百五十万言。"参见倪家襄编著：《东京审判内幕》，亚洲世纪社，1948，第 22—23 页。

3　《国际法庭顾问　桂裕展缓赴日》，《申报》1947 年 2 月 11 日。

个人辩护阶段的出庭工作,期间桂裕共出庭两天,很好地配合了倪征燠对板垣的反诘。

1947 年 10 月 6 日,东京法庭开始审理板垣征四郎一案,桂裕参加了第一天和第二天的审判工作。板垣是中国方面特别注意的战犯之一,他自己也深知这一点,其精心准备的辩护阵容浩浩荡荡——以文件为护符,使 15 个证人为前驱,本人为殿军,来应付法庭和检察方面的诘问。在岛本正一、小泽开作、国分新七郎、古野伊之助、山胁正隆、满所信太郎等证人依次粉墨登场后,板垣的日本籍辩护律师阪埜淳吉拿出"2143 号文件",文件内容节选自蒋介石所写的《中国之命运》[1]一书,据此阪埜宣称:

> 蒋介石明确表示,卢沟桥事件爆发后,中国决心对日本进行全面抗战,并把日本逼上了绝境。国民党与共产党军队勾结,在战略和政治上对日本实行完全抑制,使日本的和平努力付诸东流。这份文件生动地展示了该对中国事件负责的不是日本,并将清楚地说明板垣和其他日本人的努力注定失败的原因[2]。

这份陈词乃老生常谈,依旧延续日本"反战的和平论者"的腔调,将日本的责任推得干干净净。对此,桂裕有据有节地进行了回击,法庭记录要点是:

> 桂裕:请法庭注意,检方反对采用这份文件,理由如下。首先,这本书最初是用中文写的,不是用日语写的。如果现在提供的英文文本是日文版的译文,我们应该参阅速记员第 2303 页所记载的由中文直接翻译为英文的译文文本。
>
> 韦伯:如果这是直接从中文版本上翻译节选的,你还会反对吗?
>
> 桂裕:如果是中文翻译的话,我们还是要反对,因为有很多错误,几乎

---

1 《中国之命运》,作者蒋介石,1943 年正中书局出版。本书强调了中国人的精神、思想、品性、情感,公开提出反对共产主义和自由主义。

2 "Transcripts of the Proceedings of the International Military Tribunal for the Far East"第 30143—30144 页,"东京审判资源库",中国国家图书馆数字资源。

完全扭曲了这本书的真正意义。

韦伯：你不反对它是无关的或不重要吗？

桂裕：是的。其次，在这份文件中，没有提及板垣的名字和他的任何活动。

韦伯：这是一个普遍的阶段问题，是这样吗？

桂裕：是的。即便这份文件具有任何的证据价值，也应在辩方反证的第一阶段"一般性问题"时提出，而不应在被告个人辩护阶段中提出。依据见法庭记录第28274页上的裁定，对此没有任何令人信服的理由来为这项规则的例外辩护。

阪埜：任何文件都可以在被告个人辩护阶段使用，我不认为有任何规则规定，个人辩护阶段只能使用有被告名字的文件。

韦伯：个人辩护阶段并不是只能使用有被告名字的文件，但在没有强有力的理由的情况下，证据必须与他的案件密切相关。

阪埜：1938年6月，板垣任陆军大臣。正如已经被接受作为法庭证据的许多文件所表明的那样，当时尽管在当地做出了解决该事件的努力，但该事件不断扩大，直到最后发展为一场与板垣意愿相反的普遍爆发。无论板垣个人如何努力去解决这个事件，如果对手没有意愿达成一个友好的解决方案，这个事件永远不可能得到解决，事实上它还在继续蔓延[1]。

桂裕沉着冷静，从辩方使用的文本语言、文本内容、法庭证据使用规则等三个方面，层层递进，全面驳斥阪埜淳吉的论点，让对方无懈可击。阪埜作为板垣的辩护律师之一[2]，非常熟悉案情，对搜索有利于板垣的证据也非常卖力。但因其陈述的并不是有凭有据的真实情况，所以在面对桂裕十分严密、毫无漏洞的

1　"Transcripts of the Proceedings of the International Military Tribunal for the Far East"第30144—30146页，"东京审判资源库"，中国国家图书馆数字资源。

2　板垣征四郎的辩护律师有六人：美籍辩护律师弗洛伊德·J. 马蒂斯（F. G. Mattice.）；日籍辩护律师山田半藏及四名助理辩护律师佐佐川知治、阪埜淳吉、大越兼二、金内良辅。

法庭对质时,阪埜只能勉强作一些说明、质询和补充,辩驳虽强词夺理,态度还算循规蹈矩。事实上,阪埜通篇所讲正如韦伯所说,这份文件只能说明"日方不可能和蒋介石妥协"[1],而且应在辩方反证的第一阶段提出。最终法庭裁决该文件不予采用。在法庭上像阪埜这样的日本籍辩护律师还有很多,他们甘愿扮演后台角色,在背后做"炮弹",把"冲锋陷阵"的"射击手"角色给美国律师去做。

按法庭程序,接下来上场的是证人冈田芳政,辩护律师阪埜淳吉担任直讯执行人。阪埜在询问完证人的姓名、籍贯后,请求法庭将证人的宣誓口供(编为辩方文件 1979 号)作为证据提交。对此,桂裕毫不犹豫地当庭抗议,反对将这份口供作为证据提交,理由是:

> 因为证人声称他曾经见过斯提沃德博士,但这一事实是苍白无力的。不管怎么说,他都会证明板垣是一个具有和平倾向的人。他在证词中没有给出任何具体的计划,也没有任何具体的事例。这份证据根本没有作为证据的价值。而且,这份证词中提到的与阎锡山的和平谈判以及第 3 页和第 4 页提到的其他的事情,也不是建立在证人亲身经历的事情基础之上的。他知道的这些情况也没有被清楚地加以核实。特别是这份证词的最后两段,明显地有违证据原则[2]。

桂裕论辩的要点有三:第一,无论如何证人都会证明板垣是个和平爱好者,这一点不值得辩驳;第二,证词言而无据、空口无凭;第三,证人作答有违英美法系的基本证据原则——证人的证言必须是证人亲身经历的事情。总而言之,冈田芳政的证言是没有任何证据价值的。辩护律师阪埜淳吉不甘失败,狡辩道:

> 关于检察方认为证人不是证明与重庆政府谈判的最佳证人的这一点质疑,我可以告诉您,这场谈判是在香港进行的,事实上操控此次谈判的人

---

1 "Transcripts of the Proceedings of the International Military Tribunal for the Far East"第 30146 页,"东京审判资源库",中国国家图书馆数字资源。

2 程兆奇主编《远东国际军事法庭庭审记录·中国部分——被告个人辩护举证(下)》,上海交通大学出版社,2016,第 44—45 页。

已经不在了,除了本案的被告板垣征四郎,他自己健在。证人冈田当时是中国派遣军的情报军官,直接参与了这些谈判。……至于与阎锡山谈判的有关证词,证人也不是道听途说得来的[1]。

换言之,在香港与重庆政府的和平谈判实际负责人已不存在,只有被告板垣和证人冈田能互证;而与阎锡山谈判证词的真伪问题含糊其词,阪埜不敢理直气壮地给出正面答案。阪埜淳吉的这一争辩底气不足,可笑至极。

遗憾的是,法庭最终裁定结果表面看来不偏不倚,实有点儿和稀泥的感觉。辩方证据 1979 号的第 4、5 段内容,也就是日本与阎锡山进行的和平谈判和在香港与重庆政府进行的和平谈判内容正式登记为第 3305 号法庭证件。在辩护律师阪埜替证人宣读完这两段书面证词后,韦伯庭长亦觉得有失公允,当即补充强调一点——"只有事实层面的内容可以接受为证据"[2]。然而,哪些是"事实层面",哪些是"传闻证据(hearsay evidence)"[3],哪些又是被告的主观臆测,这就仁者见仁,智者见智了。正如中国法官梅汝璈先生所说,在英美法系里,反对"传闻证据"的规则是十分严格的,但在远东法庭的宪章或程序规则里并没有明文规定,而且"由于事实上的困难,在 1946 年 9 月以后,它便放松了,因此,在远东法庭里,在相当合理的限度内,证人是可以陈述'传闻'的事实的。至于这种'传闻'的证据价值如何,法官们自可作出他们自己不同的判断。"[4]

1947 年 10 月 7 日,星期二,日本东京都旧陆军省大楼内远东国际军事法庭继续审理板垣征四郎一案,九点半法庭开庭。在法庭宣读完辩方第 3306 号证据后,辩护律师阪埜传召另一位证人泽田茂,他是辩方文件第 1977 号的证人,这一文件被法庭接受为 3306A 号证据,内容如下:

1　程兆奇主编《远东国际军事法庭庭审记录·中国部分——被告个人辩护举证(下)》,上海交通大学出版社,2016,第45 页。

2　同上注,第47 页。

3　"传闻证据",意思是说证人所陈述的事实不是由他自己直接经历的,而是听见他人嘴里说出来的。英美法院一贯拒绝接受这种证据。

4　梅小璈、梅小侃编《梅汝璈东京审判文稿》,上海交通大学出版社,2013,第 360 页。

（1）我，泽田茂，在战争结束的时候是陆军中将，现在被关押在巢鸭监狱。在昭和十四年（1939年）10月至昭和十五年（1940年）11月，我担任大本营参谋次长。（2）在我担任大本营参谋次长期间，大本营将华南方面军从中国派遣军的序列中分离出来（华南方面军的军队直接置于大本营掌管之下）。（3）因为我担任大本营参谋次长，我对于以上事实非常了解[1]。

这段文字躲躲闪闪，避重就轻，然则欲盖弥彰。泽田茂和板垣乃一丘之貉，此人是日军中少有的"独眼龙"，日本陆军中将，德意日签定三国同盟时任参谋次长，浙赣会战时任日军第13军司令并大规模使用细菌武器，对中国人民犯下了不可饶恕的罪行。1946年4月15日，在上海组建的盟军美军军事法庭判处泽田茂有期徒刑5年。现在他摇身一变，罪犯为罪犯辩护，天理难容，所以，当韦伯庭长宣告检方可以诘问时，桂裕蔑视而冷淡地说："若法庭允许，检方无意交叉询问。"[2]。很明显，辩方在自毁形象，有时候旁听席上的人都笑了起来。

在板垣征四郎个人辩护阶段，桂裕在法庭上不仅声明反对拒收那些空泛无据、自拉自唱的辩方证据，而且对一些证人的证词进行了辩驳，总体来说，仅是略事反诘，未予详细盘询。这是因为中国检察组对这一辩护环节的重头戏将放在倪征燠先生对板垣征四郎的反诘中，如果之前攻防激烈，怕打草惊蛇。当时中国检察组倪征燠、吴学义、刘子健、杨寿林、桂裕等（见图19）在远东法庭大厦三楼档案资料室里找到和摘出若干日本政府的公文档案，如历次御前会议、内阁会议、五相会议、枢密会议、重臣会议的详细记录，除此，还掌握了一些外间不能看到的文件和手稿，如《西园寺公札记》《木户日记》等，这些资料在倪征燠对板垣整整三天的反诘中发挥了重要的作用。

---

1 程兆奇主编《远东国际军事法庭庭审记录·中国部分——被告个人辩护举证（下）》，上海交通大学出版社，2016，第48页。

2 "Transcripts of the Proceedings of the International Military Tribunal for the Far East" 第30157页，"东京审判资源库"，中国国家图书馆数字资源。

图 19　倪征燠、桂裕、杨寿林、吴学义等人在日本
大岛区检察厅收集证据,中间为桂裕

四、搜觅古钟,遗憾未果

此外,东京审判期间,桂裕还曾协助搜觅寒山寺古钟。姑苏寒山寺因张继
《枫桥夜泊》一诗而享誉海内外,遗憾的是,张继时的那口唐钟已然不在。抗战
胜利后,寒山寺住持培元根据历年证明文件,呈请政府,希望政府出面向日本交
涉,由盟军总部彻底调查寒山寺古钟的下落。当时,"国际军事法庭顾问桂裕,
与留日僧演如,亦协助征集证据"[1],以盼姑苏人士早日重闻古钟之声。寒山唐
钟的命运有如风雨飘摇中的近代中国一样,与日方脱离不了干系,可惜的是,认
定日方故意藏匿唐钟却证据不足。虽然后来日方赔偿了一口钟,但寒山寺僧人
和我国各界人士对唐钟依然情怀未了,希望有朝一日能得偿所愿。

---

1 《盟军总部令日政府搜觅寒山寺古钟》,《申报》1948 年 2 月 22 日。

顾问吴学义：
寻土肥原犯罪证据

    吴学义（Wu Hsueh-yi，1904—1966），字仲常，江西南城人。1904 年 12 月 15 日生于福建长汀，幼时就读于当地小学及中学。中学毕业后入北京朝阳大学法律科学习。1926 年以优异的成绩毕业，并东渡日本，在日本京都帝国大学学习，专攻民事诉讼法。1931 年，取得法学学士学位后回国。9 月，被聘为国立武汉大学法律系讲师。1937 年抗战全面爆发，次年武大西迁四川乐山，吴学义全家随校迁往。1943 年被教育部评为部聘教授，担任朝阳学院法律系教授兼教务长，同年秋兼任国立中央大学、国立浙江大学和国立政治大学法律系教授。讲授《民法概要》《民事诉讼法》《破产法》《劳工法》等课程。1943 年在重庆，由国民参政会副议长江庸推荐，吴学义以学者身份，任国民政府立法院立法委员，在外交委员会和法制委员会工作。1945 年 8 月日本投降。次年，中央大学回迁南京。吴学义在中大、浙大等学校授课，奔波于南京、杭州之间。1946 年 5 月至 1948 年 11 月，远东国际军事法庭对发动侵略战争的日本军国主义分子进行了正义的审判，吴学义作为中国团队检察官顾问赴日本东京参加了这项工作。

1948 年 12 月,吴学义从日本返回国内,继续在南京中央大学从事法学教育和研究工作。在南京解放前夕,他选择为新中国工作,拒绝随国民党去台湾。1952 年全国高等学校院系调整后,吴学义被安置在南京华东药学院工作。1955 年,被任命为华东药学院图书室主任。在华东药学院,他还从事外语教学以及日文药学情报资料的翻译工作。1966 年 4 月 12 日,因脑溢血在南京辞世,享年 62 岁。

一、朝阳学子,求学东瀛

在近代法学界,素来有"南东吴,北朝阳"之说。朝阳大学诞生于 1921 年,其在创建之初就明确树立"创设专门法科大学,养成法律专门人才"的办学宗旨。朝阳主要培养的是司法官,即有所谓"无朝不成院,无朝不开庭",众多优秀的朝阳学子中,吴学义是其中一位。他 1921 年入朝阳大学,在法律科第九班学习。

1923 年,朝阳大学创办校刊《法律评论》。因其学术水平以及广泛的影响力,《法律评论》被誉为东方的"法学明珠"。吴学义不仅学习刻苦,而且专研学术。1925 年 9 月,《法律评论》发表了吴学义的投稿"再审期限"一文(见图 20)。

朝阳大学重视优秀人才的继续培养。《资派留学生简章》规定,各科系毕业学生,成绩平均在 85 分以上者,由校长指定留学国别和专攻学科,资助全费或半费,派赴国外留学深造。1926 年,吴学义毕业。因成绩优异,获得资派,留学日本。

1926 年 5 月,吴学义东渡日本求学。

图 20　就读于朝阳大学时发表的第一篇文章《再审期限》(1925)

先赴明治大学学习日语,后赴日本京都帝国大学留学深造,专攻民事诉讼法。1931 年,吴学义取得法学学士回国。除了在学校的学习,吴学义还与师长、朋友密切往来,多方面了解日本社会。

吴学义与法学前辈董康有较为密切的交往。董康为清光绪进士,辛亥革命后他赴日本攻读法律,归国后在法律工作中多有建树。曾任大理院院长、修订法律馆总裁、司法总长。一度在东吴大学任教,教授法制史、新旧刑律比较。1924 年,被东吴大学授予荣誉法学博士学位。1926 年,董康东渡日本,搜访流传在日本的中国古籍。在访书时,董康与狩野直喜等多位对中国文化素有研究的日本学者有密切来往。董康在日期间的访书和交往活动,记载于名为《书舶庸谭》的日记中。《书舶庸谭》有 17 处提到吴学义(仲常)[1],他们或郊游,或共赴餐宴,或访友。

吴学义与这位法学前辈的交往,对他在日本的求学无疑有积极的帮助。然而,后来两人走了截然不同的道路。1937 年"七七事变"后,董康投靠了汪伪,沦为汉奸,而吴学义一贯坚持抗战到底的主张。1947 年,吴学义赴日本东京,参加了远东国际法庭审判日本战犯的工作,为将日本军国主义战犯绳之以法做出了重要贡献,成为可敬的民族英雄。

1927 年,吴学义曾与到访日本的胡适一起拜访了日本学者狩野直喜。20 年后,在国际军事法庭工作的吴学义,听闻胡适有赴日计划,致信胡适说明日本国内情形与 1927 年在日本见面时已迥然不同。信中还告诉胡适,日本友人狩野直喜博士已 80 岁,仍住原处[2]。

吴学义初到日本时较为广泛的社会交往,帮助他迅速掌握了日语,为他在日本继续法学学习和研究准备了条件。1927 年 12 月,《法律评论》"外国法制新闻"刊登了吴学义从日本发送的稿件,题目是"日本亦将施行律师回避原任法

---

1 董康著,朱慧整理《书舶庸谭》,中华书局,2013,第 83、85、90、95、106、110、114、117、120、129、144、146、173、174、175、187、310 页。

2 吴学义致胡适,1947 年 12 月 4 日.见中国社会科学院近代史研究所中华民国史研究室编《胡适来往书信选(下)》,社会科学文献出版社,2013,第 1018 页。

院办法"(见图 21)。

1928 年,吴学义到日本京都帝国大学学习,专攻民事诉讼法。京都帝国大学环境优美,校园幽静,学生生活安定有序。

> 京都帝国大学,僻处市之东北隅,地颇幽静。……吾人既获此优美之环境,加以校中图书馆,京都府立图书馆藏书之丰富,暨教授指导之亲切,学生生活之安定而有规则,益增长研究之兴趣与便利[1]。

吴学义在京都帝国大学潜心学习了三年。他在课余时间,还撰写论文,在国内的《法律评论》《国立武汉大学社会科学季刊》等刊物上发表。这些论文主要有:"留置权之立法问题"(1929)、"滚利之立法问题"(1929)、"民诉之准备程序"(1929)、"司法与无产阶级"(1929)、"所有权的基本问题"(1930)、"夫妻财产制之立法问题"(1930)、"再论夫妻财产制"(1931)。这些论文或对抽象问题进行研讨,或对现代立法问题做出评论,或对中国司法改革提出建议。作为留学生,自然更关注发达国家的法学思想及先进做法,但是,吴学义并没有停留于此。他关注中国的问题,而且,能结合中国的国情,把目光投向底层的穷人,提出了具有开创性的主张。在"司法与无产阶级"一文中,他指出:"我国是著名的穷国,贫人多而富人少。……打官司的人,大部分都是穷人。国家设立法院,是为一般人民而设,不是为少数富豪而设。对于占全国人口大部分的贫民,不能不特设法律救助之道。"他在文章中呼吁:组织大规模的法律协助会,尽力于无产阶级的法律协助事业[2]!

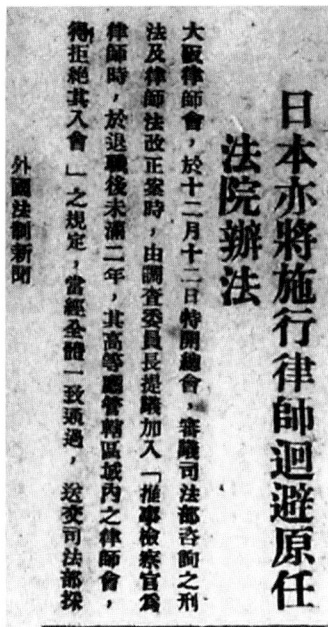

图 21　留日时在《法律评论》发表的第一篇文章《日本亦将施行律师回避原任法院办法》(1927)

1　吴学义:《民事法论丛》(第 1 辑)自序,法律评论社,1931,第 1 页。

2　吴学义:《司法与无产阶级》,《法律评论》1930 年第 7 卷第 14 期,第 3—10 页。

二、回国执教,学高为师

1931 年,吴学义获得日本京都帝国大学法学士,学成回国。首先任教于国立武汉大学,之后,还先后兼任了国立中央大学、浙江大学、安徽大学、政治大学等多所大学的法学教授。留学期间打下的扎实基础加之刻苦勤奋,使他不仅在教学上深受学生喜爱,而且在法学研究上硕果累累,成为全国知名的法学家。

吴学义生活简朴,不嗜烟酒,不打牌,平时粗茶淡饭。但对困难学生却慷慨相助,帮助解决困难,或介绍适当工作。他待人热心,他的学生回忆道,"假如你有问题去问他,那他一定尽其所能替你解释,就同他在法律讨论会解答问题一般"。"不但如此,据说他对同事们也一样的和气,所以他和教授们的感情很好"[1]。

1946 年,吴学义兼任安徽大学法律系主任。该系毕业生丁学仁对系主任吴学义的讲课也留有深刻的印象。"他是安大的法律系主任,又被中央大学、武汉大学聘为教授。他轮流在三校教课,还参加国家的各种立法会议。他讲课总是滔滔不绝,重点突出,条理分明,使你听后便可回忆出他讲的内容。我班学的'民事诉讼法''民法总则'等课程教材都选用他的著作。"[2]

吴学义在教学的同时致力于法学研究,先后出版《民事法论丛》(法律评论社,1931)、《中国民法总论》(世界书局,1934 初版,1948 再版)、《法学纲要》(中华书局,1935)、《民法概论》(中华书局,1936)、《司法建设与司法人才》(国民图书出版社,1941)、《民事诉讼法要论》(正中书局,1942 初版,1947 第五版)、《战时民事立法》(商务印书馆,1944)七部著作。这些著作中,《民事法论丛》是吴学义在日本京都帝国大学时期发表论文选辑而成,其余都是作者回国后所撰写。《民事诉讼法要论》是一本备受欢迎的大学法律系教材。从 1942 年第一版起,至 1947年印刷了第五版(见图 22)。不仅在大陆,而且 20 世纪 80 年代,台湾各大学法

---

1 国立武汉大学欢迎新同学会:《民国二十五年国立武汉大学欢迎新同学特刊》,1936,第 67 页。
2 《国立安徽大学老同学回忆录》编委会编《国立安徽大学老同学回忆录增订本(下)》,安徽大学出版社,2014,第387 页。

律系仍以此书作为教材。《民事诉讼法要论》和《战时民事立法》还曾获国民政府教育部学术审议委员会的奖励。前者获第三届三等奖(1943 年度)[1]，后者获第四届二等奖(1944 年度)[2]。

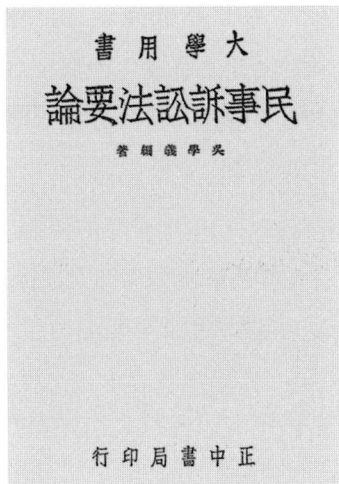

图 22　吴学义著：《民事诉讼法要论》，正中书局，1942，1947 年第 5 版

图 23　吴学义编：《法学纲要》，中华书局，1935

　　吴学义著书立说的一个特点是关注现实问题。《法学纲要》是一本精心编写的法学入门书，收入舒新城主编的《中华百科丛书》(见图 23)。舒新城出版这套丛书的目的是为中等以上学生或失学青年提供读物。丛书由各学科领域的专家编撰，如经济学家周伯棣编写《经济学纲要》、政治学家杨幼炯编写《政治学纲要》。吴学义编写的《法学纲要》分总论、法之体系概论两编。第一编总论包括法学各分科共通的普遍的各种概念，以获得法学的基本知识。第二编注重各分科的特点及其比较。吴学义认为，第一编最为重要，没有第一编的知识，学生无法入门。坊间同类书籍不仅忽视这一点，而且论述不透彻，只会罗列法律条文，以及枯燥无味的概念。这本书力求克服这些招致初学者反感的弊端，使

1 《三十二年度申请学术奖励作品审查给奖名单》，《教育部公报》1944 年第 16 卷第 6 期，第 54 页。

2 《三十三年度申请奖励之著作》，《教育部公报》1945 年第 17 卷第 3 期，第 14 页。

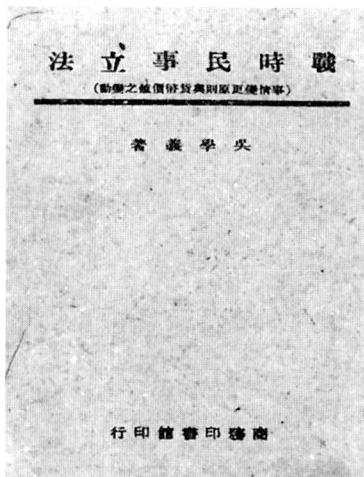

图 24 吴学义著:《战时民事立法》,商务印书馆,1944

之成为"学法律者的阶梯"[1]。

日本侵华战争给中华民族带来深重的灾难,法学家面临新的课题。由于战争致使货币贬值,购买力下降,物价指数高涨,因而对"长期供给契约"等的执行上就发生矛盾。如果坚持已定契约所规定的内容,则一方蒙受意外的损失,另一方坐获暴利,大发国难财。这在立法与执法上都有违反正义与平衡的原则。《战时民事立法》一书就是解决这一现实问题的学术成果。吴学义在书中叙述了各国确定"事情变更原则"的历史,并阐述在国内如何运用这一原则(见图 24)。

除了七部著作,吴学义在《法律评论》《国立武汉大学社会科学季刊》《中华法学杂志》等刊物发表论文八十多篇。这些论文同样具有关注现实问题的特点。1943 年 11 月,世界反法西斯战争取得了重大转折,中、美、英三国联合发表了《开罗宣言》,其主要内容包括盟国将坚持对日作战且日本应归还武力侵占的中国的台湾、澎湖列岛等领土。1945 年 4 月,在抗战胜利在望之际,第三届中华民国法学年会在重庆召开。大会主席居正在发言中指出,法学会要关注战后法律问题,研究收复地区的法律制度。吴学义作为法学会会员出席会议。在会上宣读了论文"台湾关东州南洋群岛朝鲜之法院组织"。吴学义指出,"战后台湾及琉球群岛,仍隶属中国版图,业经一九四三年开罗会议时决定",胜利在望,亟宜做好各种准备。"司法为施政之一部门,为便他日之接管,先应明了日本在该土地之法院组织。"[2]这篇论文成为日本投降前,为收复台湾地区而研究该地区法律制度的开端。

吴学义不仅是一位法律学家,也是一位法学教育家。他指出,无论于国家

---

1 吴学义编《法学纲要》自序,中华书局,1935 年。

2 吴学义:《台湾、关东州、南洋群岛、朝鲜之法院组织》,《中华法学杂志》1945 年 4 卷第 5 期,第 59—69 页。

还是个人而言,法学教育都事关重要。"法学教育的目的,不止在于养成优秀的法律家,且欲使一般民众,认识法律,信仰法律,以实现有规则的法律生活……故法律家又常为公民教育家。"[1]

吴学义还关注教育中课程建设和人才培养问题。他指出,与一般认为的司法人才供大于求恰好相反,现实往往是法律人才十分稀缺,原因在于限制文法科的短视教育政策,司法经费困难,司法人员待遇菲薄,致使学生不愿入法律系或中途转系。为吸纳法律人才,司法部应当放宽考试限制,增加招生,给与公平待遇。就司法人才缺失之虑,吴学义还讨论了法学院司法组的设置及课程上的不足和有待提高之处[2]。比如,关于大学一年级是否应该分系问题,当时教育当局认为一年级不应当分系,因为要统一教授国文、外文、中国文化史、思想品德课程等基础科目,而吴学义则认为,大学的目的应当是学习专门知识,基础科目的学习为高中之责任,另外将专业科目移至二年级,显得过于拥挤,学生压力也会很大,往往对于理论或实际应用的学习变得局促,总之不分系是有种种弊处的[3]。1941 年,吴学义出版专著《司法建设与司法人才》(见图 25),该书叙述国民政府的司法建设、具体方案,说明司法人才的缺乏与青年进入司法界的途径。

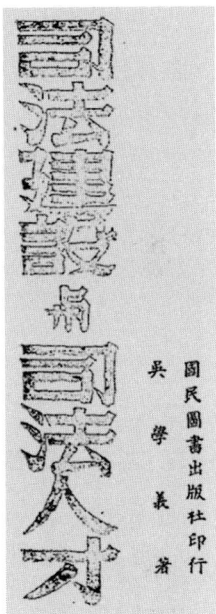

图 25　《司法建设与司法人才》(吴学义著,国民图书出版社,1941)

三、担任顾问,东审寻证

东京审判期间,吴学义以中国检察官顾问身份,从 1947 年 2 月到 1948 年 11 月,协助检察官向哲濬开展工作,在这场正义的审判中做出了重要贡献。

1　吴学义:《法学教育》,《新时代半月刊》1932 年第 3 卷第 1 期,第 13—18 页。

2　吴学义:《司法人才的供求与待遇》,《当代评论》1941 年第 1 卷第 5 期,第 9—11 页。

3　吴学义:《一年级不分系与大学课程》,《新民族》1938 年第 2 卷第 20 期,第 5—9 页。

1947 年初，正值远东国际军事法庭审判日军侵略苏联、马来亚、菲律宾、泰国等亚太地区的侵略罪行。由于举证、辩论需要精通英文、日文的法学工作者，中国检察官向哲濬这时回国，聘请了倪征燠、吴学义、鄂森、桂裕担任检察组顾问，以加强举证、辩论力量。

这项工作完成后，向哲濬返回东京处理法庭事务。倪征燠、吴学义、鄂森等立即开始了工作，他们赴北平搜集东三省及华北一带日本战犯的证据，并到吴佩孚家中调查土肥原胁迫他任职的情况[1]。

尽管在国内搜取土肥原等的罪证的效果并不理想，但是时间紧迫，不能在国内继续收集证据。吴学义和倪征燠、鄂森等奉命 2 月 8 日飞往东京（见图26），桂裕随后也到达东京。

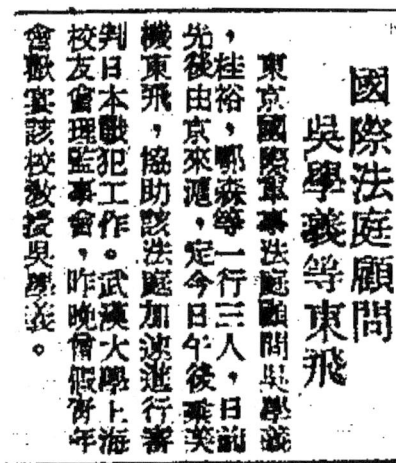

图 26　国际法庭顾问吴学义等东飞[2]

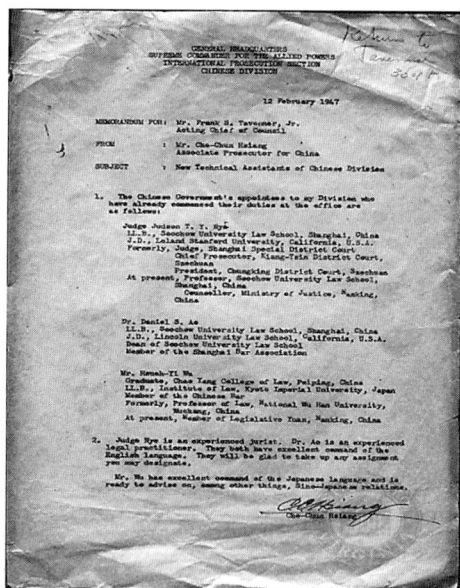

图 27　1947 年 2 月 12 日，中国检察官向哲濬致函首席执行检察官弗兰克 S.塔夫纳，介绍中国团队倪征燠、鄂森、吴学义三位新成员[3]

---

1 《三顾问曾去北平访吴佩孚家属吴学义等已飞东京》，《新闻报》1947 年 2 月 11 日。

2 《申报》1947 年 2 月 8 日。

3 资料来源：New Technical Assistants of Chinese Division. Tavenner Papers & IMTFE Official Records. Box 4. Folder 2. University of Virginia Law Library.

在东飞日本前,武汉大学上海校友会理事监事会宴请了吴学义表示欢送。席间,吴学义表达了自己此次去程的几点盼望,即除了代表政府赴日,协助国际法庭检察官从事侦查战犯及举证工作外,还希望"对战后日本社会政治法律经济文化之变通,及日人侵略思想之狠绝问题,加以研究,尤望对战犯问题有更大收获。"[1]

当中国检察官顾问组成员搭乘美军 A.C.专机赶到东京时,中国驻日代表团团长朱世明将军,亲自前往厚木机场迎接。2 月 12 日,中国检察官向哲濬致函首席执行检察官弗兰克·S.塔夫纳(Frank S. Tavenner)介绍中国团队倪征燠、鄂森、吴学义三位新成员(见图 27)。

中国团队增加了精兵强将,壮大了力量。不过,虽然增加了人员,但是面对复杂艰巨的任务,中国团队的人员力量是远远不够的。可以说,他们是在超负荷工作状态下,完成了任务。1947 年 11 月,倪征燠回国参加了在南京召开的全国司法行政检讨会议,报告了远东国际军事法庭的审判情况。其中特别提到了人员数量问题。"美国派助理人员甚众","苏联参战仅数日,所派人员有七十余人","我国只有八人,所以工作繁忙"[2]。

吴学义、倪征燠、鄂森三位刚到日本,就面临大量急需处理的问题。2 月 13 日,首席执行检察官塔夫纳就向他们布置了任务[3]。

> 倪征燠的任务:研究《李顿报告书》,找出其中被告有可能会在辩护过程中使用的部分。所有这些内容都应记录在你的备忘录中,方便对其做出解释。
>
> 倪征燠、鄂森、吴学义共同完成的任务:是对出庭使用的关于建立"满洲国"的证词材料做一个概括(特指那些之前没有记录的新证据)[4]。

---

1 《前线日报》1947 年 2 月 8 日。

2 倪征燠:《考察美英两国司法制度及远东国际军事法庭的审判情形》,载谢冠生编:《全国司法行政检讨会议汇编》,南京司法行政部,1947,第 32 页。

3 "Assignments for New Technical Assistants of Chinese Division", Tavenner Papers & IMTFE Official Records, Box 4, Folder 2, University of Virginia Law Library.

4 "New Technical Assistants of Chinese Division (1947 - 2 - 13)", Tavenner Papers & IMTFE Official Records, Box 4, Folder 2, University of Virginia Law Library.

要补提证据非常困难。经麦克阿瑟同意,中国检察组进入已被封闭的日本前陆军省、外务省、文部省等机关,查阅秘密档案,寻找日本侵华战争中有关土肥原和板垣等战犯的罪证,精通日语的吴学义和刘子健发挥了重要作用。他们夜以继日地摘抄,翻译整理档案资料。经过一段时间的奋战,找出了很多有用的文件。

1947 年 6 月 17 日,远东国际军事法庭休庭 6 周,到 8 月 4 日为止,希望在此休庭期间,为审判作充分的准备。吴学义与梅汝璈等暂时回国。期间吴学义等曾计划赴西南调查战犯罪证。7 月底返回东京[1]。

四、与日交涉,追回文物

吴学义在担任检察官顾问工作期间,利用他精通日语、英语的特长,与盟军总部和日本政府交涉,参与追回了被日军掠夺的中国文物。其中包括原清廷八折式翡翠屏风等。吴学义还用联合国发给自己的奖金(美元),在日本各大城市采购各种法律书籍一万余册,分批运回南京,准备日后成立法学研究所,潜心研究法学。后来这一愿望未能实现,成为他平生一大憾事。吴学义去世时,其家属清理遗物,各种版本的法学书籍堆满一小房间。晚年吴学义曾撰写回忆录《东京审判》,全文数十万字,写成后书稿交江苏省民盟收藏,不幸遗失[2]。

五、效力祖国,撰写史料

1949 年南京解放前夕,吴学义拒绝了随国民党去台湾,毅然选择为新中国的法律人才培养和法学研究尽自己的一份力量。1952 年,吴学义工作的南京大学法学院被撤销,后他被安置在南京华东药学院工作。此时,吴学义所忧虑的

---

1 《申报》1947 年 6 月 26 日。

2 李乾亨、吴中匡:《著名法律学家吴学义先生》,载中央大学南京校友会、中央大学校友文选编纂委员会编《南雍骊珠:中央大学名师传略续篇》,南京大学出版社,2006,第 163—167 页。

是法制建设和司法人才培养。他说："目前不能专靠方针政策判案,它不能代替民刑法,我们要健全法制,培养司法人才就需要提高法律知识水平。"[1]

1959 年 5 月,政协全国委员会主席周恩来,在全国政协常委会上提出建立文史资料研究委员会的建议,倡导各方面的年长者把经历和见闻记载下来,提供研究近代史的资料。人民政协文史资料工作自此拉开序幕。政协各方面老年人士热烈响应周恩来主席的"把亲身经历纪录下来传之后代"的号召,积极撰写稿件,提供了大量的历史资料。中国人民政治协商会议江苏省委员会文史资料研究委员会,在 1960—1966 年期间,征集文史资料 1 101 篇,计约 500 万字。其中,吴学义撰写稿件 13 篇,计 3.66 万字。大部分稿件是关于汉奸审判以及其他抗战方面的史料,如,"陈璧君汉奸案的判刑和服刑"(记大汉奸陈璧君的助纣为虐以及其子女充当汉奸受到审判的情况)、"诸民谊汉奸案的审判"(记 1940 至 1946 年,诸民谊跟随汪精卫当汉奸以及被捕处死前后经过)、"周佛海汉奸案的审判"(记周佛海自 1927 年至 1945 年反动政治生涯的片段)、"陈公博汉奸案的审判"(记抗日战争胜利后,大汉奸陈公博逃之日本,被引渡回国判处死刑,执行枪决的始末)、"日军炸死张作霖的因果"(记 1928 年 6 月 4 日张作霖在皇姑屯被炸经过,以及事后日本舆论界的反映)、"初次轰炸东京"(记 1942 年 4 月 18 日美国空军首次轰炸东京的情况和日本方面对被俘美军飞行员判刑的情况)[2]。

---

1 吴学义发言,《文汇报》1957 年 5 月 18 日。

2 中国人民政治协商会议江苏省委员会文史资料研究委员会:《江苏文史资料目录第 1 册》(1960—1966),1982。

翻译兼秘书高文彬：
揪出"百人斩"元凶

高文彬(Vun—Ping Kaw)，上海人，生于 1923 年 2 月 11 日，祖籍浙江宁波。

1929 年 9 月至 1938 年 7 月期间，高文彬就读于私立澄衷中学附属小学、初中。这所学堂原名"澄衷蒙学堂"，是由宁波籍的上海商人叶澄衷捐置土地 30 余亩、白银 10 万两(后其子另捐白银 10 万两)于 1901 年 4 月创建，是当时上海虹口最早的国人开办的新式学堂。蔡元培先生是该校的第一任校长，后来人们熟知的胡适先生、东京审判中国团队中的另一重要成员倪征燠先生、中国科学院院士竺可桢先生和李四光先生等都曾在这所学校就读。

1938 年 9 月至 1941 年 7 月，高文彬就读于东吴大学附属中学(高中)，毕业后考入东吴大学法学院。1941 年 9 月至 1945 年 6 月期间，高文彬就读于东吴大学法学院，进行了系统的英美法和中国法的学习，获法学士学位。

1946 年 5 月至 1948 年 8 月期间，高文彬参加东京审判，先后任国际检察局翻译、中国检察官办事处秘书职务，几乎经历了审判的全过程。审判期间，高文彬发现"百人斩杀人竞赛"的证据，并将材料移送至国民政府，通过盟军将已退役的两名"百人斩杀人竞赛"的战犯野田毅和向井敏明缉拿归案并押送南京军事法庭受审。最终,二人被判处极刑执行枪决。

一、东吴养成,受聘翻译

1941 年高文彬就读东吴大学法学院,入学条件、学制、课程设置和教学方式等较之于东吴大学法科(东吴大学法学院的前身)设立之初,已经发生了较大的变化。由于自 20 世纪 30 年代始,东吴大学按照国民政府要求在教育部登记注册,英美法学教育的特征出现了弱化,如不再设置预科要求学生入学前完成文学学士的课程、英美法课程缩减、中国法课程内容增加等[1],但总体较之于当时的国内其他高校法学院,其英美法学教育具有十分突出的特点,如,当时英美法的课程使用英文原版教材,课堂和型式法庭(即模拟法庭)的语言仍使用英文。

1945 年 8 月 15 日,日本宣布无条件投降。高文彬回忆说,抗战胜利的那几天,不管白天黑夜,马路上随处可见人们三五成群聚在一起,谈论着日本人投降的事,分享抗战胜利后的喜悦。"那段时间是我这辈子最开心、最激动的时刻,感觉日本侵略军最终恶有恶报了"。除了老百姓举行庆祝活动以外,许多地方官员还请下属吃饭,一些商店如永安公司等著名商店还分别打出"庆祝抗战胜利,本店商品打折"的牌子。"那几天,南京路等商业街热闹非凡,到处是人。不仅仅是大公司打折庆祝胜利,就连一些小商店、小企业也打折,低的甚至只有二折。有的餐馆甚至免费向市民供餐,可见当时人们对抗战胜利有多么高兴"。

图 28　高文彬东吴大学
法学院毕业照

抗战胜利后,高文彬(见图 28)等一批刚从

---

1 何勤华、高童非、袁也:《东吴大学法学院的英美法学教育》,《苏州大学学报法学版》2015 年第 3 期。

学校毕业的法律系年轻人充满着一腔热血,憧憬着国家的未来。离开学校后,高文彬先后任职于国民政府上海老闸区(现已划入黄浦区)区公所户政股长和上海地方法院刑庭书记官。由于招架不住各方应酬,他很快就辞职了[1]。

而此时东京审判的进展情况是:远东国际军事法庭国际检察局已于1945年11月正式组建,国民政府选定向哲濬为中国检察官。法庭定于1946年5月3日开庭,至4月29日国际检察局需要提出《起诉书》。东京审判适用英美法程序,对于任何疑犯均无罪推定,必须由检察方提出充分证据,由法官认定后进行定罪量刑。同时,由于法庭的官方语言使用英文和日文,有大量的翻译工作需要进行。就是在这种情况下,向哲濬于1946年前期多次向国内致电希望收集和提供有关日军侵华的证据材料和增派人员,并于1946年4月利用回国举证的机会,赴上海招聘翻译人员[2]。

由于当时东吴大学是国内唯一一所教授英美法课程的学校,此时,高文彬的大学老师,也是当时的上海知名律师刘世芳先生,把满怀一腔爱国热情且英文极好的高文彬推荐给向哲濬先生。高文彬是这样回忆当时面试时的场景的:

> 1946年4月的一天,我到华懋公寓[3]参加测试。主考官就是向哲濬先生。向先生非常和蔼,一点没有官架子,完全是学者风度。他让我坐下,从《申报》中摘一段让我译成英文,又问我家庭和学校的情况,还递给我一杯咖啡。由于东吴法学院是中国唯一一所除了大陆法外还教授英美法的学校,比较有优势。几天后接到向先生电话,我被录用了,当时一共有5位翻译[4]。

1946年5月15日,高文彬等一行5人被美国军用汽车送到上海的江湾机场,乘坐美国军用运输机飞往日本东京。就这样,高文彬参与到了一场世纪大审判中,成为代表中国政府和人民惩治日本军国主义战争罪行的中国团队中的一员。

1　李杨:《高文彬:见证东京大审判》,《中国新闻周刊》2005年第34期。

2　向隆万:《东京审判检察官向哲濬的函电》,《世纪》2015年第5期。

3　原文为"华懋饭店(即现在的锦江饭店)",但据考证,应为"华懋公寓"。而"华懋饭店"即今和平饭店,二者不同。

4　高文彬:《学者恩师向哲濬先生》,载向隆万著《东京审判·中国检察官向哲濬·序一》。

二、赴日翻译，兼任秘书

初到日本，战后东京一片萧条的景象还是给高文彬留下了深刻的印象。"飞机降落在东京羽田机场，检察官秘书刘子健到机场接我们。"他们一行被安排住在东京火车站附近的八重州旅馆，距日本皇宫仅一街之隔。高文彬看到，战后东京一片萧条，被美国飞机轰炸得到处是残垣断壁，日本百姓生活苦不堪言。一些日本兵回到本土后无事可做，就在路边摆摊维持生计，很多日本妇女被迫沦为妓女，靠卖身过活。

据高文彬回忆，当时的日本民众对于日军所犯的战争罪行知之甚少。在他们心中，皇军是日本天皇的军队，有礼貌又勇敢，绝不会干出灭绝人性的事。于是，东京的百姓对国际法庭的审判也就变得特别关注。

日本外务省每天发给每名被告家属两张旁听券，其余的旁听券每天早上按排队顺序来发，发完为止。许多人为了能够旁听审判，头一天下午或晚上就开始排队。一段时间，甚至出现了黑市倒卖旁听券的现象。特别是日本前首相东条英机受审和法庭审理"南京大屠杀"的那几天，法庭旁听券的黑市价竟然炒到800日元一张，而当时，一个普通日本人的月薪只有500日元左右。

远东国际军事法庭设在涩谷原来日本士官学校的旧址。进门口有一个小花园，中央有一个小土堆，土堆中间竖立着一块木制的标牌：远东国际军事法庭（见图29）。花园后面是一座大楼，这里原来曾是日军陆军士官学校，也是日本陆军司令部所在地。当年日本侵华战争的策源地，如今却成了其罪行的审判地，真是历史的莫大讽刺。审判大厅在一楼，法官在二楼，各国检察

图29　高文彬在远东国际军事法庭前留影

官则在三楼工作。

1946年5月至9月期间,高文彬担任国际检察局中国检察官办公室翻译,属于盟军总部的雇佣人员,职级是文官CAF6级(最高是12级),薪金是每月250美金,由盟军总部发放。

翻译工作结束后,因向哲濬原来秘书刘子健去美国留学,助理检察官裘劭恒因病请辞。向哲濬鉴于高文彬的出色表现,遂决定留高文彬担任秘书之职。在1948年4月3日,向哲濬致电外交部陈文如下:

> 本处秘书裘劭恒因病辞职,职曾转请照准,并请予就近以前经美国陆军部派在国际检察局服务期满亟宜回国之东吴大学法学士高文彬照补。久未奉批,诚恐邮呈遗失。查东条等已开始积极辩护,本处人少事繁,高君成绩优良,深资臂助[1]。

就这样,当其他翻译人员随后到国民政府驻日本军事代表团去工作的时候,高文彬被向哲濬留下来担任他的秘书,继续参加中国检察组的工作,直至1948年8月份中国检察组的工作全部结束。

在担任中国检察官秘书时,高文彬的主要工作就是翻译、核对庭审记录,如果发现错误,第二天马上更正;还有就是负责国际检察局和中国检察组的联络、往来文件都是高文彬负责处理。在中国检察组工作空闲时,可以到阅览室翻翻资料,但在举证的时候就会特别忙,比如准备材料、翻译材料等。据高文彬回忆,当时每天会由一个美国的下级军官送庭审笔录,是用绳子穿起来的活页,万一错了,可以解开绳子替换。庭审笔录送来以后,高文彬的工作就是登记。一般每个国家送一本,但高文彬考虑到当时中国团队的法官、检察官、工作人员,大多曾学习或任教于东吴大学法学院,就向他们要求每天多给一本,以便结束后可以带回去送给东吴大学法学院研究使用并留作纪念。

---

1 向隆万:《东京审判检察官向哲濬的函电》,《世纪》2015年第5期。

三、证据收集，补擒两犯

东京审判中，谈到证据收集之难，不得不提及以下几处场景：

一是为逃避战争罪行的惩罚，日本在投降前及投降后的一段时间内已经有组织地销毁了大量证据。

美军占领日本时，距日本裕仁天皇宣布无条件投降已经两周。这段时间内，东京尚未被炸毁的政府大厦顶上浓烟滚滚，这是在销毁各种绝密文件。1945年裕仁在宫中主持帝国大本营的记录，全部焚毁。陆军参谋本部、海军军令部和秘密警察的档案绝大部分付之一炬。这项有计划的销毁策划和进行侵略战争罪证的活动，是在日本政府授意下进行的。日本政府有足够的时间，为对付即将到来的国际审判预作布置[1]。

二是国民政府当局对于东京审判的前期准备工作不足，未能进行系统收集证据和证人。因为按照一般人的理解，日军在侵华战争中所犯下的滔天罪行举世皆知，还需要什么证据？所以在审判开庭前，国民政府向军事法庭提供的仅为国民政府认定的11人的战犯名单，这对于适用英美法程序的审判是远远不够的。此时，对于证据收集的重任就落在了中国检察组的肩上。在正式开庭前，向哲濬多次致电国内希望提供有关日军侵华的证据，并往返国内和东京，通过外交部和其他部门的配合收集了大量证据，为起诉日本甲级战犯提供了有力支撑。

因此，中国检察组的每一个人都会抽出时间去查找能够对审判有帮助的证据材料。在中国举证部分结束后的一天，高文彬到文件部门去翻看档案材料，却无意中发现了一份让人震惊的材料。

发现"百人斩杀人竞赛"罪证

这是东京审判中，让高文彬一辈子都难以忘记的一件事情。

1　夏里：《远东国际军事法庭内外》，《民国春秋》1995年第4期。

高文彬在档案材料中发现一张报纸,这就是我们后来都知道的《东京日日新闻》(今《每日新闻》)于 1937 年 12 月关于"百人斩杀人竞赛"的报道(见图 30)。

图 30　"百人斩"报道 [1]

报纸的图片上,两名日本军人手握军刀,在进行杀人比赛后,一副洋洋自得的神态。这张由日本随军记者拍摄的"两将校百人斩竞争"新闻图片,就是南京大屠杀中臭名昭著的"百人斩杀人竞赛"的实照。

高文彬略懂日文,但即便是完全不懂日语的中国人,也可以从那幅照片标题中的日文明白其表达的意思。待到完全看完这篇报道,高文彬的肺都被气炸了。

报道的标题是《百人斩超记录》,报道这样写道:

　　[十二日浅海、铃木两特派员发于紫金山麓]以南京为目标的"百人斩竞赛"这样少见竞争的参与者片桐部队的勇士向井敏明、野田毅两少尉,在10 日的紫金山攻略战中的对战成绩为一百零六对一百零五。十日中午,两个少尉拿着刀刃残缺不全的日本刀见面了。

_____

1　照片说明:"百人斩竞赛"的两将校,(右)野田巖少尉(左)向井敏明少尉,佐藤(振)特派员摄于常州。

　　野田："喂，我斩了一百零五了，你呢?"

　　向井："我一百零六了!"

　　两少尉："啊哈哈哈……"

　　结果是谁先砍了一百人都不去问了，"算作平手游戏吧，再重新砍一百五十人怎么样?"两人的意见一致了，十一日起，一百五十人斩的竞争就要开始了。

"当想到自己的同胞像牲口一样被屠戮时，我的心都碎了。"高文彬说，"作为中国人，唯一的想法就是将他们处决。"

　　向井敏明，1912 年 6 月 3 日出生于日本山口县。1937 年至 1938 年南京大屠杀期间，在日军第 16 师团九联队第 3 大队第 3 步兵炮小队担任少尉。野田毅，1912 年生于日本鹿儿岛县，日本陆军士官学校第 49 期毕业。南京大屠杀期间，任第 16 师团九联队副官及少尉。"百人斩杀人竞赛"就是这两个人在从上海进攻南京途中直至南京大屠杀前夕，约定以先杀满 100 个中国人者为胜的竞赛。

　　后来中国检察团队发现，其实，高文彬发现的那份《东京日日新闻》，只是日本媒体对"百人斩"众多报道中的一份。根据这一发现，中国检察团队很快搜集到了大量的同题报道。其中，《东京日日新闻》更是对其进行了持续关注。这些报道不仅时间、地点明确，杀人过程及数字清楚确切，同时还配发了照片。

　　据《东京日日新闻》1937 年 11 月 30 日第 1 次的报道，野田毅和向井敏明两人开始"百人斩"竞争，并且很快已经达到 80 人，两人杀人数分别为 56 人和 25 人。至 1937 年 12 月 13 日第 4 次报道时，两人的杀人记录已经分别达到 105 人和 106 人[1]。

　　当年除了《东京日日新闻》，《大阪日日新闻》《大阪朝日新闻》等许多报纸，也都刊发了"百人斩"的消息。一时，野田毅、向井敏明成了日本家喻户晓的"英

1　胡菊蓉:《中外军事法庭审判日本战犯——关于南京大屠杀》,南开大学出版社,1988。

雄"。现在翻看这些令人发指的屠杀罪行,在愤怒之外,不禁也让人心生疑问。日军在侵略中国期间,有着非常严格的新闻审查制度。现在能够发现的反映日军暴行照片,虽然也多是由随军记者拍摄,却绝大多数都盖着"不许可"的红章,不允许公开发表。而"百人斩竞赛"这样灭绝人性的暴行,却为何堂而皇之地被日本媒体大肆宣扬、鼓吹?

野田毅曾在家乡鹿儿岛县一所小学作报告,他说:"报纸上所说的乡土出身之勇士,斩杀百人竞赛之勇士,说的就是我。占领战壕后,对里面的人喊,你!出来!支那士兵愚蠢,都出来了。我叫他们排好队,然后从队伍的一头逐个砍过去……"

很明显,这是在对已经放下武器的战俘进行屠杀。由此更可以看出侵华日军的野蛮、残酷、毫无人性,屠杀放下武器、停止抵抗的俘虏,即使是列强时代制定的国际法也坚所不容,更不要说违逆战争伦理和人性了。

与之相反的是,由于日本媒体肆无忌惮地炫耀,向井敏明和野田毅的所作所为也为国际舆论所谴责。上海的英文报纸《密勒氏评论报》则对日本媒体关于"百人斩"的报道进行了评述和批判,1938年元旦在《向井和野田两少尉是如何完成杀人定额的?》一文中称:"此举明白无误地揭露了日军进入南京后大肆杀、烧、淫、掠的暴行……如此暴行,可谓惨绝人寰。"随后,中国的《新华日报》刊登《南京紫金山下杀人竞赛,寇军暴行惨绝人寰》的报道,《申报》(汉口版)刊登了《日军在紫金山下杀人竞赛》一文,都转载了《密勒氏评论报》的报道,是最早披露"百人斩"的中国媒体。

彼时,中国检察官提供的南京大屠杀确证就达2 400多件。每一件证据背后便是一个血淋淋的控诉。面对一份份"不忍多读、不忍多想"的血证,高文彬心中郁结,义愤难平。《东京日日新闻》的这篇报道,无疑是侵华日军暴行的又一铁证。但是,当时东京审判对于南京大屠杀的举证程序已经结束,这份证据已不能再呈送。而且,向井敏明和野田毅的军衔很低,也不够远东国际军事法庭审判的资格。

如此残暴的两个杀人狂,难道就此逃过惩罚?

追捕刽子手

远东国际军事法庭将战犯分为 A、B、C 三个等级，国内也译作甲级、乙级和丙级。所谓 A 级是"对和平之罪"，即计划、开始、实行侵略战争的犯罪，东条英机等人属于此类，由远东国际军事法庭审理。B 级是"通例的战争犯罪"，即违反战时国际法的行为。C 级是"对人道之罪"，即指战前、战时的杀害和虐待。B、C 级战犯交由各国的军事法庭审判。向井敏明和野田毅，注定也必须要接受来自中国的审判。

高文彬随即把报纸复印三份，一份留在中国检察组办公室，另两份转寄回国给南京审判战犯军事法庭。那场丧绝人性的"百人斩竞赛"在其发生 10 年后，终于被公诸于世。

"南京审判战犯军事法庭"又称"国民党国防部审判战犯军事法庭"，是国民政府在全国各地设立的 10 个专门审判侵华日军战犯的军事法庭之一。时任庭长的石美瑜原是江苏省高等法院法官，因受命主审汉奸陈公博、缪斌案，表现杰出，以少将衔出任国民政府国防部审判战犯军事法庭审判长。收到高文彬寄回的《东京日日新闻》时，石美瑜刚刚主持完成了对谷寿夫的审判。

谷寿夫是日本第 6 师团师团长。日军第 6 师团和向井敏明、野田毅所在的第 16 师团，是南京大屠杀的直接实施者，两个师团当时主攻南京中华门一带。城破之后，谷寿夫和第 16 师团师团长中岛今朝吾指挥部队，制造了人类文明史上最暗无天日的血腥惨案，数十万中国无辜生灵惨遭屠戮。谷寿夫被南京审判战犯军事法庭判处死刑，枪决于雨花台。而中岛今朝吾在这场正义审判到来之前，已于 1945 年死去，为日本军国主义陪葬了。

尽管已经见到了太多的残杀和屠戮，向井敏明和野田毅以"百人斩"为游戏的残暴还是震惊了石美瑜。他马上呈报国民政府国防部，要求引渡这两人来中国接受审判。按照程序，国民政府电告中国驻日代表团，让他们向盟军总部提出抓捕向井敏明和野田毅。

其实，这两只野兽本来是有可能在日本被中国军人亲手绳之以法的。根据《波茨坦公告》的规定：日本投降后，应由盟国派遣占领军，在日本的要地实行占领,以监督其解除武装(只保留警察武装)和降书的具体实施。国民政府组建了一支 1.5 万人的中国占领军,准备派驻日本。

但在一个 13 人组成的先遣队赴日后,这支中国军队却再没有机会登陆东瀛。他们很快被投入到蒋介石挑起的内战战场上。那支先遣队就成了唯一的中国驻日军事力量。他们后来的工作,主要就是引渡日本战犯回中国受审。而单凭他们 13 个人的力量,要在战后一片衰败、混乱的日本国内找到向井敏明和野田毅,自然是不现实的。

好在驻日盟军获知向井敏明和野田毅的残暴行径后,对抓捕工作非常重视,很快发出了通缉令。调查和抓捕由盟军总部调查科直接负责。此时,"百人斩竞赛"已经过去了 10 年,向井敏明和野田毅是否还活着,也没有一个确定的答案。

高文彬说,那时候在日本的中国团队普遍有一个矛盾的心态,这两个刽子手死一百遍也偿还不了他们的罪恶,但是大家都盼着他们还活着,要让他们活着接受中国人民的审判。

很快,盟军总部调查科给中国团队反馈了一个重要线索:向井敏明和野田毅还活着,而且肯定在日本。

根据日军第 16 师团师团长中岛今朝吾的日记,在南京沦陷后,这支部队根据制定好的计划,对南京城内放下武器的中国人,进行了毫无人性的屠杀。仅仅在 12 月 13 日这一天,就杀害了 2 万多战俘和平民。而在整个南京大屠杀过程中,仅这支部队杀害的中国人总人数在 16 万人以上。其中,又有多少中国人成了向井敏明和野田毅的刀下冤魂,无从计数。1937 年 12 月 10 日,日军第 16 师团主攻南京中山门,在重炮的猛烈轰击支援下,12 日,16 师团占领了紫金山主峰。也正是在这个时候,向井敏明和野田毅站在了紫金山脚下,带着胜利者的微笑,拍下了那张臭名昭著的照片。

1941 年,太平洋战争爆发,日军第 16 师团成为进攻菲律宾的日军第 14 军主力。后来,16 师团驻守菲律宾莱特岛。1944 年,莱特湾海战之中,美军登陆莱特岛,第 16 师团被歼灭。这支双手沾满中国人鲜血的野蛮军队,终归灭亡。

根据日本厚生省资料,莱特湾一战,日军第 16 师团被歼灭 13 158 人,俘虏 620 人。向井敏明和野田毅的名字,赫然出现在了战俘名单之中,二人后被美军遣返回了日本。

国际宪兵首先来到了向井敏明的老家——日本山口县玖珂郡神代村,却没有找到向井敏明的下落。

日本军队的建制一般以招募士兵的籍贯为依据,各部均为所谓的"乡土部队"。这里有不少和向井敏明同一部队的日本老兵,他们缄口不谈自己在侵华战场上的毫无人性的暴行。国际宪兵拿着向井敏明的照片挨家询问,没人知道这个嗜血恶魔的下落。在野田毅的老家鹿儿岛,得到的答案一模一样。国际宪兵还曾按照向井敏明和野田毅的名字去按图索骥,找到的却是几个重名的人,线索就此中断了。

不过,就在搜捕向井敏明和野田毅的过程中,国际宪兵有了一个意外收获。那就是南京大屠杀中的另一个杀人恶魔——侵华日军第 6 师团大尉中队长田中军吉意外被抓获。1947 年 5 月 18 日的中午,一队国际宪兵路过东京赤坂路一家鱼丸店,听到店内传来争吵声,原来,一个名叫田中军吉的中年男人吃完鱼丸后不给钱,还打了店老板一记耳光。于是,两人厮打起来,只听田中军吉狂叫道:"老子当年在支那参战,一天就杀掉了 100 多个支那人,还敢跟我要钱。"听了这番话,这队国际宪兵将田中军吉按倒在地捆绑起来押走。

日军攻入南京后,田中军吉手持一把"助广"军刀,开始了另一场"百人斩"。从南京中华门到水西门,他一路砍杀了 300 多名中国平民和战俘。经对田中军吉的审讯,驻日盟军得知野田毅在鹿儿岛县。

1947 年 8 月 20 日,在一个不起眼的集市上,摆地摊讨生活的野田毅被国际宪兵发现。此时的他,头上裹着白布,一副典型的日本小生意人模样。被国际宪兵扣住时,野田毅并没有马上就范。他装出一副听不懂国际宪兵说什么的样子,毫不配合。直到国际宪兵把翻拍的《东京日日新闻》举到他眼前和田中军吉的指认下,野田毅才承认了自己的真实身份。

向井敏明和野田毅在侵华战场上就"携手并肩",回到日本后仍有联系。经过审讯,野田毅供出了向井敏明的下落:这个当年的恶魔现已伪装成平民,隐藏在山口县,靠贩卖山货维持生计。之后,国际宪兵前往山口县,向井敏明被抓获(见图31)。

图31 野田毅和向井敏明被捕图片

引渡回国,南京正法

1947年11月6日,向井敏明和野田毅经中国驻日代表团军事组引渡到中国,关押在南京小营战犯拘留所。等待他们的,是一场迟到的正义审判。

对向井敏明和野田毅的审判相较而言就简单得多了。这样的日军低级军官,直接实施屠杀的刽子手,罪行清晰,罪证充足。但是站到了被告席上的向井敏明和野田毅,还是对他们所犯的罪行百般抵赖。

1947年12月18日,南京军事法庭对南京大屠杀百人斩战犯向井敏明、野田毅进行公审(见图32),审判庭设在励志社大礼堂(即现在的江苏省会议中心黄埔厅),一起受审的日籍战犯有4个,另外二人是田中军吉和高桥坦。

开庭当天,法庭布置得简单而严肃,虽然当时正下着雪,但闻讯到场旁听者很多,足有三四百人。审判从10时开始,一直延续到14时30分。

10时10分,审判长石美瑜、审判官李元庆、孙建中、龙钟煌、张体坤,检察官李璿,主任书记官施泳,翻译官刘芳、王仁明等鱼贯升庭,首先提向井敏明、野田毅、田中军吉到案。据当时的媒体报道记载,到庭时,向井敏明穿米色西装,白衬衣、黑领带,脚穿皮鞋。野田毅则着军装,身材矮胖,短头发。二犯皆浓眉鹰鼻,一副凶相。

图 32　野田毅、向井敏明在受审

11 时,法庭开始提审战犯向井敏明。庭审记录记载,当法官问 1937 年 12 月 12 日攻打南京时,被告是否在中岛部队任少尉队长之职时,向井敏明答非所问地举起右手发誓说:"不是撒谎,下面是事实。"法官对他厉声呵斥后,他才老实地回答说是中岛部队少尉炮兵队长。

法庭继续问:被告在紫金山山麓与野田毅做杀人比赛,《东京日日新闻》上登有他以杀人做娱乐的新闻,并刊登有照片,被告认罪吗?

向井敏明随身带着自己在攻打南京时手绘的一幅地图,上面没有南京城区。他狡辩说自己不曾到过南京和句容,只到过无锡。他说在无锡时遇到随军记者,"《东京日日新闻》系虚伪登载,记者浅海专为我颂扬武力,以博日本女界之羡慕,希望能早日获得佳偶,因此毫不足信。"

法庭将当年英国记者在南京所目睹之日军暴行中记载有关杀人比赛的部分念给他听。向井敏明竟又回答,这些报道他是半年后才知道的,并非是采访他写成的报道。

野田毅更是对"百人斩竞赛"之事矢口否认,坚称根本没有这回事。法庭向他出示了《东京日日新闻》上他和向井敏明手持杀人武士刀的照片和报道,他仍然抵赖说,那是"记者的想象"。

这时忙不迭地撇清自己,当年在家乡小学做报告时得意洋洋地说"斩杀百人竞赛之勇士,说的就是我"时,野田毅恐怕不会想到,终有一天他要为那些刀下冤魂血债血偿。

另一个杀人狂魔田中军吉,同样是百般抵赖。法庭出示了一张他挥刀砍下中国平民头颅的照片,他竟然说照片是在做假。他的理由是日军攻陷南京时是冬季,而照片中的他上身只穿着衬衣。且不说照片中其他细节能够确证他杀人时确实是在冬季,他只穿衬衣杀人的真实原因,说出来只会更让人切齿:他可能是杀人杀得热了,或者是觉得这样拍照更"精神"。那篇报道的记者曾写道,田中军吉嫌记者的拍摄角度不好,又从各个角度、不同姿势分别杀了几个人,供记者拍摄。

庭审到最后,无论证据如何确凿,事实如何清楚,向井敏明、野田毅和田中军吉也是抵死不认。但这已经不重要了,法庭有足够的证据对他们进行宣判。

14 时 10 分,法庭再度开庭,石美瑜审判长当庭宣判:"向井敏明、野田毅、田中军吉,在作战期间共同连续屠杀俘虏及非战斗人员,各处死刑"。判决书的"理由"部分,直接引用了高文彬发现的《东京日日新闻》所报道的"百人斩杀人竞赛"的证据,如:

> 查本案被告向井敏明及野田岩,于会攻南京之役,在紫金山麓,以屠杀俘虏及非战斗人员为竞赛娱乐,结果野田岩共杀百零五人,向井敏明则以杀百零六人获胜之事实,匪特在当时留京外籍记者田伯烈(H. J. Timperlay)所著《日军暴行纪实》内已有详明记载,(谷寿夫战犯案卷内附件己)即核与远东国际军事法庭中国检察官办事处搜获之当时《东京日日新闻》所载该被告等如何在紫金山麓作"斩杀百人"之竞赛,如何于完成屠杀超越纪录后,各举血刃,含笑相向,谈论胜负各情感,亦相吻合。并有该被告等,分执凶刀借以炫耀武功之合摄照片标载"百人斩竞争之两将校"等字样,可资佐证[1]。

---

1 《国防部审判战犯军事法庭判决三十六年度审字第十三号》,1947 年 12 月 18 日,选自胡菊蓉著:《中外军事法庭审判日本战犯——关于南京大屠杀》,南开大学出版社,1988。

对于野田毅和向井敏明所称《东京日日新闻》报道为"虚伪登载"的狡辩，判决书同样进行了论证并认定不予采纳，原文为：

> 然查在作战期间，日军当局对于军事新闻纸统制检查本极注意，而《东京日日新闻》系日本重要刊物，如果该被告等并无此项杀人竞赛之事实，绝无故为虚构以巨大篇幅专为该被告等宣传之理。况该项新闻纸登载，既经本庭引用上开各项确切证据予以证实，即非通常传闻者可比，自得据为判决之基础。至谓以杀人为竞赛之凶残兽行，可作征婚广告，以博女性欢心，更为现代人类史所未前闻。其抗辩各节，均属无可采取[1]。

据记载，几名战犯听到判决后，均沉默不语，向井敏明更是面色陡变，垂头丧气，当年威风凛凛之"武士道"神情，顿时全失。

1948 年 1 月 27 日，南京各大通衢路口张贴起大幅布告："查战犯向井敏明、野田毅、田中军吉等，在作战期间共同连续屠杀俘虏及非战斗人员，罪证确凿，业经本庭依法判决，各处死刑，遂于本月 28 日正午 12 时，由检察官将战犯向井敏明、野田毅、田中军吉等 3 人验明正身，押赴雨花台刑场执行死刑，以昭炯戒，合丞布告周知。"

次日一早，残雪初晴，南京市万人空巷，从市内通往雨花台刑场的道路上站满了中国军民。人们要亲眼看看，能以杀人为乐的这 3 个人究竟是人是鬼；人们更想亲眼见证，这 3 个人为自己欠下的累累血债做出偿还。

1948 年 1 月 28 日 12 时，三声枪响，结束了 3 个罪孽深重的生命。

四、结束工作、携档归国

1948 年 8 月 17 日，在完成中国检察组的工作后，高文彬随同向哲濬回国。为了能够带回装有东京审判全套庭审记录的两大木箱全套庭审记录，二人决定不乘驻日盟军的飞机而改乘"美琪将军号"轮船从横滨回到上海。向哲濬坐火

---

1 《国防部审判战犯军事法庭判决三十六年度审字第十三号》，1947 年 12 月 18 日，选自胡菊蓉：《中外军事法庭审判日本战犯——关于南京大屠杀》，南开大学出版社，1988。

车将一套庭审记录送到南京国民政府司法行政部,面交当时的谢冠生部长,他则将另一套庭审记录送到昆山路东吴大学法学院。不过,令人遗憾的是,由于之后国内时局巨变,加之东吴法学院在解放初期被拆分,这两套庭审记录全部遗失!

1948 年 11 月 4 日至 12 日,向哲濬作为中国检察官,出庭远东国际军事法庭开庭聆听韦伯庭长宣读《判决书》,而高文彬在是在国内通过报纸了解到的东京审判的最终结果,25 名战犯都被判决有罪,其中东条英机、土肥原贤二、松井石根、武藤章等 7 人被宣判处以绞刑,中国方面重点检举的 4 个人全被送上绞刑台,其他发动战争的主要战犯也受到应有的惩罚。

东京审判结束后,中国团队回到国内。向哲濬、倪征噢、杨寿林和高文彬都留在了上海。空暇时,他们 4 个人还经常聚餐,向哲濬那时五十多岁,倪征噢四十多岁,杨寿林三十多岁,而高文彬当时二十多岁,因为这一段难以忘却的共同经历,高文彬与向哲濬、倪征噢成了忘年之交。

秘书刘子健：
罪证查找助惩凶

刘子健(1919—1993)，号半宾。祖籍贵州贵阳。出生于上海的一个银行职员家庭，兄弟四人。父亲刘石荪清末时曾留日，从事银行业，后从政。刘子健在上海长大，1936年考入清华大学历史系。在蒋廷黻指导下，学习中国通史、中国上古史、史学方法等课程，专研宋史。

一、大学生涯，结缘洪业

北平沦陷后，以抗日著名的燕京大学，师生撤离了大半。留下来的师生，继续着学习和研究工作。而且，较之以往，校风发生了显著的变化。以往因学生大多来自富贵的家庭，加上环境的优美，燕大被称为"贵族大学"而招致批评。现在，学生多半是半工半读，穿的是破大衣，吃的是窝窝头。那些醉心于打扮的阔少，不再被人羡慕，反遭大家鄙视[1]。

---

1 刘子健：《燕大的故事》，载《报报》1946年，第1卷第8期，第37—38页。

　　1941 年 12 月 7 日深夜,日军偷袭珍珠港,美国正式宣布对日开战。第二日早晨,日军包围并占领燕京大学,宣布解散燕京大学,对在校师生实行"甄别",随后将大部分师生逐出校门。日军抓捕了陆志韦、张东荪、赵紫宸、陈其田、刘豁轩、赵承信、林嘉通等七名燕大教授,同时抓捕了蓝铁年、沈聿温、李慰祖、程述尧、李欧、姚克荫、刘子健、张树柏、朱良漪、孙以亮等 10 名燕大学生。几天以后,燕大教授洪业、邓之诚,总务长蔡一谔、学生生活辅导委员会副主席侯仁之、农科教师沈寿铨以及周学章、萧正谊全部被捕。来不及撤离的夏仁德、谢迪克、贝卢思等六名燕大外籍教师,则押往潍县集中营关押。前后共有三十多位燕京师生入狱,被囚禁于沙滩红楼的地下囚牢。

　　日军查封燕大的粗暴行径,令人愤慨。燕大师生的遭遇得到人们的同情。由陆志韦提议,被燕大聘请为教授的日本学者鸟居龙藏,已七十多岁高龄的这位老者,站在校门边,白发苍然,双目含悲,颤巍巍地向被捕的燕大师生深深鞠躬[1]。

　　燕大师生在牢狱里备受凌辱,但他们始终坚贞不屈。他们被要求解除口袋内的一切东西,还要解除裤带以防自杀,解除戒指以防吞金。要从像狗洞似的小门钻进囚室。刘子健曾两次被捕入狱,遭到宪兵严刑逼供,背上鞭痕烙印终身。应对宪兵审问,他采用"说话转圈"的方法。

　　　宪兵知识不够,但受的训练相当科学化。从答话中,他又(提)出问题。"这怎样讲?""这什么意思?""这为什么?"再答吧,再从答话里找问题。追根问底,竭力使你词穷。应付的方法自然是说话转圈,愈引愈远,态度极坦白,措辞极干脆,内容空洞,东拉西扯弄得他绕不回来。于是放弃这条线索,另起一头,再重演一套。试想"欲加之罪,何患无辞"?根本没有凭据,偏说你有罪,有口难分,唯一能稍获生机的就是假装诚实的糊涂,令他置信。他要一怀疑,麻烦大了!但,无论如何,日本宪兵虽然残暴该杀,在大城市中的,还不至无理诬赖,屈打成招后灭口了事。(我第二次被拘,曾被屈打成招,后来证明是屈招,居然能释放。)何况他们渐渐感到燕大师生,究

1　覃仕勇:《隐忍与抗争:抗战中的北平文化界》,北京时代华文书局,2015,第 50 页。

非江洋大盗之流,问了几次,就比较容易应付了。

狱中生活极为苦闷,但燕大师生苦中寻乐,以积极的心态面对劫难。在狱中,他们彼此支撑,相互帮助。刘子健曾有一段时间,和历史系教授洪业关在一个牢里。刘子健与洪业在监狱里患难与共,两人结下了终身情谊。虽然刘子健没有上过洪业的课,洪业不是刘子健的业师,但是刘子健一向对洪业执弟子礼。洪业与刘子健的父亲刘石荪素有交往。出狱后,两家往来更密切。

从监狱获释后,由于经济困难,刘子健曾在街头摆过烟摊。后来他在中国大学、燕京大学担任教学,是出色的国文教师。大学生是未来的建国人才,但当时大学一年级学习国文后,以后就不学了。因此,他称国文为"建国人才最后一课"。他精心备课,而且潜心研究教学。"理想的国文是什么?""怎样教最快?最有效?最切乎实用?"围绕着这些问题,他不仅思考而且在实践中进行探索。1946年1月,他在《大中》杂志发表了教学研究报告"最后一课的国文:大学一年级普通国文的试验报告"[1]。文章从教材选择、课堂讲解、练习与会谈方面讲述了国文教学心得。每个方面,都指出具体的做法和要求。例如,与学生的会谈,他写道:

> 会谈——个别的会谈,实在是很紧要的。师生亲切接近,可以打破买卖式的上课态度,这意义已很大。而对于练习,尤其需要。改了几次,汇集在一次,当面谈谈,很可以看看学生的反应,解决他可能发生的疑问,明了它过去的原因,帮助它需要补充的地方。这完全是因人而异,需要个别处理。极费事,却极宝贵。

他教过的学生,多年之后,仍然记得当年国文老师和自己的谈话。

> 我刚入燕大时,正好赶上刘子健老师教我大一国文。从听课中,感受到刘老师见解精辟,才华横溢。有次上课,他要同学们自由命题,当堂写出作文交卷。当他阅毕大家的作文后,把我找到教师办公室,对我的学习详

1　刘子健:《建国人才最后一课的国文:大学一年级普通国文的试验报告》,《大中》1946年第1卷第1期,第22—30页。

加了解,特别问我是否喜读鲁迅的文章,并说我的作文中能看到鲁迅风格的影响。他的一席话,使我感受鞭策鼓舞,其印象终身难忘。他谈完以后,当即给我两本白色封皮的《燕大国文名著选读》(上、下卷)。这两本书我珍藏多年[1]。

刘子健热爱学生,他的教学深受学生欢迎。不仅在燕京大学是这样,而且在美国大学也是如此。他在课堂上总是想方设法激发学生的主动性,鼓励批判性思维。他的教学方法被称为"虚假的总结"(phony summary)。上课后,他会提到之前课堂中的一些关键点,但他在每一点上都会采用与之前相矛盾的说法。当某个学生终于鼓起勇气举起手来,表示他现在所说的似乎与他以前所说的不一致时,刘教授先是假装生气,并要求学生详细说明前后矛盾之处。然后,他会笑着说,同学们应该始终有质疑精神,即使是对他说的话。甚至,他会给那位有勇气的学生免考[2]。

二、法庭见闻,参透日本

1945 年 8 月 14 日夜,洪业夫妇正在院子里坐着,突然有人打门,来人把脚踏车往院子里一扔,高声激动地喊叫着:"坠航了!坠航了!"来人是刘子健的大哥,洪业夫妇半晌才明白他说的是上海话"投降了!"[3]

1946 年,远东国际军事法庭开庭,中国检察官向哲濬需要增加秘书,以加强东京审判中国检察组的力量。向哲濬与洪业都是"成志社"成员,向哲濬要洪业帮忙找一位会讲英语和日语的得力助手。洪业便马上推荐了刘子健,理由是刘子健除了能讲流利的英语、日语外,还懂法语、俄语。而且,刘子健在日军牢里受过苦,但并不仇恨日本人[4]。外交部部长王世杰亲自发函给行政院,呈告已选定燕京大学刘子健为远东国际法庭中国检察官向哲濬秘书[5]。

1　倪良山:《忆刘子健老师》,燕京大学校友会存件,1991.第 53 页

2　Golas P J, "Obituary: JAMES TC LIU, 1919－1993", *Journal of Song-Yuan Studies*, 1995, p.25.

3　[美]陈毓贤:《洪业传》,商务印书馆,2013,第 239 页。

4　[美]陈毓贤:《洪业传》,商务印书馆,2013,第 244 页。

5　朱成山主编、曾向东执行主编《日本侵华史研究》2014 年第 3 卷,南京出版社,2014,第 132 页。

3月底,刘子健到达东京中国检察官办事处任职(见图33)。

1946年4月29日,国际检察局向远东国际军事法庭提交起诉书,并交送关押在巢鸭监狱内的嫌疑人。5月3日,上午11时20分,远东国际军事法庭开庭,传唤被告并宣读起诉书。次日,检方起诉书朗读结束。日本辩护律师团团长清濑一郎介绍其他日本籍辩护律师。5月6日,辩方继续介绍日本籍辩护律师;全体被告当庭否认有罪;检、辩双方展开法庭管辖权问题辩论。短短几天,刘子健写成"东京观审印象记",将A级罪犯每个人的

图33　刘子健、倪征燠在东京[1]

样貌特点进行了勾画。5月7日将稿件由东京寄往国内。法庭上的战犯在刘子健笔下特点鲜明,如同我们今天所看到的影像一样。

土肥原贤二:即外号土匪源者,一副坏样。

畑俊六:不失儒将风度,面色红润,态度沉静。

广田弘毅:已现老态,眼睛半开半闭,精神萎靡。

南次郎:颌下白须三四寸,脑袋光亮。

东条英机:狡猾,还是那小胡子的坏笑,勉作镇静。

冈敬纯:态度相当傲慢。

梅津美治郎:很严肃,稳静到极点。

荒木贞夫:两撇胡子依旧,只是白了,眼睛也乏神。

武藤章:穿着白翻领式的南方军服。

星野直树:小个儿,长头发,黑眼镜,气魄狭小。

1　图片来源:倪征燠:《淡泊从容莅海牙》(增订本),北京大学出版社,2015。

贺屋兴宣：胖子，比此前可瘦了。显得有点伤感的样子。

木户幸一：小矮个儿，态度矜持，但微露忧郁。脸上不露，肚子里很有手腕阴谋。

桥本欣五郎：标准日本浪人样。

小矶国昭：一副傻样。

永野修身：像个乡下老头子，高个儿长脸。

大岛浩：体格魁梧，两臂时时交叉胸前，夷然自若。

松井石根：小干老头儿，红鼻子。颈部时长微颤。

大川周明：是笑料，丑态百出。疯狂的煽动者，究竟是疯人。

平沼骐一郎：苍白长脸，斜倚椅中。

东乡茂德：满脸疙瘩，笨样。

松冈洋右：又瘦又老，脸色发绿，半截灰白胡子。坐着还倚在手杖上。

重光葵：还是那样，表情很严肃。

佐藤贤了：典型日本军人傲慢样。"贤"虽未必，"了"却当然。

岛田繁太郎：人还文雅，微露沮丧。

白鸟敏夫：久在欧洲各国，并不出众。

铃木贞一：始终凝眉注视起诉书，不像军人，倒有点书呆子模样。

板垣征四郎：还是那样坏样，但老实多了。横暴气也没有了。

木村兵太郎：低头看起诉书，很注意，没有什么表情[1]。

这一年，刘子健还写了多篇稿件，自东京寄给天津《益世报》发表。包括《军国日本的末日》(6月17日)、《东京通讯》(6月19日)、《日本帝国的丑史：崩溃前的黑暗与腐化》(7月6日)、《从东京横滨到箱根》(7月15日)、《关于远东军事法庭》(1946年8月2日)、《从东北到华北：九一八至七七日政府的计划》(11月27日)。这些寄自东京的文章，内容包括日本的现状与侵略历史，既有客观陈述，又有自己的观察和见解。议论的对象虽然是日本，但是所指问题都与中国有着紧密

1　刘子健：《东京审判印象记》，《时论文萃》1946年第7期，第33—35页。

的联系。在他的观察和见解中不乏对于中日两国未来走向的深刻预见和判断。

在刘子健笔下，日本当时的状况很像投降前中国沦陷区的生活。食物不够，配给往往无期，好容易到了，还要饿着肚子，排队去等。等了半天，拿来不是质差，便是量少。时时可以看见汽车烧剩半截，还有破铁板、破铁条。对于日本人，他有客观的写实和积极的评价。日本人勤俭，把破铁扳、破铁条一捆一捆地堆好，石头、砖瓦木料即使是烧剩下的，都被整整齐齐地收拾好。他们的配给店没有掺假、偷卖的现象！配给官吏没有吃私倒把的恶习。日本人有信心，无论是工业，无论是宗教，他们一样，照旧咬牙苦干[1]。

对于日本军国主义，刘子健给予了强烈谴责。同时，他列举事实提醒国人不要小看日本。他写道，从 1941 年 12 月开战到 1945 年 8 月，日本共计生产了6 万 6 千架飞机。1944 天 6 月一个月的产量达到最高峰，出产飞机 2 万 3 千8 百多架。海军零式飞机在最初开战的时候，比英美飞机要好。在战争末期，三菱出品的发动机，时速 634 公里，专门对抗 B29。到了最后，福冈的九州飞行机会社正在试验 J7W1 型单坐战斗机，每小时可达 745 公里，准备打破世界纪录。大和号主力舰，只说是 4 万 2 千吨，实际达 6 万 2 千吨。只说时速 25 海里，实际达 32 海里。而且沉没以前受到美军海空的集中攻击，被打得如蜂窝一样，被5 颗鱼雷击中，慢慢进水，竟然毫不倾斜。比新加坡战役中英国战舰韦尔斯太子号强多了！刘子健提醒国人，日本虽然战败，但以他们建立军国的拼命精神，以及工艺技术和科学知识水平，不可以等闲视之[2]。

刘子健痛恨黑暗与腐化的政治。他以东条英机为例，列举他贪财、爱虚荣、以及动用宪兵弹压不同意见等表现，指出在暴政的黑暗之下，自然是腐化。刘子健进一步指出，国力固然要紧，政治的清明、社会的秩序尤其要紧[3]。

在远东国际军事法庭工作期间，刘子健接触了大量日本政府的秘密文件。

---

1 刘子健：《从东京横滨到箱根》，《益世报》(天津)1946 年 7 月 15 日。

2 刘子健：《军国日本的末日》，《益世报》(天津)1946 年 6 月 17 日。

3 刘子健：《日本帝国的丑史——崩馈前的黑暗与腐化》，《益世报》(天津)1946 年 7 月 6 日。

他根据枢密院会议记录,指出在日本政客中,虽有主急主缓以及倡导追随之别,但是侵略中国是日本官员们的一致想法。日本政客如犬养在与军方较量中的失败,是因为没有坚定的立场,总是图谋在夹缝中打如意算盘。他又列举了广田外相 1936 年 1 月 13 日给华北、天津、南京和东北的领事所做指示,说明日本侵略中国的计划。侵略过程中,少壮派积极主动,元老们无力阻止,政治家妥协,最终使侵华阴谋得以一步一步实施。因此,刘子健指出,战犯固然须审,其实无一日本政府官员不犯战争罪;战犯固应死,未受审的日本大小官员,也应该醒悟忏悔![1] 此外,远东国际军事法庭所发生的人事安排等方面的矛盾,是一时的新鲜事。刘子健也及时向国内作了介绍[2]。

除了刘子健的这些寄自东京的报道,他的妻子王惠珍女士也将在东京的见闻发回母校燕京大学。1945 年,刘子健与王惠珍结婚,婚后感情甚笃。1946 年9 月,在燕京大学社会系攻读研究院课程的王惠珍暂停学业,来到日本陪伴在刘子健身边[3]。王惠珍到东京后,还曾帮助燕京大学生物系林昌善教授购买实验用果蝇。因天气寒冷,不好带回,就请帝国大学的负责人养护,天气暖和之后托人带回燕京大学。东京期间,令王惠珍最不安心的是火警多、地震多。在东京两个月的时间里,就经历了大小地震七次! 令王惠珍最不解的是日本人的行为。日本人如此礼貌恭顺,但是,侵略者在中国为什么凶残如恶魔? 难道侵略者的残忍是他们平时压抑而突然爆发的结果[4]?

三、罪证查找,史学深究

刘子健任职于远东国际军事法庭中国检察官办事处,担任检察官向哲濬的秘书。从事日军侵华罪证的查找,及其英译、日译工作。这些侵华罪证是起诉的依据,之后,又成为研究东京审判以及日本侵华的重要史料。因此,后来刘子

---

1 刘子健:《从华北到东北:九一八至七七日政府的计划》,《益世报》(天津)1946 年 11 月 27 日。

2 刘子健:《远东国际军事法庭》,《益世报》(天津),1946 年 8 月 2 日。

3 《天南地北:校友王惠珍女士》,《燕大双周刊》1946 年第 23 期,第 5 页。

4 《王惠珍来函》,《燕大双周刊》1947 年第 33 期,第 8 页。

健一直称自己是远东国际军事法庭的"史料专员"[1]。

1947年2月,倪征噢、吴学义、鄂森到达东京,充实了中国检察组的力量。

远东国际军事法庭规定的工作语言为英语和被告人的母语,而且,无论书证人证,必有要有英、日两种译本。因此,向法庭提出的罪证材料须事先译成日文或英文。日军在中国的犯罪时间最长,犯罪地域最广,犯罪事实最为复杂。大量的证人证言、罪证材料都需要在庭审前译成英文和日文,而且需要准确互译,工作量之大、难度之大可想而知。

刘子健不仅查找、翻译罪证档案,而且在完成东京审判工作后,又从史学研究角度,对东京审判中的侵华罪证档案进行了专门梳理,发表了《东京审判中的史料》(The Tokyo Trial Source Materials)[2]一文。文章所说的史料,指1928年至1945年间有关侵华的日本政府官方文件和秘密文件。内容包括:① 政府文件。如1932—1939年日本政府对中国的施行秘密政策的蓝本,珍珠港袭击前的会议记录,一些大型作战计划,针对中国的战争和经济管制的计划。溥仪如何被土肥原劫持,土肥原及其背后的关东军队如何在中国东北找寻更多的傀儡支撑,汪精卫和近卫文麿如何一起逃离重庆,东条英机如何由于塞班岛失守而被迫辞去军务等事件,都有相关记录。② 秘密档案。包括日本外交部、内务省、军部的档案。木户幸一和原田的日记也是重要的史料。③ 战争目击者的笔录。文章提醒研究者,法庭记录有限,很多信息无法展示完全;翻译版本也不一定完全可靠。

除了罪证材料的查找和翻译,刘子健还做了很多其他工作。1946年8月,末代皇帝溥仪出庭作证,曾在东京引起轰动。溥仪是九一八事变后在日本的扶持下成立的"满洲国"的皇帝,年号康德。日本战败后被关押在前苏联哈巴罗夫斯克收容所。溥仪是作为日本侵略中国东北的重要证人出庭的,连续八天出庭作证,创下了远东国际军事法庭作证时间最长的记录。溥仪于8月16日来到

---

1 [日]劉子健博士頌壽記念宋史研究論集刊行會編集『劉子健博士頌壽紀念宋史研究論集』,同朋舍出版,1989,第9頁。
2 James T C and Liu, "The Tokyo Trial:Source Materials", Far Eastern Survey, Vol.17, No.14(1948).

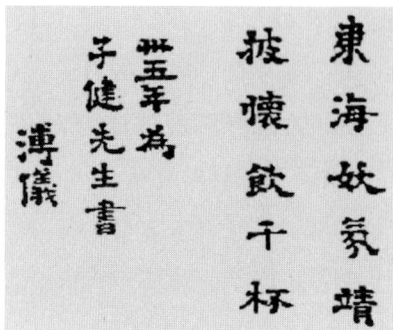
图 34　溥仪赠书

东京后,中国检察组就派裘劭恒和刘子健到苏联驻日本军事代表团去看溥仪,说服溥仪出庭作证[1]。溥仪曾手书"东海妖气靖,披怀饮千杯"赠给刘子健[2](见图34)。

1948 年,在东京远东国际军事法庭工作结束以后,刘子健夫妇移居美国。先后在华盛顿大学、耶鲁大学任助理研究员。不久转入匹兹堡大学历史系,并任助理教授。1950 年,完成博士论文《1933—1937 年姑息政策时期的中日外交》,获得匹兹堡大学历史学博士学位。他在匹兹堡大学创设东亚研究项目,并担任主任。

刘子健最初的研究兴趣在于国际关系,尤其是中日关系,但在匹兹堡大学的这段时间中,发现自己深刻的战争记忆及紧张情绪,阻碍了他在中日关系方面的研究和写作,因此他转向了宋史研究。1959 年,发表《中国宋代改革:王安石及其新政》,奠定了他在宋史研究中的地位。1960 年,到斯坦福大学任副教授,兼任中国语言研究中心理事会主席。在斯坦福,他所领导的项目使从事中国研究的研究生们一直受益良多,还促进了美国和中国台湾之间的学术和文化交流。1962 年,前往日本讲学。1963 年出版《欧阳修的治学与从政》。1965 年,到普林斯顿大学任副教授、教授,仍从事宋史和比较政治学的研究。刘子健1974 年出版了《中国转向内在:两宋之际的文化内向》,探讨了发生于宋代的历史变革。1984 年,获匹兹堡大学荣誉校友。

1　高文彬:《我所经历的东京大审判》,见李菁:《往事不寂寞》《口述》精选集一(2006—2008),生活·读书·新知三联书店,2009,第 213 页。

2　柳立言:《刘子健先生的治学与教学》,见宋史座谈会编纂《宋史座谈会成立三十周年学术研讨会文集》,华泰印刷厂,1994,第3—16 页。

翻译周锡卿：
对日索赔翻译家

周锡卿(1915—2004)，著名爱国学者、翻译家、社会活动家。湖南宁乡人，原名周世正、字仲瀛，笔名吕明。1915年9月生于日本东京。1936年在上海交通大学管理系毕业后，赴美国宾夕法尼亚大学研究生院攻读经济学硕士学位。1938年8月，周锡卿毅然放弃在美国的优裕生活，返回祖国参加抗日救亡运动。1946年5月受聘于远东国际军事法庭，担任翻译工作。从1947年7月起，任中华民国"驻日代表团赔偿及归还物资接收委员会"文秘、技术专员，至1952年3月结束。1954年回国，从事日文翻译工作。1964年起，到北京外语专科学校英语系任教，1973年调北京第二外国语学院英语系任教。曾担任民革中央监委会秘书长、民革中央顾问、1988年被聘为国务院参事。1991年起，享受国务院"早期回国定居作出贡献"的专家津贴。2004年3月在北京病逝，享年90岁。

一、显赫家世，品学兼优

周锡卿出生于一个资产阶级民主革命家庭。父亲周震鳞(1875—1964)是

图 35　周震鳞全家福

湖南著名的民主革命家，与黄兴等齐名，被周恩来称为"湖南第二"革命家（见图 35）。武昌起义发动后不久，资产阶级革命党人在湖南举旗响应，宣布独立，但因正副都督焦达峰、陈作新处置失当，不久被杀，谭延闿继任都督，周震鳞以"不做官、不争权、专做事"为勉，协助谭维持局面，任筹饷局局长，并派出兵力前往武汉，以减轻袁世凯所统帅的北洋新军对武汉军事围攻的压力。南京临时政府成立后，周震鳞被孙中山任命为参议。

周震鳞也是近代湖南著名的教育家。1905 年，周震鳞创办宁乡师范速成班，破格录取比自己年长两岁的学生徐特立，因此被毛泽东称为"太老师"。

出生于这样的革命家庭，再加上耳濡目染国家所遭受的悲惨境遇，周锡卿从下就怀有救世济民的远大志向和宽阔胸怀。

1925 年，周锡卿从上海华实小学升入南洋模范中学附属高级小学，1928 年升入南洋模范中学。此时，南京国民政府发动的第二期北伐战争正在紧张、激烈地进行，国家有望实现重新统一。饱尝军阀割据之苦的他，刚入中学不久就在《南洋模范中小学年刊》第 1 期发表《拟致奉方将校部曲书》，要求奉系将士顺应国家统一的历史发展趋势，不要再作无谓的抵抗。1930 年 6 月，周锡卿以甲等成绩从南洋模范初中毕业，全市仅 34 人获此殊荣，市教育局局长亲临毕业典礼，并给取得甲等成绩的学生颁发奖状。

中学毕业后，周锡卿进入上海交通大学学习。在校期间，周锡卿品学兼优，关心时事，积极参加校内举行的各项学生活动，关注民族和国家的前途与命运。1935 年 5 月 8 日，他在《交大三日刊》发表《同学与学生自治会》一文，提出，振作学生自治会的关键是"同学放弃'置身事外'的态度，公开评论，热切注意学生会之嚆矢,使同学与自治会联系起来,使自治会接受同学的批评,也同时领受同学的鼓励。"应该说,他的这一主张是有相当见地的,对于把学生自治会真正办成学生的组织有相当重要的意义。周锡卿所参加的这些活动,为其后来参加抗日救亡运动和参与东京审判工作锻炼了能力,增长了才干。

1936年,周锡卿从上海交通大学毕业后,到美国宾夕法尼亚大学留学,攻读经济学专业。1938年毕业,获得硕士学位。

周锡卿求学时,日本帝国主义正急谋扩大对中国的军事侵略行动,经蓄谋已久后于1931年发动了九一八事变,随后又阴谋策划成立了伪"满洲国",其肢解、灭亡中国的狼子野心昭然若揭。作为关心国家前途和命运的青年学子,周锡卿对日本帝国主义不断扩大的对华侵略行径没有袖手旁观、冷眼相看,一心只读圣贤书,而是力所能及地积极参加了各种抗日救亡活动。

二、抗日救亡,成绩卓著

在周锡卿求学美国期间,日本帝国主义于1937年7月7日发动了全面侵华战争,中华民族处于亡国的危急关头。一向在学生中十分活跃的周锡卿,响应旅美侨界领袖司徒美堂先生的倡议,和其他留学生一起,将原北美学生会、全美学生会及纽约学生会等联合组成为抗日救国会,周任代理会长,积极组织、参加抗日救亡活动,如经常到教堂、学校和有关集会上去发表演讲,介绍日军侵华和中国人民抗日的实况,呼吁美国各界支援中国抗战、不向日本出售军火和抵制日货;他还发起组织了街头募捐活动,并将募得的款项汇集到国内,用于购买救护车[1];他还和蔡维屏(曾任台"外交部"次长)、岳尚忠(曾任职于中国银行纽约分行)等一起主办《远东》杂志(月刊),向留美华侨、学生及国际人士宣传抗日主张,旅美文化名人胡适、林语堂等都曾接受过该刊物的采访。1938年7月,全面抗战爆发一周年之际,留美学生在纽约召开了隆重的纪念大会,周锡卿起草

---

[1]《勿忘历史　兴我中华——纪念中国人民抗日战争胜利五十周年》,《人民政协报》1995年8月17日第一版。参见周锡卿:《在纽约参加救亡运动》,《北京政协》1995年第6期。

了一份致中国政府的电文,表达留学生誓将抗日战争进行到底的坚强决心。

1938 年冬,从宾夕法尼亚大学毕业不久后的周锡卿,抱着救国之心,应时任湖南省主席张治中的邀请,毅然放弃纽约华昌公司的高薪聘请,回到祖国投身抗战,后应国民政府司法院副院长、湖南中苏友协主席覃振之荐,担任了省抗战委员会设计组副组长,主要任务是参加全省抗战工作的研究计划的制订等事宜,联络国民党元老、爱国士绅、实业家和共产党员等,组成广泛的抗日民族统一战线。

1938 年 11 月起,周锡卿在湖南创办《国民日报》,其办报费用、编辑工作全由家庭成员承担。资金由其在美国兼职时所获收入及其父提供,周自任社长,其兄周世平(强)任董事长,堂兄周祖培任总编,总经理由其表兄郑仲华担任,聘请杨任之为编辑,除了用"中央社"的通信稿外,社论主要由周锡卿撰写,主要内容是介绍国内外的抗战形势,鼓舞士气,动员湖南民众坚持抗战。同时还以报社名义,多次发起、组织各界向抗战部队进行慰问。

薛岳担任湖南省政府主席后,任命周锡卿为省政府专员。他在《国民日报》发表《怒吼吧!成吉思汗的子孙》等文章,以饱满的爱国热情号召中华民族团结起来,共同抗击日本侵略者,得出了中国抗战必然胜利的结论。

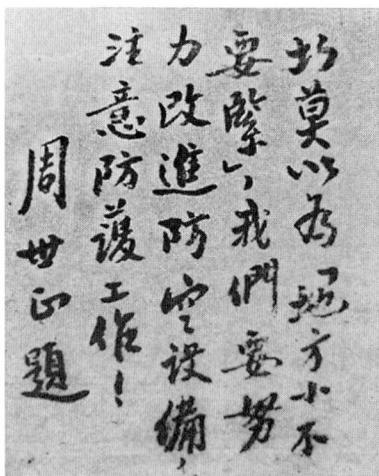

图 36　抗战时期周锡卿(世正)就防空设备所作的题词

1940 年 5 月至 1945 年 10 月间,在周锡卿的主动要求下,薛岳相继任命他担任桂东(1940.5—1942.5)、汉寿(1942.5—1944.5)、湘乡(1944.5—1945.9)县县长。为保证抗战对兵源的需要,他大力开展征兵工作,并组织民众大力发展生产,积极开展抗日宣传及筹款、筹粮等活动,支援前线的军事行动。他还十分重视防空设施建设,以尽量减少日军空袭时所造成的伤亡(见图 36)。

1944 年 7 月初,湘乡县成立党政战斗指挥部,组建抗战自卫总队,周锡卿任总队长,将全县50个乡镇划为7个办事处,统一编组警察队和各乡镇游击武装为"抗日自卫团",分别在辖区内担负牵制敌军兵力、阻滞敌军行动、配合正规部队作战的任务。

1945年4月初,湘宁区自卫司令部成立,负责统一指挥湘乡、宁乡自卫团的抗日事宜,周锡卿任副司令,直到8月15日日本宣布无条件投降。9月3日,周锡卿与湘乡县各界800多人在县政府临时所在地娄底举行了隆重集会,以庆祝近代以来中华民族在抗击外国侵略战争中所取得的完全彻底的胜利。

三、受聘翻译,保质完成

1946年4月,在远东国际军事法庭即将开庭审理日本A级战犯的前夕,由于搜集资料和语言翻译工作的迫切需要,中国派赴远东国际军事法庭的检察官向哲濬在上海主持招收译员工作,有过留美经历的周锡卿得知消息后报名应聘,并成功通过考核,成为中国团队的一名工作人员。5月初,周锡卿和其他几名译员一同飞赴日本东京,正式参加了远东国际军事法庭审理日本甲级战犯的翻译工作(见图37)。

图37　参加东京审判的中国团队部分成员(高文彬摄)
前排左起:桂裕、倪征燠、向哲濬、吴学义、郑鲁达、张培基
后排左起:周锡卿、刘子健、杨寿林、鄂森

因为法庭使用的工作语言是英语和日语,因此不仅要将所有英、日文字互译成日、英文两份。有些来自于中国的证人证言和文字材料还要译成英、日文两份。加上审判时间长达两年多,开庭次数多,法庭记录材料相当冗长。据统计,远东国际军事法庭的翻译工作量之大,是相当惊人的,控辩双方的证据资料长达 8 000 件、4.8 万余页,法庭的英文记录也长达 4.8 万多页[1]。所有这些文件都要在规定的时间里完成翻译、打印和校对工作。工作量之大,不难想象。

除了要按时、高质量地完成翻译本职工作外,周锡卿还尽可能地利用工作的便利条件,时刻关注法庭的审理特别是与中国有关的审理情况。据他回忆,在审判期间出庭作证的 100 多人中,有 2 个人给他留下的印象最深。第一位是清王朝最后一位皇帝、伪“满洲国”执政溥仪。他被苏联人押到东京时,中国检察官曾去看他,他握着检察官的手,失声痛哭。在出庭作证时,他控诉日本军国主义者毒死了他的妻子,还比较详细地叙述了日本侵略中国东北的一些情况。

第二位是南京大屠杀的幸存者伍长德。他和其他两千多名壮年男子分批被日军押到城外,用机枪扫射。他被押到先期被打死的尸体旁时就扑倒在地,以免遭枪击,但日军士兵发现尚未气绝者后,就用刺刀进行补刺,直到其死亡,他也曾被刺了一刀。他的证词让人听了毛骨悚然。

周锡卿对东京审判中的某些辩护人和证人资格问题也颇有意见。据他回忆,在辩护人方面,担任东条英机辩护人、也是整个东京审判辩护团的副总召集人的清濑一郎,就是在战时十分活跃、为侵略战争出谋划策的日本“国策研究会”的成员。为日本侵略者侵略中国提供的理论依据诸如“共同防共”、建立“大东亚共荣圈”等荒谬主张,就是出自这些人之口。在辩方证人中,有不少曾是当年直接参与侵略活动的军人,如审理日军战犯侵略中国东北的罪行时,就有当时指挥战斗的日军大队长和联队长、关东军司令部的参谋以及监守溥仪的“侍从武官”和伪满洲国的官吏,甚至正在受审的战犯本人也可以作为证人,在庄严的法庭上公然为侵略战争辩护。在审理发动七七事变、八一三事变和南京

1 宋志勇:《论东京审判的几个问题》,《中共党史研究》2005 年第 5 期。

大屠杀事件的日军战犯时,也有不少曾经执行侵略计划的军人。如曾任华中派遣军司令部法务部长的证人在作证时,竟称日军进城后,经他调查处理的犯有不法行为的军官只有 4 人,士兵掠夺、强奸案件只有三四起。有的证人重谈日本侵略者的老调,把对中国的经济掠夺说成是"恢复"和"开发"中国经济。这些证人所提供的证据价值固然不强,但却充分反映了在美国操纵下的远东军事法庭在挑选和确认证人资格方面存在的严重不足。大量证人出庭作证,不仅增加了法庭的运行成本,而且拖延了审理进度。

当然,周锡卿也客观指出,东京审判所"作出的侵略有罪的判决",还是"有其历史意义的。"[1]这些回忆补充了东京审判的某些细节,丰富、充实了这一世纪大审判的历史画面,也为后人的深入研究提供了多视角的材料。

四、对日索赔,中途受阻

根据《波茨坦公告》第 11 条关于战后"日本须交付公正的实物赔偿"和"不得维持能使日本再武装的工业"的规定,盟国决定日本战败后必须向被其军事侵略和经济掠夺的国家进行经济赔偿。对日战争结束后,为了具体执行上述规定,盟国成立了远东委员会,作为制定战后对日索赔和对日政策的最高决策机构,由盟军司令部负责具体实施。当时规定:第一,鉴于一次世界大战后,战败国为了支付巨额赔款,曾大力发展工业,国家实力很快强大起来,为后来发动第二次世界大战提供了经济和武装条件,因此决定在日本投降后,不再向其索取赔款,而令其以军事工业及超过平时经济所需的工业设备来代替赔款。如此,就既能补偿同盟国在战争中所遭受的损失,也可解除日本的战争潜力。第二,战争中日本劫掠、胁迫交纳或用无价值货币购买的物资,一经战胜国确认,均需归还。

为了制订具体的赔偿实施方案,由美国派遣的专使鲍莱在对日本进行调查研究后,于 1945 年底、1946 年初提出:对日本的军事工业如兵工厂等,必须全部拆迁;与军事有关的工业,如钢铁、工具机厂等,其超出平时经济需要的设备,

1 周锡卿:《远东国际军事法庭杂忆》,载《北京文史资料》第 29 辑,北京出版社,1986。

也应拆迁。但这一主张未被美国政府接受,而是由其于1946年3月向远东委员会提出了一个临时方案,规定日本海、陆军兵工厂、飞机厂、民营军需工厂和人造石油、人造橡胶等工厂应全部拆迁,对钢铁、造船、轻金属、工具机、硫酸、钢珠轴承、火力发电、制碱等工业设备中超过平时所需的部分也须拆迁。美国政府命令由盟军总部具体负责指定可供赔偿的工厂,准备拆迁。1947年4月,盟军总部发布先期拆迁令,提出30%的供赔物资分给直接受害的中国、菲律宾、荷兰(荷属东印度群岛)、英国(英属马来亚、缅甸等),中国获得其中的15%。

拆迁令发布后,拆迁赔偿工作即予实施,由日本政府在保管的拆迁物资内选定具体工厂和设备,编制目录清单,估定价格,通知各受偿国提出申请,并组织受偿国代表前往参观,然后用抽签或协议方法进行分配。分配协议达成后,由日本政府负责拆卸、装箱,送至指定港口,由受偿国派船接运回国。

中国政府在日本宣布投降后不久,即派出了一个规模较庞大的驻日代表团,分为军事、政治、经济和教育4个组。经济组具体负责物资赔偿和归还工作,同时负责对日本经济进行调查等工作。1947年2月,中国设立赔偿归还物资委员会,由吴半农任主任委员,主要成员有交通部的王树芳、资源委员会的周茂柏、兵工署的李待琛、经济部的唐崇礼等,工作人员中列入编制的称为技术专员,临时人员分专门委员和专员两种,前后共有100多人。赔偿委会下设接收委员会(负责办理赔偿拆迁事宜,多由专家组成)、督运委员会(负责归还物资的接收、运输及总务等事宜)和处理委员会(负责保管、审核、发还与估价、标售等事宜)等附属机构。

1947年2月,东京审判的翻译工作基本完成后,周锡卿等被调至接收委员会总务组,任技术专员,负责文书、会计等工作,赔偿委员会从留日学生中临时雇用的大量翻译等人员也归总务组管理。

为了做好赔偿和接收工作,接收委员会的工作人员参加了100多次对被列入拆迁赔偿的日本工厂的参观考察工作,并对日本经济情况积极进行调查研究,为提出赔偿申请提供依据。接收委员会曾编写过《日本工业丛书》,周锡卿完成了其中《日本纺织工业的发展与外销情况》一书的编写工作。此外,他还参加了吴半农主持的《在日办理赔偿归还综述》一书的编写工作。

在接收委员会其他工作人员的共同努力下,中国从日本得到了部分赔偿物资。1947年6月28日,在东京盟军总部大礼堂举行赔偿舰艇抽签仪式。中国有100多人参加了活动,占出席人数的60%。据时任中国海军代司令的桂永清报告,在第二批供赔军舰中,中国抽得驱逐舰2艘、巡洋舰6艘;第三批抽得驱逐舰1艘、护航舰6艘、运输舰1艘,加上第一批抽得的8艘,共获赔舰船24艘,先后开回上海和青岛两港。第四批也于1947年9月开回中国[1]。被日本侵略者劫走的永利化学公司的硝酸厂和广东造纸厂的全套设备也被拆迁运回国内。被日军掳走的逸仙舰和11艘客货轮以及一些机器、车轮和工业原料等也被索取回国。一些珍贵文物如古玩字画、银块、铜镍币等,包括汪精卫送给日本天皇的国宝翡翠屏风,作为战利品被陈列在上野公园的甲午海战中被劫走的镇远、定远号舰上的炮弹和铁锚等,也相继被索回。被拆回的设备约值2 000万美元,归还物资约值1 800万美元,另有部分不宜运回的物资,作就地销售处理,获款4 500万日元,所有这些只占当时国民政府计算的600亿美元损失总量的极小一部分,有些被劫文物如著名的"北京人"头骨化石等则下落不明[2]。

不仅如此,由于美苏对抗的日益加剧,加上国共内战已明显呈现出向有利于中国共产党一方转变的特点,出于其在远东和太平洋地区战略利益的需要,美国逐步改变了要求日本向战胜国赔偿物资的做法,转而将援助中国变为扶植和利用日本以对付苏联的政策。同时,美国为了摆脱向日本提供大量援助和救济款的负担,还不断提出"日本经济困难",应恢复和提高日本人民的生活水平,主张未被列入赔偿的工厂早日复工,同时将军事工厂转为民用。因此,从1948年起,由美国操纵的日本对外赔偿活动遇到了很大阻力,并最终趋向停止。1949年4月,美国政府下令停止拆迁,结果拆迁工作仅完成原计划的10%,是远

1　周用宜:《向日本追索赔偿——周锡卿参与二战后对日索赔工作述略》,载《国际史学研究论丛》,社会科学文献出版社,2016。
2　周锡卿:《战后对日索赔工作与光华寮案》,载《北京文史资料》第37辑,北京出版社,1989。

东委员会通过的临时方案的 30%,有些已经开始拆迁的设备也被下令停止继续拆迁,分给中国的吴港海军兵工厂优质电气设备和起重机,仅完成拆迁量的 20%,就被勒令停拆。日本的对外赔偿工作最终不了了之。

尽管如此,中国等国家的对日索赔活动却不是毫无意义的,除获得了数量不多的赔偿物资外,更重要的则在于通过此举进一步将日本发动对外侵略战争的历史事实固化了,这也是少数日本右翼分子否认侵略战争的历史、为军国主义者招魂的企图所不能成功的原因之一。

中国的对日索赔还与中日之间的一桩历史案件——光华寮事件有紧密关系。光华寮原是一座中国留日学生的集体宿舍,位于日本古城京都的东北部。第二次世界大战接近尾声的 1945 年初,当时的日本"大东亚省"把部分中国留学生集中到洛东公寓等处居住,以便于严加监视和管理。当时的洛东公寓是以京都大学名义租借的。战后,京都大学因无力继续担负雇人费用等,放弃了对洛东公寓的管理。居住在公寓的 70 多名中国留学生把公寓改为光华寮,成立自治委员会,实行自我管理。由于战后初期的日本经济曾一度十分困难,留学生的日子更显艰辛,于是便请求中国驻日代表团将公寓买下来。1950 年,原国民政府派往日本处理战后事务的"驻日代表团"下属的"赔偿及归还物资接收委员会"决定,由周锡卿经办,从变卖接收物资款项中提取 250 万日元将光华寮买下,继续用做中国留日学生的宿舍。从上述史实来看,光华寮的产权理应在中日关系正常化后归属中华人民共和国所有,但日本京都地方法院和大阪高等法院却先后以"中华民国""在国家性质的体制下现实地统治、支配着台湾及其周围岛屿";"中华民国"仍是"没有被承认的事实上的政府";中华人民共和国政府即使被日本承认为合法政府之后,对于第三国领域内的前政府所有的财产,"不能援用它的继承权利","与不完全继承相同"[1],于 1986 年 2 月将光华寮判归台湾当局所有。这明显地是在制造"两个中国",理所当然地遭到中国方面的驳斥和抵制。

---

1 朱宗玉:《从甲午战争到天皇访华——近代以来的中日关系》,福建人民出版社,1996,第 210 页。

"驻日代表团赔偿及归还物资接收委员会"工作结束后,周锡卿曾暂住日本,参加中日友好协会的筹备工作及东京华侨联谊会的发起和组织工作,并参与中华人民共和国红十字会访日代表团的接待工作。1954年冬,他响应父亲的召唤,返回祖国、从事日本进步史学家和经济学家论著的翻译工作。主要译作有野吕荣太郎的《日本资本主义发展史》(人民出版社1955年版)、松岛荣一郎等的《日本史概论》(人民出版社1956年版),井上清的《日本现代史》第一卷(人民出版社1958年版)、《日本妇女史》(生活·读书·新知三联书店1959年版)、守屋典郎的《日本经济史》(生活·读书·新知三联书店1963年版)等。1964年,周锡卿到北京外语专科学校英语系任教员。"文革"浩劫发生后,周锡卿也遭到了冲击,曾扫过大街、挖过防空洞、拉过三轮车,但他始终保持乐观精神,认为不正常的局面终究会过去的。

尼克松访华后,中美关系逐步走向缓和,并最终于1979年实现了关系正常化。在中美关系解冻之初,周恩来就敏锐地认识到培养英语人才的重要性。于是,从20世纪70年代初起,在"文革"爆发后最为动荡的局面告一段落后,各地高等院校陆续开始恢复招生。周锡卿于1973年被调往北京第二外国语学院任英文教员,讲授英语精读、笔译、词汇学、西方语义学及语言学等课程。

周锡卿先生是一名优秀的教育工作者、杰出的翻译家和著名的社会活动人士。他的一生是不断追求进步和光明、积极乐观、为民族和国家的尊严与发展做出了重要贡献的一生。

翻译张培基:
庭审实况真实记

张培基(1921—),福建福州人。1945年毕业于上海圣约翰大学英国文学系。因为英文功底相当扎实,毕业后在《字林西报》当英文记者,同时还是英文《中国评论周报》特约撰稿人兼英文《中国年鉴》(1944—1945年度)的副总编。

日本投降后,盟国成立了一个赔偿委员会,专门协商日本赔偿问题。东京审判工作结束后,张培基并没有立刻回国,而是留在赔偿委员会继续工作。不久留学美国,就读于美国印第安纳大学英国文学系研究院。1949年新中国刚刚成立几天,他便毅然飞回了祖国的怀抱。那一年张培基仅28岁。后历任北京外文出版社编译、中国人民解放军外语学院英语教授、北京对外经济贸易大学英语教授兼该校出版社总编辑。中国译协第一、三届理事,《英语世界》杂志顾问。主要译作有:柔石著《为奴隶的母亲》、曹禺著《明朗的天》、杨植霖著《王若飞在狱中》、王士菁著《鲁迅传》、廖静文著《徐悲鸿一生》等。他还将中国现代著名作家的优秀散文翻译成英语,汇编成《英译中国现代散文选》向海外读者推介,该书是英语翻译教学的必选教材。主要论著有:《习语汉译英研究》《英语声色词与翻译》《英汉翻译教程》(主编)等。

一、初到东京,困难重重

1946年5月,张培基通过选拔,与高文彬等五人前往东京,担任远东国际军事法庭中国检察组的翻译。

时值初夏,东京市涩谷区杜鹃盛开。满眼是一派破败的景象,许多民房都被炸掉了，红白掩映中遍地焦土。远东国际军事法庭所在的大楼是完整保存下来的为数不多的建筑。这栋大楼在战前是日本陆军士官学校，战时是日本陆军省军部。当年侵华战争的策源地，此时成为了他们罪行的审判地（见图38）。

初到东京，他对这座城市外貌总结了三点印象。一是有很多大大小小的公园；二是马路很广阔；三是建筑物没有一座超过十层。这三种现象都是1923年大地震后，日本人吸取教训所采取的措施。张培基指出，上次大地震之后日本受的是外伤，而这次由侵华及珍珠港偷袭而起的大战，使日本受了内外伤。从城市外貌来看，是满目凄凉的景象。

图38　东京审判期间，高文彬（左）、向哲濬（中）、张培基（右）在法庭前合影

远东国际军事法庭已于5月3日正式开幕，中国检察组几位翻译官的任务不仅仅是翻译，更是向哲濬检察官的全方位的助手，他们当务之急是要在尽可能短的时间里找到关键的证据，收集罪证，能在法庭上击溃日本战犯的防线。每天早上八点半翻译们准时来到检察官向哲濬的办公室，翻译各国检察官往来备忘录等各种公文及证人证词，中国提交的大量证据证言都要从中文翻译成英文。"每天从早忙到晚，很是紧张。"张培基说道。

二、东京印象和审判报道

同时，张培基还担任《侨声报》驻东京记者，将法庭及东京见闻，写成稿件寄往国内发表。

对于战后日本人的心理、思想，张培基总结了三点观察。第一、"崇拜天皇本性难移"。不管是普通人还是知识分子都对天皇有盲目的迷信，这次日本帝国崩溃也没有改变他们的盲目崇拜。第二、"靖国神社依然存在"。靖国神社是"日本最大的军国主义发扬场",在对日本的大轰炸中,靖国神社却一毛不损,而且每天还派兵把守。神社供奉战死的军官,是一个鼓动战争的器具。神社附近有个"招魂殿",在它的前面,每天每分钟都有日本各阶级的男女前来致敬,而"招魂殿"后面还摆放着在日俄战争及中日战争中抢来的战利品,"每日都在感化象征军国主义的武士精神"。第三、"一部'光荣'的侵略史"。在靖国神社靠近大门口的地方,还有很多铜板雕刻。描摹的是日本从中日甲午海战到淞沪战役的侵华历史,这些雕刻每天也都在感化日本的军国主义。张培基指出,就割除法西斯思想而论,这是斩草不除根[1]。

张培基另一篇报道《东京一幕滑稽剧》[2]中记录了法庭中发生的种种滑稽可笑之事。1946 年 7 月 15 日,远东国际军事法庭检察处,准备提请第一个中国证人秦德纯将军出庭作证。这时,主席法官以闷热为由,提出休庭一周,直至 7 月 22 日才正式开庭。开庭那天,法庭内非常凉爽,入座后的法官颇感洋洋得意。时任国防部次长的秦德纯将军出庭作证。1937 年 7 月 7 日卢沟桥事变爆发时,他是北平市市长兼 29 军的副军长。秦德纯当庭提交了两份书面陈述《华北日军侵略实情》和《卢沟桥事变实录》。详细叙述了日本帝国主义在中国华北冀东察哈尔一带积极实施侵略,一直演变成七七事变的爆发的经过。两份书面陈述内容丰富,检察官用英文宣读了一个上午。随后由被告辩护律师诘问证人秦德纯将军。每个战犯有两个辩护律师,分别是日本人和美国人。秦德纯将军说汉语,两个辩护律师分别说日语和英语。三种语言交替传译,很费时间。而且,被告律师先以证人说中文而刁难,后接二连三地不断诘问,来势汹汹。结果秦德纯将军出庭坐了三天冷板凳,看尽被告律师的脸孔,直到三天后主席法官才宣布结束对质。

对质过程中,被告律师对三件事不肯放松。

被告律师 1 问:在书面陈述中你说到田中统治世界的计划,我不承认

---

1 张培基:《今日东京》,《侨声报》1946 年 8 月 17 日。(报纸上为"处长",疑有误)

2 张培基:《东京一幕滑稽剧》,《侨声报》1946 年 8 月 1 日。

这是事实,请问这是不是你的错误?

秦:这件事是根据当时在中国流行的一种小册子上所说的事实,根据那本小册子,田中有日本征服全世界的计划,那计划有四个步骤:第一步是日本占领满蒙,第二步是日本占领华北,第三与第四步已由一九四〇年日本攻击珍珠港占领菲律宾的事实证明了。

被告律师1问:谁是那本小册子的作者?

秦:那书是在中国印的,名为田中奏折。

被告律师2问:田中奏折是虚构的文件,已由前面一位被告律师证明了,虚构的目的恐是来激励反日思想吧!贵方以为如何?

秦:田中奏折的有无不关大旨,但事实已证明日本先侵略满洲,然后华北,及中国的大部,最后还有珍珠港的发生。

被告律师2问:你的回答离题太远,请问究竟你以为田中奏折是否被假造以后用以煽动反日情绪呢?

秦:以为中国人决不会凭空虚构的。

……

主席法官:我只希望问证人一个问题,你有理由疑信田中奏折的真伪吗?

秦:我没有法子证明它的真伪,但我也不能相信它,即使它是假造的,里面预测的一切已被实现了。

第二是关于土肥原是否为九一八事变的主谋。秦德纯将军在书面陈述中指出,"华北日本侵略的主谋人是土肥原氏,他是九一八沈阳事变的发动主谋人。"

第三件"不肯放松"的事是关于"宋哲元的一张赠相"。被告律师出示宋哲元赠送土肥原的壁画想证明土肥原无罪。

因为东京审判采用英美法审判程序,张培基认为是"一幕滑稽剧"[1]。因为在庭审过程中,战犯的律师为罪恶滔天的战犯辩护,不断逼问证人,证人不断被

---

1 张培基:《东京一幕滑稽剧》,《侨声报》1946年8月1日。

逼问得无话可说,"简直是闻所未闻"。

在被审判的战犯中,张培基印象最深的是土肥原贤二和坂垣征四郎。"整个审判过程中,土肥原几乎是一言不发,大部分时间是闭着眼睛坐在被告人席上。这给中国检察官带来了很大压力。"张培基说,坂垣则不同,极力狡辩。他提出了长达48页的证词,提供了15个证人,扬言说要和中国大战三百回合。但是所有的狡辩都经不住事实的检验。

1946年8月16日,远东国际军事法庭发生了轰动世界的一幕。张培基回忆,"那天中午,法庭执行官引导着一位瘦高的中国中年男子步入法庭,缓缓地走向证人台。他穿着藏青色西服,戴着深色眼镜,一缕头发垂在前额上,说话是标准的北京口音。身后站着两名法庭宪兵和一位苏联军官。"中国的末代皇帝、伪满洲国"皇帝"溥仪作为证人出庭作证。"当时他谈了很多对于检察方面有利的事情。比如,日本怎么样策划建立'满洲国',怎么样把它从天津弄到旅顺,后来又从旅顺弄到长春,做傀儡皇帝。他形容自己像演猴戏一样,没有发言权,整天受监督。特别是当他讲到日本人怎么样把他爱妻毒死了,要他跟日本女人结婚,气得不得了,激动得拍桌子。"溥仪的出庭起到了至关重要的作用。整整八天,溥仪创造了东京审判中单人作证时间最长的历史记录。张培基回忆说,日本最负盛名的报纸《朝日新闻》称其为"一个划时代的日子",如此形容这一天对于东京审判的意义。

"东京审判并不是想象的那样简单,中间经历了许多艰难曲折",张培基这样回忆。远东法庭的整个诉讼程序都受着英美法系的严重影响,证据很重要。"中国检察官在国内收集证据的过程很不顺利,因为许多资料被日本宣布投降后秘密销毁了。倒是最后在日本陆军省档案库发现了大量有力的证据。"张培基还指出,"东京审判是一次很不彻底的审判。"他举例说,日本天皇裕仁的战争罪行没有被起诉,731部队搞活体解剖、细菌战等,惨无人道,也没有被追究责任。可以说,对战争罪行的清算还不够[1]。

---

[1] 李阳:《94岁老人见证东京审判风云过往》,《人民法院报》2015年9月3日。

其他人员：
幕后英雄建功勋

一、翻译郑鲁达和刘继盛

检察官的翻译工作是非常重要的,远东国际军事法庭主要需要日语和英语翻译。检察官的翻译工作主要包括文件和材料的翻译、证据的翻译、庭审口译等。工作量繁杂,却很难看到成绩,他们是真正的幕后英雄。

中国法官梅汝璈曾写道:

> 要从那堆积如山、卷帙浩繁的日本政府的公文档案里找出与各被告战犯罪行有关的材料。这种材料,一方面可以被利用作为在开庭前对战犯们进行侦讯和录取口供时的背景参考,而另一方面又可以被利用在开庭时作为向法庭正式提出的书面证件,以支持检察处的控诉。由于这种材料是录自日本政府的公文档案,它的作证价值无疑地是极高的。

但要从这"浩如烟海""汗牛充栋"的档案卷宗里找出同某一战犯罪行有关的一段一节或者一行一句,那有时简直是像大海捞针一样困难。要有效地利用这种档案就非付出巨大的人力和辛勤的劳动不可。

日本政府的公文档案都是用日文写的,而国际检察处的工作人员大都是不懂日文的。因此,非得借助于雇佣的日本人不可。但这些日本人的翻译质量和忠实性如何却不是没有问题的。这样,就更增加了这项工作的复杂性和困难性[1]。

---

1 梅汝璈:《东京审判亲历记》,梅小璈、梅小侃整理,上海交通大学出版社,2016,第155页。

至于能够深入地打击每个被告的证据大都是后来在审判过程中找到和提出的,因为越到后来,工作人员从这"浩如烟海"的档案中寻找证据的技术便愈加熟练;特别是中苏两国的陪席检察官和他们的助理人员。关于土肥原贤二和板垣征四郎的罪行的许多有力证据便是中国检察人员倪征噢、吴学义、刘子健等在日本档案中找到和提出的……这些证据都是开庭以后向法庭提出的,有的还是在反诘辩护证人时和检方反驳时作为补充证据提出的[1]。

在梅汝璈东京日记里,真实地记载下向哲濬检察官在准备起诉书、准备检方证据时感到的焦虑。远东国际军事法庭即将正式开庭,而此时中国检察官手上掌握的可以立证的证据"实在太少"。"巧妇难为无米之炊",没有可靠的证明战犯嫌疑人确凿犯罪的证据文件,就无法在起诉阶段"立证"。所有证据文件的提出要经过前述三个阶段,不是凭空说说走个过场就可以"立证"的,向检察官心急如焚。

1946年4月8日,明思兄(即向哲濬)这几天很感痛苦,因为中国所能提出的战犯证据实在太少,而论理说日本侵华战争至少有十五年之久,我们可以提出的证据应该是最多[2]。

4月16日,十点多钟,明思来谈。他因为起诉书快要起草完成而中国资料收集得不够,翻译更是人手太少,极感困难(近日我已请方秘书尽量帮他的忙,但是刘秘书身体欠佳,正在生病,所以还是无济于事)。

4月19日,睡前明思来谈,他说起诉书差不多预备好了,他打算明天搬出帝国饭店去。他这几天很忙很苦而且烦闷(刘秘书又病了)我很同情。

4月20日,下午接着明思的电话,他决定搭乘明晨检察署专机回国。十一点钟明思来访,他说回国主要任务是请助手,其次为找资料。午夜一

1　梅汝璈:《东京审判亲历记》,梅小璈、梅小侃整理,上海交通大学出版社,2016,第156页。

2　同上注,第311页。

点多钟,我上楼帮他收捡行李,且捡且谈,我们握手告别互祝珍重时已经三点零十分了[1]。

1946 年 4 月 20 日,中国检察官向哲濬亲自到上海紧急招募跟随他去东京远庭国际军事法庭协助其工作的助手和翻译,此行他希望能选拔到英语好、又懂英美法程序的得力助手。

东吴大学法学院的刘世芳教授推荐了三位东吴法学院优秀毕业生:东吴大学法学院 1945 届毕业生高文彬、郑鲁达,刘世芳教授的侄子、东吴大学重庆法学院 1943 届毕业生刘继盛。

向哲濬在上海华懋公寓亲自面试了这些优秀的翻译官,他通常直接从报纸上选取一段新闻,让面试者当场翻译。无疑,这几位都是英文功底扎实、翻译功夫了得的青年才俊,全部顺利通过了向检察官的面试。经过简单的准备,1946 年 5 月 10 日周锡卿、高文彬、郑鲁达、刘继盛、张培基一行五人搭乘美国军用运输机由上海飞抵东京厚木机场,中国翻译官们义无反顾地走进了这一没有硝烟的战场。历史记住了这几位幕后英雄的名字。

郑鲁达(1916—1993)

郑鲁达生于 1916 年,广东汕头潮阳县人,1945 年毕业于东吴大学法学院,获法学学士学位(见图 39)。郑鲁达在大二上学期时体弱多病而缺课较多,但他仍抱病参加大考,以致于"债编总则"一课不及格,按校方规定不能补考,将导致不能毕业。郑鲁达亲笔提书向鄂森院长及吴芷芳教务长申请特准补考。

在《1945 东吴年刊》中同学张志陶给郑鲁达画的像:

> 郑鲁达兄,粤之汕头人也,沉默寡言笑,而接人谦谨,霭然可亲,故咸乐与之交。

> 办事刚毅果断,百折不挠,与环境相搏闯、数年来谋生求学,皆出诸

---

1 梅汝璈:《东京审判亲历记》,梅小璈、梅小侃整理,上海交通大学出版社,2016,第 326 页,第 329—330 页。

郑兄鲁达，粤之汕头人也，沉默寡言笑，而接人谦逊，蔼然可亲，故成乐与之交。

兄禀事勤毅果敢，百折不挠，与环境相搏斗，数年来谋生求学，皆出诸一己之力，绝不依赖他人，尝谓余曰，「为人切忌空谈，务求实在，治事到处留意，便是学问，其语虽简，其意深长，非饱尝人生滋味者，曷克出此。

兄好学不倦，於英文尤所特长，处事镇定，井井有条，故任何困难，无不迎刃而解，今年二十有九，英姿飒爽，风度翩翩，精悍之色，见於眉宇，他日际会风云，扶摇可望也。

——志陶——

LU-TA CHENG, LL.B.
Kwangtung Province

Wu-Kwong High School
Law Society
Treasurer, Senior Class

"Lotus" — ambicious — straightforward — smart — introvert — thought — persevere.

图 39　郑鲁达 [1]

一己之力，决不依赖他人，尝谓余曰，"为人切忌空谈，务求实在，治事到处留意，便是学问。"其语虽简，其意深长，非饱嚼人生滋味者，曷克出此。

兄好学不倦，尤英文为所特长，处事镇定，井井有条，故任何困难，无不迎刃而解，今年二十有九，英资飒爽，风度翩翩，精悍之色，见于眉宇，他日际会风云，扶摇可望也。

相比于同班同学，郑鲁达已 29 岁，他的人生信条是凡事都要靠自已，无论是谋生还是求学。在入学申请书上，郑鲁达填报的志向是进入行政机关，他平时喜欢读报章杂志，喜欢读英文选、国文选、国际贸易、汇兑、历史地理。他是一个有坚定的信念和远大抱负的人，眉宇间的英气，嘴角的坚毅。1945 年毕业之际，郑鲁达代表毕业生撰写东吴法学年刊序文 "Now it Can be Told"，"我们 1945 届，可能在学校期间遭遇到了最大的荣耀和最深的遗憾，因为我们是在中华民族最黑暗的时候进入学校，却在中华民族最光明的时候毕业。"终句引用谚语：在和平时期做充分的战争准备；在战争时期，

1　图片来源：苏州大学档案馆藏《东吴大学法学院年刊 1945》。

要考虑和平 In peace，be fully prepared for war；and in war，think of the peace（见图 40）。

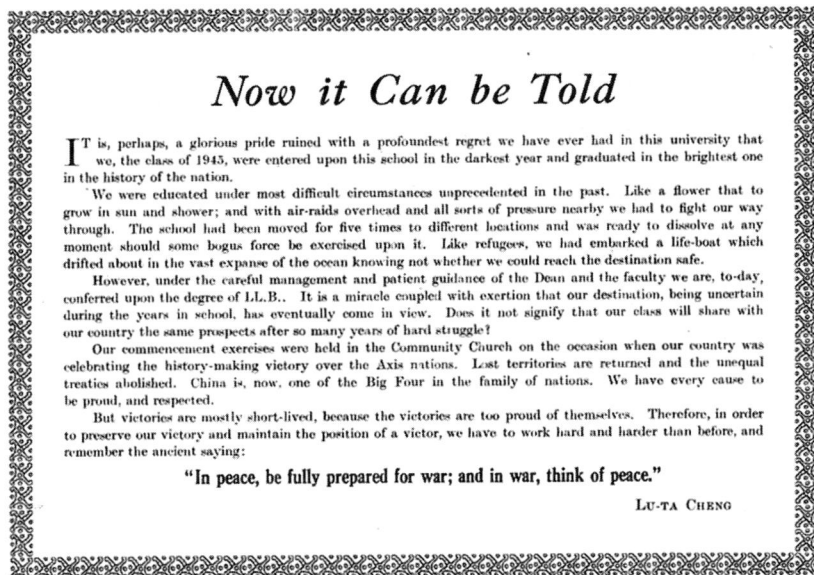

Now it Can be Told

IT is, perhaps, a glorious pride ruined with a profoundest regret we have ever had in this university that we, the class of 1945, were entered upon this school in the darkest year and graduated in the brightest one in the history of the nation.

We were educated under most difficult circumstances unprecedented in the past. Like a flower that to grow in sun and shower; and with air-raids overhead and all sorts of pressure nearby we had to fight our way through. The school had been moved for five times to different locations and was ready to dissolve at any moment should some bogus force be exercised upon it. Like refugees, we had embarked a life-boat which drifted about in the vast expanse of the ocean knowing not whether we could reach the destination safe.

However, under the careful management and patient guidance of the Dean and the faculty we are, to-day, conferred upon the degree of LL.B.. It is a miracle coupled with exertion that our destination, being uncertain during the years in school, has eventually come in view. Does it not signify that our class will share with our country the same prospects after so many years of hard struggle?

Our commencement exercises were held in the Community Church on the occasion when our country was celebrating the history-making victory over the Axis nations. Lost territories are returned and the unequal treaties abolished. China is, now, one of the Big Four in the family of nations. We have every cause to be proud, and respected.

But victories are mostly short-lived, because the victories are too proud of themselves. Therefore, in order to preserve our victory and maintain the position of a victor, we have to work hard and harder than before, and remember the ancient saying:

"In peace, be fully prepared for war; and in war, think of peace."

LU-TA CHENG

图 40　郑鲁达撰写《东吴大学法学院年刊 1945 序文》

值此，郑鲁达已为赴东京报效国家作好了一切准备。东京审判结束后，郑鲁达留在日本经商。

刘继盛（见图 41）

图 41　刘继盛

刘继盛生于 1920 年，浙江镇海人，是东吴大学法学院教授、上海滩上名大状刘世芳的侄子。刘继盛于 1939 年 9 月进入东吴大学法学院学习，在入学申请表中，刘继盛写下了将来的志愿是：当一名职业律师。1937 年"八一三"淞沪战役后上海沦陷，东吴大学部分师生辗转到后方继续办学，在重庆与沪江大学联合为法商学院。刘继盛为法商学院法律系第一届毕业生（见图 42）。1943 年毕业于重庆法商学院法律系，获法学学士学位。刘继盛的毕业论文题为《法律性质决定论》（译文）。

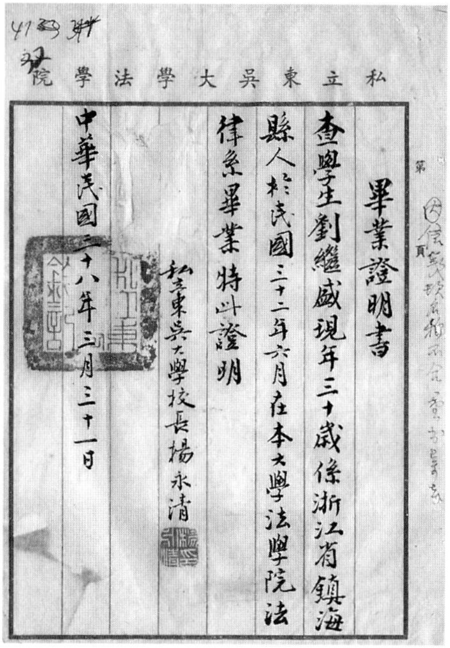
私立東吳大學法學院

畢業證明書

查學生劉繼盛現年三十歲係浙江省鎮海縣人於民國三十二年六月在本大學法學院法律系畢業特此證明

私立東吳大學校長楊永清

中華民國三十八年三月三十一日

图 42　刘继盛毕业证明书

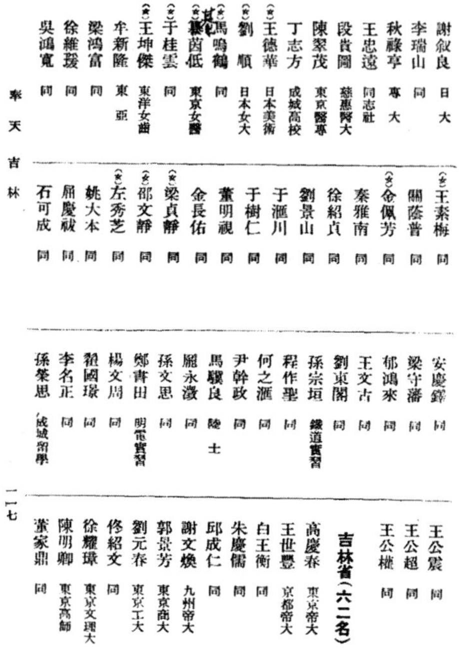
謝叙良 日大
李瑞山 同
秋藤亭 專大
王忠遠 同志社
段貴圖 慈惠醫大
陳絮茂 東京醫專
丁志方 成城高校
(女)王德華 日本美術
(女)劉　順 日本女大
(女)馬鳴鶴 同
(女)綦茵低 東京女醫
(女)于桂雲 同
(女)王坤傑 東洋女齒
牟新隆 東亜
梁鴻富 同
徐維援 同
吳鴻寬 同

(女)王素梅 同
關蔭普 同
(女)金佩芳 同
秦雅南 同
徐紹貞 同
劉景山 同
于滙川 同
于樹仁 同
董明視 同
金長佑 同
(女)梁貞靜 同
(女)邵文靜 同
(女)左秀芝 同
姚大本 同
屈慶祓 同
石可成 同

安慶鐸 同
梁守藩 同
郁鴻來 同
王文吉 同
劉東閣 同
孫宗垣 鐵道實習
程作聖 同
何之滙 同
尹幹政 同
馬驥良 陸士
麗永潋 同
孫文思 同
鄭青田 明電實習
楊文周 同
翟國璟 同
李名正 同
孫棨思 成城留學

王公震 同
王公超 同
王公權 同

吉林省(六二名)
高慶春 東京帝大
王世豐 京都帝大
白王衡 同
朱慶儒 同
邱成仁 同
謝文煥 九州帝大
郭景芳 東京商大
劉元春 東京工大
修紹文 同
徐耀璟 東京文理大
陳明卿 東京高師
董家鼎 同

奉天 吉林

一一七

图 43　留日学生名簿

在重庆期间，二战结束，重庆法商学院法律系的师生们，放弃了暑假，利用假期邀请高等法院的法官，开展“大讲堂”“型式法庭”（模拟法庭）。这为刘继盛日后成功应聘远东国际军事法庭中国团队翻译创造了有利条件。

二、外交部派员朱庆儒

中国检察组的秘书除裘劭恒、高文彬、刘子健外，还有朱庆儒。

朱庆儒是外交部特派到东京，参加东京审判的，是留学日本京都帝国大学毕业生，日语流利。从其在日本的同学通讯录看，是东北吉林省人（见图 43）。

1933 年曾在《日华学报》第 42 期发表了多首诗歌，其中《怀乡》诗写道：“田园荒芜兮，箪瓢空；父子分离兮，各西东。慈亲兮泣血；孝子断肠。长夜漫漫兮何时旦?!”表达了当时对日本侵华的愤懑（见图 44）。

1941 年在《日本评论》杂志上翻译出版了日本情报专家具岛兼三郎的《三国同盟与日苏关系》一文。

— 50 —

懷　鄉：　朱慶儒

田園荒蕪兮，簞瓢空；父子分離兮，各西東。
慈親分泣血；孝子腸斷，
長夜漫漫兮何時旦!?

京大入學時寄妹：　前　人

逢喜事起舞；遭哀事號咷、
人生妙緒此中含著、
說什麼器小易盈？求而得，其樂滔滔、
便把樽，肆口漫號！
妹知否？紅顏易老！轉眼兒，雪染頭髮梢！
及時努力在今朝；及時行樂也在今朝！
問功名何如，等閑博得！權自天操！

雪　晚　前　人

雨雪其霏滿寒途；瀰漫天空洒玉珠。
烏鵲忍飢歸巢早；炊烟一縷起茅屋。

別恩師河合先生　前　人

獨寄異域苦無親；辱承優遇倍懷恩。
今當遠別應盡醉；西入京洛無故人。

图 44　《懷鄉》《日华学报》1933 年第 42 期，61 页

1944 年 4 月在外交部本部专员分亚东司办事，曾经作为战争赔偿委员会成员，参与调查战争损失赔偿问题（见图 45）。

任三級俸此令。四月十八日
第三四九號　派劉正[illegible]代理駐古巴公使館主事此令。四月二十一日
第三五〇號　改派沈默為本部專員分人事處辦事此令。四月二十一日
第三五一號　改派李文源為本部專員分歐洲司辦事此令。四月二十一日
第三五二號　改派朱慶儒為本部專員分亞東司辦事此令。四月二十一日
第三五三號　代理本部科員淡維遠迄未到差應予免職此令。四月二十一日
第三五四—四六五號　本部職員三十二年度考績司長李惟果給予年功加俸三十元司長楊雲竹梁龍均各給予一個月俸額以內之一次獎金六百元簡任秘書張道行給予一個月俸額以內一次之獎金五百二十元簡任待遇秘書謝家驄給予一個月俸額以內之一次獎金四百六十元秘書張[illegible]給予一個月俸額以內之一次獎金四百元簡任待遇科長陳宗熙晉支簡任待遇七級俸並給予獎金八百六十元簡任待遇科長王[illegible]

图 45　外交部公报

作为外交部派员赴日，估计其主要工作是协调外交部与审判团队之间的沟通，因此，其主要工作并不在法庭现场，另外，朱庆儒的工作应该也是负责沟通作为占领军中国驻日代表团和国内的联系。

中国法官团队

虽然说不论大小和强弱，每个国家均只指派一名法官组成法庭。但是，主要国家特别是美国，法官及其秘书人员还是远远超过了中国。中国法官团队基本上就是两个人，前期半年多是法官梅汝璈和秘书方福枢，后期是法官梅汝璈和秘书杨寿林。罗集谊虽然名义上为法官秘书，但是其主要工作不是在法庭。

作为法官，必须秉持公正客观的态度。在东京审判中，梅汝璈没有因为对日本军国主义的愤恨而丧失这个立场。但是梅汝璈的心绪其实和每个中国人一样。他刚刚抵达东京的时候，时任国民政府教育次长兼国立中央大学校长的顾毓琇也在日本，以一柄装饰华贵的宝剑赠予梅汝璈。梅汝璈拔剑在手，动情地说："戏文中常有'尚方宝剑，先斩后奏'。如今系法治时代，必须先审后斩。否则，我真要先斩他几个，方雪心头之恨……"

从东京审判全程看，担任梅法官秘书的共有 3 人，一是方福枢，在东京工作时间约半年，1946 年 3 月 30 日随梅汝璈抵东京，1946 年 7 月 15 日到 7 月 22 日为国防部次长秦德纯将军作翻译，1946 年 8 月 16 日到 8 月 23 日为溥仪作翻译，1946 年 9 月因病回国。后由杨寿林接替。

杨寿林是 1946 年 9 月 18 日抵达东京，一直到 1948 年 10 月东京审判结束，然后参与 1949 年 2 月 23 日丸之内审判，结束后于 1949 年春回国。

罗集谊于 1946 年 4 月 27 日就去了东京，一直到审判结束。但他主要承担一些接待工作以及对日管制委员会的工作。实质性参与法庭审理工作的主要是方福枢和杨寿林，而其中尤以杨寿林参与时间最长。实际上，长期呆在梅法官边上的只有两人。他们从各个方面，为梅法官工作的提供了全面支持。

在东京审判中,以梅汝璈法官为主的中国法官团队的主要贡献有三个方面。第一个贡献是争座席,为中国争取到排在第二的席位;二是参与起草《判决书》,英文庭审记录中占1446页,以及承担了第8章揭露日军"违反战争法规的暴行"的撰写任务,长达171页。中国法官团队还参与了判决书其他章节的讨论。三是争取多数,对7名罪大恶极的战争元凶判处绞刑。

通过东京审判,正义终于战胜了邪恶。审判结束后,梅汝璈应邀在《朝日新闻》上发表《告日本人民书》,揭露日本军界首脑之暴虐行为和虚假宣传。当然,法官团队也有遗憾,正如梅汝璈所言,"余确已观察,鉴于过去两年来世界情势之急剧变化,东京审判,已失去其政治上之大部分意义。但余深望不致失去其在法律上及历史上意义。"

法官梅汝璈：
清算血债锁敌酋

梅汝璈(Mei Ju-Ao, 1904—1973)，字亚轩，江西南昌人。1916 年考入设在北京的清华学校。1924 年赴美国留学，1926 年以优异成绩毕业于斯坦福大学，获文科学士学位，并被选入"怀·白塔·卡帕"荣誉学会。1926 年—1928 年在芝加哥大学法学院攻读法律，并获得法学博士学位。1929 年春，在游历英、法、德、苏等国家之后回国。先后执教于山西大学、南开大学、武汉大学等学校，讲授政治学、民法概论、刑法概论、国际私法等课程，还曾担任国民政府内政部参事兼行政诉愿委员会委员、立法院委员及立法院涉外立法委员会主任委员和外交委员会代理委员长，国防最高委员会专门委员、中山文化教育馆编译部主任及《时事类编》半月刊主编，同时在中央政治学校、复旦大学等学校任课。1946年—1948 年，受当时的国民政府派遣，代表中国出任远东国际军事法庭法官，参与审判对 20 世纪 30—40 年代发生于亚洲和太平洋地区的大规模侵略战争负有主要责任的日本战争罪犯。在近三年的审判工作中，努力维护民族尊严，伸张国际正义，同企图庇护日本战犯、损害中国利益的势力进行斗争，促成了大体公正的审判结果。1948年底,被国民政府任命为行政院政务委员兼司法部长,梅汝璈公开声明拒绝到任,同时避居香港。在有关部门的安排下,于1949年底乘船经青岛抵达北京。此后,被选为第一届全国人民代表大会代表、法案委员会委员,第三、四届全国政协委员,历任燕京大学法律系兼职教授、世界和平理事会理事、中国人民外交学会常务理事、中国政法学会理事等职,并长期担任中华人民共和国外交部顾问、专门委员兼条约委员会委员。在1957年的"反右"和1966年的"文革"等政治运动中,曾遭受不公正对待,1979年彻底纠正。多次撰文批评日本右翼势力企图复活军国主义、为侵略战争翻案的行径,发表在全国政协主办《文史资料选辑》第22辑(中华书局1962年出版)上的《关于谷寿夫、松井石根和南京大屠杀事件》一文影响深远。

在纪念远东国际军事法庭宣判70周年之际,梅汝璈这个名字再度被人们提起。这不仅是因为第二次世界大战结束后他曾在举世瞩目的东京审判中担任法官,代表战胜国——中国,以审判者的身份追究日本侵华寇酋的战争责任,与各国法官、检察官一起,让国际正义得以彰显,创建了重大业绩;也是因为东京审判——那场旷日持久而意义深远的国际审判所具有的独特价值。梅汝璈和东京审判密不可分。回顾梅汝璈法官的经历及归宿,人们可以获得多方面的有益启示。

一、山河破碎,矢志报国

梅汝璈,1904年11月7日出生在江西省南昌市朱姑桥梅村。与湖广江浙相比,当时的江西相对封闭,经济不算发达,思想文化也不太开放。然而,梅汝璈的父亲——一位头脑清醒、识见高超的开明士绅,敏锐地感觉到了时代的变化。尽管当时当地有不少人鄙薄洋学堂,他却毅然将自己的长子梅汝璈送进南昌市内的新式学堂——江西省模范小学。1916年,12岁的梅汝璈在父亲的坚决支持下考取了设在北京的清华学校。彼时的"清华",还没有成为声名显赫的高等学府。它是美国政府利用清王朝支付"庚子赔款"中的一部分所开办,从全国招生,学生经过 8 年学习后大部分会到美国留学,因此有"留美预备学校"之称。它的教学和管理方式比较"洋",与别的学校很不一样。

对于家境清寒、没有背景,连官话(普通话)都讲不大好的农家子弟梅汝璈而言,要适应清华学校的生活,就得克服困难。半军事化的作息制度必须严格遵守,西式体育锻炼必须积极参加,任何一门功课都不能马虎,否则便有留级甚至被开除的危险。在清华,不少教师直接用英语授课,多数同学都具备一定的英语基础,梅汝璈却常常弄不懂老师说的是什么。怎么办?他决心从头学起,迎头赶上。

那时,每当晨曦初露,清华园内的荷花池畔,在"水木清华"匾额下,便会出现两个少年的身影。他们口中念念有词,时而一问一答,时而各自吟诵,由生涩而流利,由简单而复杂。这便是梅汝璈和他的族叔——只比梅汝璈大 4 岁、同期从江西老家考入清华学校的梅旸春,在一起补习英语。经过一段时间的起早贪黑,叔侄二人的英语水平大大提高。扫除了语言障碍,其他课程的学习当然会得到促进。8 年之中,梅氏叔侄的学业成绩始终保持优秀,令老师和同学们刮目相看。梅旸春后来赴美国留学,成为著名的工程师,主持过南京长江大桥等重要桥梁的设计和施工。

升入高年级以后,梅汝璈视野日益开阔,兴趣也越来越广泛。他担任过《清华周刊》主编,还与施滉、冀朝鼎、徐永煐等同学一起组织过名叫"超桃"的进步团体。施滉、冀朝鼎、徐永煐均为中国共产党早期党员。施滉英年牺牲;冀朝鼎、徐永煐长期从事革命工作,在 20 世纪 50—60 年代曾担任重要领导职务。

1924 年,梅汝璈从清华学校毕业,旋即留学美国。他先后就读于斯坦福大学和芝加哥大学,于 1928 年底获得芝加哥大学法学博士学位。身居海外,他始终关注着祖国的命运。为响应国民革命军"打倒北洋军阀"的北伐行动,他与先后赴美的施滉、冀朝鼎、徐永煐等同学发起成立"中山主义研究会",在留学生乃至更大范围中积极宣传革命主张。

1929 年,在欧洲游历伦敦、巴黎、柏林、莫斯科之后,梅汝璈回到阔别将近

5 年的父母之邦。

　　从学成归国到出任国际法庭法官,大约 16 年,这期间梅汝璈先后任教于山西大学、南开大学、武汉大学,讲授民法概论、刑法概论、英美法、国际法、政治学等课程,还在复旦大学、中央政治学校以及司法部法官训练所兼职授课。1934 年,他成为当时国民政府的立法院委员,参与若干立法工作,并曾代理立法院外交委员会委员长,还曾兼任中山文化教育馆副主任和《时事类编》(半月刊)主编,撰写、翻译、编辑了大量法学、外交和国际政治方面的文章。

　　梅汝璈这一时期的著述,内容涉及英美法、大陆法、中西法学思想、中国宪法和刑法等领域,多数发表在专业刊物和各大学学报上,如《盎格鲁-撒克逊法制之研究》《拿破仑法典及其影响》《苏俄革命法院之历史及组织》《现代法学的历史、派别与趋势》《中国旧制下之法治》《宪法初稿中"宪法保障编"之批评》《对于刑法修正案初稿之意见》,等等。视野开阔,论题宽广,道器并重,成果丰硕,是其学术研究的特点。正是长期的教学、调研、阅读和写作,奠定了他在法学理论和法律实务两方面的坚实基础,客观上为日后执法东京做了充分准备。

　　基于法律学者的眼光,梅汝璈明确指出,国民党"一党专政"的政治体制,"党权是高于一切,政府只须本乎党义做事,对党负责,无须与人民缔约,对人民负责。换句话说,就是党对人民只有权利,没有义务。"[1] 针对法律被当成权势者的工具、法治精神无法光大的现实,梅汝璈尖锐地发问:"现在摧残人民自由和剥削人民权利的,是真正的法律,抑或是法律以外的'官力''武力'和'暴力'?"[2]

　　不难看出,梅汝璈对当时中国法治建设面临的严峻形势有着清醒的认识。尽管以往接受的是系统的西方法学教育,但在如何对待中国政治法律传统、如

---

[1] 梅汝璈:《训政与约法》,载梅汝璈著,梅小璈、范忠信选编:《梅汝璈法学文集》,中国政法大学出版社,2007,第 176 页。

[2] 梅汝璈:《宪法草案初稿修正案评议》,载梅汝璈著,梅小璈、范忠信选编《梅汝璈法学文集》,中国政法大学出版社,2007,第 203 页。

何对待外国法律经验的问题上,他始终保持着理性和冷静的态度。梅汝璈曾撰写长文,较为详细地向读者介绍西方法学流派,也评论过不少外国法学专著。然而,他对"法律移植"的看法一直非常谨慎,反复强调一定要立足国情,妥善接轨。从他对破产法、票据法的制定和修改意见中,可以明显地看出这一点。关于中国是否应该引入英美法中的陪审制问题,梅汝璈含蓄地说:"这种问题是应该郑重考虑的,不可轻率从事。"同时,他还引用何尔兀斯(Holdworth)先生的话:"要移植一种制度,如陪审制者,决非难事。但是要搬运它所依靠而滋长繁荣的环境,却是不可能的。'制度'是一种很娇嫩的植物,它是要靠有适宜的土壤和气候的。"[1]与众不同的是,梅汝璈对当时苏联的法律制度及其实行情况并无偏见,而是较多地予以肯定,表现出他力求客观公允而不随波逐流的品格。

梅汝璈同时具备立法参与者和法学研究者这样两个身份。他既推崇法学学术理论,又注重法律实施效力,这可能与他曾就读社会学重镇芝加哥大学有关,也与他对当时中国社会法律实施状态的体察有关。他认为,有华丽的立法,没有相应的配套、辅助条件,"颁布自颁布,施行自施行",二者几乎毫不相干的情况肯定会出现,那将是很糟糕的事情。当然,立法本身也应当力求具备现实的可操作性,同时不宜过于细密,应当留有发展余地——这些理想状况的实现都必须以切实了解国情为基本前提。梅汝璈对刑法中的"中间法"适用问题以及老年人处刑问题的意见,便是他重视实际、区别细节的法律主张的具体体现。

另外,可能是根据教学实践中的观察,梅汝璈对当时的法律教育持激烈的批评态度。法学、法律本来是严肃的,"然在中国则法律变成一种最浅薄而最无聊的货物",越来越多的所谓法律教学实际上是"鬼混",主办混学费,学员混文凭,导致"社会上总把法律当作一种'混饭吃'或'打把戏'的工具技能,而不把它当作一种学术或科学看待。中国法治之所以不能昌明,法律事业之所以被人

---

1 梅汝璈:《宪法草案初稿修正案评议》,载梅汝璈著,梅小璈、范忠信选编《梅汝璈法学文集》,中国政法大学出版社,2007,第157页。

蔑视,原因虽多,而法律教育之腐败,实为其中主要者之一。"[1]

以上所举,管窥而已,虽不能彰梅汝璈法学观点之万一,但在今天也许仍具启发意义[2]。

彼时的中国,山河破碎,民生多艰。梅汝璈本为一介书生,想到年事渐高的父母和诸多亲友正为躲避日本侵略者的追击颠沛流离,想到中国军民正在前线浴血奋战,想到敌占区同胞正在侵略者的铁蹄下痛苦挣扎,又看到某些政府官员大发国难财,"前方吃紧,后方紧吃",他的心情就像山城重庆上空的浓雾一般阴郁、灰暗。与此同时,马寅初先生对战时经济的精辟分析,《新华日报》《大公报》发表的一篇篇闪烁着真知灼见的评论文章,都给他留下了深刻印象。尽管现实世界的状况极其严峻,然而,作为中国法学家,梅汝璈心中公平正义的理想绝不会泯灭,所需要的,只是时机。

二、座次之争,维护国格

中国人民和全世界爱好和平的人民一起,经过惨烈抗争,付出了高昂的代价,终于赢得了反法西斯战争的全面胜利。战争结束以后,在德国纽伦堡和日本东京分别设立军事法庭,德、日两国的重要战争责任者在这两个法庭上受到审判。由国际社会正式组织法庭,依照法律程序对战争的主要责任者加以审讯和制裁,是战后国际生活中的一件大事,也是人类历史上的一个创举。1945年夏季,德国、日本先后投降。同年10月24日,纽伦堡国际军事法庭开始对戈林、赫斯等22名纳粹德国战争责任者进行审判。根据《波茨坦公告》和得到中国政府同意的1945年12月苏、美、英三国外交部长莫斯科会议精神,远东盟军最高统帅麦克阿瑟于1946年1月19日颁布了一项《设置远东国际军事法庭的特别通告》,宣布正式设立远东国际军事法庭,负责审判被指控以个人或团体成

---

[1] 梅汝璈:《关于英美法课程的教本与参考书之商榷》,载梅汝璈著,梅小璈、范忠信选编《梅汝璈法学文集》,中国政法大学出版社,2007,第322—323页。

[2] 直接引文及转述观点均见《梅汝璈法学文集》,中国政法大学出版社,2007。

员身份犯有破坏和平罪行的远东地区主要战争责任者。1946 年 2 月 15 日,盟军最高统帅部根据各同盟国政府的提名,任命了远东国际军事法庭(即"东京法庭")的 9 名法官(后来增加到 11 名)(见图46)。经有关人士推荐,梅汝璈受命代表中国,将要坐上庄严的审判席。

图 46   远东国际军事法庭法官们 [1]

此时,梅汝璈尚不满 42 岁。当时中国的法学界和法律实务部门,资望深、年龄大者不乏其人,可是执法东京的重任偏偏落到了刚刚步入中年的梅汝璈肩上。这里除了师友推荐之外,更多的则是由于梅汝璈长期以来在法学研究、教学、立法和司法实践方面的出色表现。

1946 年 3 月 19 日,《中央日报》《申报》《大公报》《新闻报》纷纷在显著位置刊出消息:清算血债,远东国际军事法庭审判官梅汝璈今飞东京。

梅汝璈到任,在盟军接待人员的陪同下入住东京帝国饭店,盟军最高统帅部的中国联络官举办了欢迎宴会,正在东京考察的中央大学校长顾毓琇出席,他特意买了一把装饰华贵的宝剑赠与梅汝璈,勉励、期待之情不言自明。梅汝

---

1 图片来源:国家图书馆东京审判资源库,http://mylib.nlc.cn/web/.

璈坚定地说：

> 戏文中常有"尚方宝剑，先斩后奏"之说，如今系法治时代，必须先审后斩，否则，我真要先斩他几个，方雪我心头之恨。这些战犯扰乱了世界，残害了中国，同时也葬送了日本的前途。这真是"自作孽，不可活"。我中华民族素来主张宽恕以待人，但为防止将来再有战争狂人出现，对这些战犯必予严惩，非如此，不能稍慰千百万冤死的同胞；非如此，不能求得远东及世界和平。我既受国人之托，决心勉力依法行事，断不使战争元凶逃脱法网。

一番话，让在座者无不击掌称快。

回到寝室，梅汝璈的心情久久不能平静。他想起了一位名叫黄右昌的老朋友在得知梅汝璈将出任远东国际军事法庭法官后吟诵出来的诗句：

> 法界推巨擘，中外早知名。
>
> 时也春正月，快哉此一行。
>
> 同仇增敌忾，官谳律长城。
>
> 我有拳拳意，非君孰与倾。

是的，"我有拳拳意，非君孰与倾"！梅汝璈深感责任重大。他想起前不久全家人在重庆为自己送行时的情景。30年前，自己从南昌出发，到北京求学，出发时母亲曾经把一袋炒米和锅巴塞在自己手中，"崽呀，你在路上慢慢吃吧。"30年后，自己从祖国出发，到日本审判战争罪犯，母亲深沉地说："汝璈呀，你到了那边，记住要重重地审啊！"亲人的嘱托，父老的期盼，在梅汝璈耳边汇成了一个巨大的声音：伸张正义，复仇雪耻！

离正式开庭审判还有一段时间。侥幸保留下来的梅汝璈日记，记录的恰恰就是他在这段时间的生活感受和理性思考。当然，对日本社会的观察与分析，对祖国命运的担忧与祝福，对自身状态的警示与鞭策，是梅汝璈在东京法庭从事审判工作的过程中从未停止过的。他敏锐地看到，战后日本经济的状况并不像他们宣传的那样糟糕，他们有可能在"装穷装苦"。就精神面貌和健康水平而言,日本民众比中国民众强。他在日记中写道:"我真奇怪为什么麦帅总部还天天替日人叫粮食恐慌,为他们无微不至地打算,这样的战败国也可算是'天之骄子'式的战败国了。比起我们多劫多难的战胜国,我们真不能不自叹弗如!"(1946年5月2日)"然而宽大之外,我们应该警惕! ……我最关切的是他(麦克阿瑟)统治日本的政策是否有损于我祖国的利益或妨碍我祖国的发展——这个问题今天一直盘旋着在我脑筋里。"(1946年4月12日)

尽管梅汝璈受的是西方教育,中国知识分子传统的家国情怀在他心中仍然根深蒂固。"处身外国的人,对自己国家不争气最感痛苦。"(1946年4月9日)"'止谤莫如自修',中国还得争气才行。"(1946年4月26日)"各国派来的都是有经验有地位的老法官,我得兢兢业业郑重将事,决不马马虎虎。"(1946年4月10日)"我今天能高居审判台上来惩罚这些元凶巨憝,都是我千百万同胞的血肉换来的,我应该警惕! 我应该郑重!"[1](1946年5月3日)纵览梅汝璈日记,可以发现,"争气"和"郑重"是反复出现的词语。后来,在审判已进入尾声的1948年4月24日,梅汝璈在致时任外交部长的电报中说:"璈职责所在,自当竭其绵薄,为我国在此次空前国际法律正义斗争中之胜利尽其最后之努力。"使命感和大局观跃然纸上。不难看出,东京审判之所以能够取得差强人意的成果,与梅汝璈的努力是分不开的。

各国法官陆续来到东京,开庭的日子越来越近。一个无法回避的问题摆在法官们面前:各位法官在法庭审判席上的座位应按什么样的顺序来安排?

由于远东法庭宪章没有明文规定法官席位的次序,这个问题在开庭前好几天在法官会议上便有过热烈的讨论和争执。照道理说,远东国际法庭法官既是由日本投降书上签字受降各国所派遣,法官们的席次当然应该以受降签字的先后为序。这就是说,应该以美、中、英、苏、澳、加、法、荷……为序。这是最合情合理的安排。许多法官,特别是中、美、加等国的法官,都赞成这个安排。

---

1 梅汝璈:《东京审判日记》,载梅汝璈著,梅小璈、梅小侃编《梅汝璈东京审判文稿》,上海交通大学出版社,2013,第70—104页。

但是,庭长——澳大利亚法官韦伯却不喜欢这个安排。他想让两位与他亲近的英美派法官(特别是英国法官帕特里克勋爵)坐在他旁边,便提议法官座次应该按照联合国安全理事会的情况,以五强为中心来安排,即以美、英、苏、中、法为序。不料有人指出:按照联合国宪章,安全理事会五个常任理事国是以中、法、苏、英、美(按照国名字母先后)为序的。这样一来,两个非英美派的中国和法国法官将坐在他的两旁,而他所倚重的英国和美国法官反倒不能居中央席次。于是,他又提议说:我们不是联合国的组织,不必照五强居中的安排,可以适用一般按国名字母先后为序的办法。然而,果真如此,居中央席次的将是中、加两国以及法、印、荷、新等国的法官,而庭长所希望接近的英美法官反而离开他更远了。又有人提议:远东法庭既是国际性的法庭,就不必以国家为序而应以法官个人的年资为序。这又引出了"年资是什么"的问题——它是指法官年龄的大小,还是在国内任法官时间的长短?何况法官级别也还有高低之分。另外,当律师、当教授的年资同任法官的年资又应该怎样折算?要解决这些问题,就非组织一个委员会去细致地调查研究各国的法律政治制度不可。就这样,大家争来争去,议论纷纷,莫衷一是。梅汝璈法官幽默地说:

> 我看依照日本投降书上受降签字的次序安排坐席最为合理。如果庭长和大家不赞成这个办法,我们不妨找一个体重测量器来,看看各人的体重是多少,然后按照它来安排席次,体重者居中,体轻者居旁。这样,我们便可以有一个最公平最客观的标准。

这话引得哄堂大笑。庭长对中国法官笑道:"你的办法很好,但是它只适用于拳击比赛。我们是个国际法庭而不是拳击比赛。"梅汝璈答道:"假使不照受降签字的次序,我认为这是唯一客观可采的标准。纵使我被置于末坐,也当心安理得,并且可以向我的政府有所交代。他们绝不会对我感到不满。如果他们要让中国得到较高的席位,就必须派一个比我肥胖的人来替代我。"显然,梅汝璈意识到庭长在排挤中国法官,不让他占据法官第二席。

这个问题就是这样半认真、半开玩笑地在开庭前的多次法官会议上谈论来谈论去。庭长既不作出决定，又不愿付诸表决。直到开庭前"预演"的那一天，矛盾彻底激化了。当日下午 4 时，各位法官穿好法袍，在法官会议室集合。庭长宣布行列及坐席的次序是：美、英、中、苏、法、加、荷、新、印、菲，并说这是经过盟军最高统帅同意了的安排。照这个安排，庭长右方将为美、中、法、荷、印 5 国法官，左方将为英、苏、加、新、菲 5 国法官，其用意是要英美居中，排挤中国，以压制加拿大（照受降签字次序加拿大应排在法国之前）作为陪衬，表面上看来似乎也有点符合五强居中的意思。

　　庭长这一宣布，使大家愕然。中国法官梅汝璈和加拿大法官麦克杜格尔当即抗议。梅汝璈脱下法袍，表示不能参加这样的预演，并离开会议室，回到自己的办公室，穿起大衣，戴上帽子，做出要回帝国饭店的姿态。庭长没有料到梅汝璈会这样做，他赶紧来到中国法官办公室对梅汝璈解释："盟军最高统帅要英美居中的意思无非是因为他们对英美法程序熟识一些，纯粹是为了工作上的便利着想，并无歧视中国的意思。中国的席位仍然在苏法之上，是五强的中坚。"梅汝璈说："这是国际法庭，不是英美法庭，我看不出有英美派居中的必要！假使有的话，何以加拿大、新西兰等英美法系的法官又被挤在两旁呢？"庭长又说："照现在的安排，你的近邻将是美国法官和法国法官而不是那位苏联将军，你将是很愉快的。"梅汝璈答道："我不是为了要愉快而来到东京的。中国遭受日本战犯们的侵略荼害达五十余年，对中国人来说，审判日本战犯将是一件非常沉重严肃的任务，绝不是一件轻松愉快的工作。至于说到苏联人，我们中国人并不像你们西方人那样厌恶或害怕他们。我觉得我们这位苏联同事有说有笑，是一个非常和蔼可亲的人。"庭长威胁说："这是最高统帅的意思。如果因为你的拒绝尊重这个安排而使中美关系陷于不愉快的境地，那将是非常可憾的。你的政府未必同意你的这种行为。"梅汝璈不容置疑地回答："政府同意不同意是另外一件事，但是我绝不接受这种于法无据、于理不合的安排。中国是受日本侵略最惨烈、抗战最久、牺牲最大的国家，在审判日本战犯的国际法庭里它应有的席位被降低，这是不可思议的事情！我不相信中国政府会同意这个安排。同时，我也怀疑这个安排真正是最高统帅作出的。"最后这句话无疑牵涉庭长的品格。他听了很激动,同时又看到梅汝璈态度坚决,只好去和其他法官商量,然后又以"今天只是预演,座次问题可以再讨论"为理由,劝梅汝璈参加预演。

梅汝璈知道,许多摄影师和新闻记者都等候在审判大厅里,如果法官按照错误的排序预演开庭,又被报道出去,就会造成无法改变的既成事实。他对庭长说:"排序一事我已在法官会谈中提过多次,多数同事们并无异议,也没有人提出过更好的办法。但是你始终不愿将这个问题付诸表决。我看再开法官会议是不必要的。唯一的办法是预演时就依照受降签字次序排列,如果最高统帅不同意,我们明天再开法官会议不迟。倘不如此,我绝不参加。至于我将来怎样办,我还得慎重考虑一下。我可以向政府请示,看它是否支持我,也可以向政府辞职,请它另派一个人来接替。这完全是我个人的事情。"说完,又做准备离去状。此时预演仪式已经推迟了约二十分钟,参加的人们已经有点不耐烦了。梅汝璈心中有数,知道如果他不出席,预演是不会举行的,即使草草地举行了,正式开庭必定会延期。这将掀起轩然大波,因为开庭日期已向全世界宣布,一切准备工作都已就绪,延期开庭的责任最高统帅或庭长都是不愿负而且也负不了的。过了一会儿,庭长又来找梅汝璈。他说:"大家同意你的意见,预演就照受降签字国的次序进行。今晚我把情况报告最高统帅,看他是否同意。"说完便悻悻地转过身去。梅汝璈于是脱去大衣,换上法袍来参加预演,此时较预订时间迟了半个多小时。后来,在法庭正式开庭的时候,庭长向法官们宣布:"最高统帅已经同意,我们以后行列和座席的顺序就按照预演时的顺序。"梅汝璈和法官们大都感到松了一口气,因为一个谈论了多日、僵持了多日的问题已经得到最后的解决,加拿大法官尤感高兴。

众所周知,在各种国际场合,争席位、争排场的明争暗斗是经常发生而且是不可避免的。这种斗争常常关系到国家的地位、荣誉和尊严,不能把它当作细枝末节,以为无关宏旨而淡然置之。第二次世界大战之后,中国虽一跃而跻身于世界五大强国之列,但是它的权益经常受到侵犯和剥夺。要维护中国的尊严和利益需要进行坚决、艰苦的斗争。站稳了合法合理的立场,便应该有寸步不让、坚持到底的决心和勇气。当然,也要正确地估计形势和可能出现的后果,随机应变,有勇有谋。中国法官梅汝璈的坚定作为,是维护民族尊严和国家主权的突出范例(见图 47)。天津《益世报》驻东京特派员刘浦生曾在 1947 年 8 月 3 日的《益世报》上发表《介绍东京国际法庭的法官》一文,报道了"座次之争"的经过。

图 47　法官席 [1]

三、力战法庭,为国雪耻

　　远东国际军事法庭所占用的大厦,在第二次世界大战之前曾是著名的日本陆军士官学校所在地,日本陆军省和所谓"大本营"也曾设在这里。担任过关东军参谋长、日军总参谋长、国务总理大臣兼陆军大臣的战争元凶东条英机多年来就在这里办公,原来属于他的办公室,现在坐进了老法官韦伯庭长,这不能不说是相当深刻的讽喻。

　　1946 年 5 月 3 日上午 9 时 30 分,历史记下了这一时刻——远东国际军事

---

1 图片来源:国家图书馆东京审判资源库,http://mylib.nlc.cn/web/

法庭正式开庭。这是轰动东京的大事,法庭内外挤满了新闻记者、摄影师、盟国来宾和日本旁听群众。在此之前,法庭已经接受了国际检察局提交的针对日本28名主要A级战犯的起诉书,盟军统帅部也根据《波茨坦公告》的规定,拘捕了100多名战时日本政界、军界的重要领导人,各国检察官搜集了这些人的主要犯罪证据,为正式起诉做了较为充分的准备。值得一提的是,国际检察局采纳了中国检察官的意见,把追究被告犯罪行为的时间确定在1928—1945年,从"皇姑屯事件"追究起,直到日本投降,否定了一些人基于"欧美中心""白人至上"观念而提出的从1941年"珍珠港事件"开始追究的主张,这表明中国在反法西斯斗争中做出的决定性贡献得到了明确肯定。

审判大厅内响起司仪宏亮的声音:"请安静",然后是"全体起立!"在众多摄影机、照相机镜头前,法官们登上了审判席。法官们默诵着法官誓词:"我们郑重保证,我们,远东国际军事法庭的法官,必定秉公执行我们的司法任务,绝无恐惧、偏袒、私爱。"此时,正在东京的盟国重要人物几乎都到场了,四五百名记者、六七百名听众坐得满满当当。被告们则坐在审判席的对面。法庭按程序要求他们对起诉书指控内容表态,他们竟然一概否认自己有罪。只有大川周明,装疯撒泼,在打了东条英机的秃头几巴掌之后被押出。

不管被告如何冥顽不化,面对庄严的起诉,他们毕竟失却了往日的威风。梅汝璈在日记中写道:"我看见那一群家伙就不免义愤填胸,好像同胞的愤恨都要在我一个人的胸口内发泄似的! 好在时间还早,这不过是一个开端,这些元凶巨憝既在法律的掌握之中,他们必定逃不出正义和公道的严厉制裁。"[1]
(1946年5月3日)

> 他们的名字和面目都引起我许多回忆和愤恨,尤其是那坐在前排顶右端,面团团的土肥原。他强作镇静,有时蠕动得很厉害,露出了不安的情形。东条依然是死板板地像泥塑的一样。荒木这70岁老家伙(他尝唱十

---

1 梅汝璈:《东京审判日记》,载梅汝璈著,梅小璈、梅小侃编《梅汝璈东京审判文稿》,上海交通大学出版社,2013,第104页。

万竹刀灭俄的谬论,荒谬绝伦!),他的银白色八字胡须长得芜长,绝不似以前照片上的那样整齐。这老家伙眼睛老是睁着,嘴唇蠢动作欲语状看来很有点倔强的样子。其余的虽然姓名都曾煊赫一时,但是他们此时此地的形容都平凡庸碌得很。怪不得《星条报》今天描写战犯形态"不像当年一个强大帝国的统治者一群人"。真的,这群家伙今日确实丝毫没有当年的威风和豪气,他们平淡得好像你在东京或上海任何公共汽车里可以碰见的一车搭客一样。最可怜的是那曾在国际间翻云覆雨红极一时的松冈洋右,他在九一八后代表日本退出国联,侮辱中国为"地理上的名词";他曾制造三国防共协定;他又首创苏日中立条约,还在莫斯科车站与斯大林元帅拥抱过,接吻过。这小子今天面黄肌瘦,形容憔悴,脸上横胡子之中,又是直胡子,其实他的胡须根本就是芜杂一团,未加修整。其次便是南京大屠杀的总凶手松井石根。我的天,这简直是一个驯服得像绵羊似的可怜虫。英文报上说这位当年杀人如麻的大将很像一个失了业或欠薪已久的银行小书记。这话再恰当没有!看见松井大将,使我想起《日出》里的那个小职员来[1]。(1946 年 5 月 4 日)

在两年多的庭审中,让梅汝璈时常感到焦虑和担忧的,主要还不是以上这些客观情况,而是某些律师的干扰和检察方面提交证据时遇到的困难。由于法庭对辩护律师的数量、国籍以及辩论时长没有硬性规定,庭审中出现了律师众多、喧宾夺主、拖沓延宕的畸形情况。东条件英机的辩护律师清濑一郎,竟公开对包括韦伯庭长在内的多数法官之资格提出质疑。辩护律师数量达 130 余名,被告权利已得到充分保障,美国律师科尔曼居然又要求盟军总部和法庭批准设立一个与国际检察局平起平坐的"国际辩护处",来组织、协调辩护事务。梅汝璈在日记中写道,我看了科尔曼的建议,感觉他实在没有什么道理,实属荒谬绝伦(1946 年 5 月 9 日、10 日)。因反对者众多,"国际辩护处"没搞成。一些由盟

---

1 梅汝璈:《东京审判日记》,载梅汝璈著,梅小璈、梅小侃编《梅汝璈东京审判文稿》,上海交通大学出版社,2013,第105—106 页。

军总部发工资、被派来帮助辩护的美国
律师在辩护时转移论题,东拉西扯,故
意耽误时间,甚至诱导、调侃证人。尽
管法庭开除了两名胡搅蛮缠的美国律
师,但是按照梅汝璈法官的说法,远东
国际军事法庭为了维持"公平审判"的
外貌,并未充分行使宪章所赋予的保证
审判不受干扰的权力[1](见图48)。

图48 梅汝璈在法庭上发言

更明显的干扰则来自法庭之外,集中表现在是否起诉天皇这个问题上。梅
汝璈在日记中写道:"就纯法律观念来说,我实在看不出天皇对于日本侵略战争
何以会没有责任。这个问题在法官们私人谈话间迭次讨论过,大多数人与我持
同样的观点。"[2](1946年4月8日)但是,根据国际形势变化和美国全球战略的
需要,麦克阿瑟指示国际检察局不要把天皇作为被告,理由是这个问题是政治
问题,不起诉天皇有利于对日本的占领。尽管遭到多数检察官、法官的反对,天
皇终于没有被起诉。后来,1948年11月30日的《申报》刊出了梅汝璈法官对这
个问题的议论:

> 在第二轮的审判过程中,我们得到无数的证据,足以证明他(天皇裕
> 仁)即使不是日本侵略战争阴谋的发起人之一,至少也是一个消极的阴谋
> 的参加者,即足够构成他从犯的罪名。我们法官,只能审讯与判决名列检
> 察侦诉状中的被告,天皇之名,不在起诉书内,法庭便无法加以裁判。至于
> 为什么他不被起诉,那恐怕是一个政治问题吧。日本天皇与天皇制度是两
> 件事。《波茨坦公告》中虽给予日本人民以选择政府制度(包含天皇制度)
> 的自由,却并没有给日本人或任何人以包袒日本天皇战争责任的权力。就

---

1 梅汝璈:《远东国际军事法庭》,载梅汝璈著,梅小璈、梅小侃编《梅汝璈东京审判文稿》,上海交通大学出版社,2013,
第216—223页。

2 梅汝璈:《东京审判日记》,载梅汝璈著,梅小璈、梅小侃编:《梅汝璈东京审判文稿》,上海交通大学出版社,2013,第65页。

是麦帅,身为盟军最高统帅,也没有权力或资格宣告日本天皇的无罪。要断定裕仁天皇之有罪与否,从合法的观点来看,是只有在一个国际性的法庭内解决的。远东国际军事法庭并没有任何袒护天皇的企图。

不难看出,面对法庭内外出现的各种复杂情况,梅汝璈法官在精神上时时陷入困境。

一是身份与情感的冲突。作为中国人,梅汝璈与多数同胞一样,怀着申冤雪耻的迫切愿望。"我的愤恨便是同胞的愤恨。"[1](1946 年 5 月 3 日)可是,法官这个身份,要求他的言行举止必须中规中矩,严守中立原则,平等对待原告和被告,不能表现出倾向性。他只能隐忍,等待,即使心急如焚,也得耐心听取控辩双方发言。11 位法官中只有荷兰法官勒林比梅汝璈年轻,其他 9 位均较梅汝璈年长。为了表现得庄严、持重,梅汝璈蓄起了胡须。某次回国述职,梅汝璈买了一尊小小的瓷制弥勒佛坐像带回东京,摆在办公桌上,试图借助弥勒佛"笑口常开"的模样为自己缓解压力。

二是分工与需求的矛盾。按规定,法官和检察官的分工非常严格。中国检察官担负着繁重的起诉、取证工作,人力不足,紧张辛苦。然而,梅汝璈作为法官,完全不能参与,甚至不能与向哲濬检察官有较多接触。在短短五十几天的日记里,梅汝璈数次提及明思兄(向哲濬检察官字明思)为搜集被告罪证殚精竭虑乃至明显消瘦、头发变白的状况,他们之间还不得不减少联系,以避嫌疑。"我不胜其爱莫能助之感。"[2](1946 年 4 月 16 日)唯其如此,当他看到中方检察官顾问倪征燠指控侵华罪魁土肥原贤二、板垣征四郎的精彩表现,便由衷地感到欣慰。

三是程序与实体的纠葛。尽管被告席上的战争责任者——昔日的军政首脑个个罪恶昭彰,法庭也不能迅速定罪量刑,必须按规定程序办事。冗长的辩

---

[1] 梅汝璈:《东京审判日记》,载梅汝璈著,梅小璈、梅小侃编《梅汝璈东京审判文稿》,上海交通大学出版社,2013,第103 页。

[2] 同上注,第80 页。

护,反复的争执,审判席上的法官必须全盘听取。可想而知,在两年多的漫长庭审中,面对那些采取"拖延战术"的律师和装聋作哑的被告,梅汝璈是何等愤懑。庭审刚刚开始,梅汝璈已经预感到这可能是一场旷日持久的拉锯战。"今天是机器真正开动的一天,我希望一切从此急转直下,不再延宕。"[1]（1946 年 5 月 3 日）

1948 年 4 月,历时近两年的庭审终于结束,法庭的工作进入起草判决书和定罪量刑阶段。梅汝璈与几位同事、助手通力合作,在堆积如山的数万页庭审记录中"钻来钻去",有时也与韦伯庭长以及其他法官进行书面或口头交流。经过艰苦努力,远东国际军事法庭判决书中由梅汝璈等人承担的部分较为顺利地完成了。这部长达 60 万言的判决书与众不同,它的内容不限于罗列犯人罪名和所受刑罚。梅汝璈在 1948 年 8 月 20 日致当时国民政府外交部的电报中指出,判决书的事实部分"不啻一部翔实之二十年来远东关系史,或日本对外侵略史,就历史学术言,将为一不朽之贡献,有重大之价值"[2]。1948 年 11 月 10 日,法庭正式宣判,梅汝璈再次就判决书之事致电外交部:

> 日军在各地之暴行,则另列专章（南京屠杀为该章中最特殊之一节,占首要地位）。在叙述日本对外侵略事实经过之四百数十页中,"对华侵略"部分,为璈所亲自主稿,提出约二百五十页,占篇幅半数以上。对于十七年来交综复杂之中日关系,论列至详。是非曲直所在,将可大白于天下后世,私衷引为慰快[3]。（1948 年 11 月 10 日）

现在,在北京天安门广场东侧的国家博物馆,名为《复兴之路》的大型展览中,就展示着梅汝璈亲属捐赠的判决书打印稿和梅汝璈高居审判席时穿着的法

1　梅汝璈:《东京审判日记》,载梅汝璈著,梅小璈、梅小侃编:《梅汝璈东京审判文稿》,上海交通大学出版社,2013,第 105 页。

2　梅汝璈:《东京审判期间的部分函电》,载梅汝璈著,梅小璈、梅小侃编:《梅汝璈东京审判文稿》,上海交通大学出版社,2013,第 19 页。

3　同上注,第 24 页。

袍。发黄卷边的打印稿上,留存着梅汝璈法官用铅笔修改的痕迹。

东京法庭的运作程序、被告罪名都是先后经过讨论确定的。然而,对于被认定有罪的被告应该适用何种刑罚,法庭却没有规定统一的量刑标准。尽管 11位法官经过两年多的共事私交不错,尽管 11 位法官中来自英美法系国家的比较多,但是大家的意见并不一致。比较重大的分歧就是要不要适用死刑。来自已经废除或部分废除了死刑且没有遭受日本侵略者严重祸害之国家的法官,当然不可能轻易赞成适用死刑。韦伯庭长主张将战犯们流放到荒岛上,像拿破仑战败后那样;印度法官帕尔秉持着特定立场和陈旧观念,完全不同意判决书的内容,主张无罪释放全体被告;美国法官倒是同意适用死刑,但是他的注意力主要放在发动太平洋战争和虐待美军俘虏的战犯身上。总之,力主死刑者并不太多。

梅汝璈之所以坚决主张对日本重要战犯判处死刑,不是出于狭隘的复仇心理,而是为了伸张正义,对饱受日本侵略者欺凌的亿万同胞——包括幸存者与罹难者——有所交代,否则,他将无颜见江东父老,唯有蹈海而死以谢国人。整个量刑过程中,梅汝璈食不甘味,寝不安席,日夜与各国法官磋商,花了许多心血,费了无数口舌,终于取得了差强人意的结果——远东国际军事法庭判处东条英机、土肥原贤二、板垣征四郎、松井石根、广田弘毅、武藤章、木村兵太郎7 名战犯死刑,其余 16 人被判无期徒刑,2 人被判有期徒刑,另有 2 人已病死,1 人(大川周明)装疯逃脱起诉。法庭宣判完毕,土肥原和广田竟然通过律师向美国最高法院提起上诉,美国最高法院竟然"受理",从而招致诸多抗议。梅汝璈对美国记者说:"若一国可单独变更或撤销国际决定,势必开创国际间合作之危险前例。"美国最高法院于 1948 年 12 月 20 日宣布不干涉东京法庭原判,东条英机等 7 名死刑犯却因此至少多活了半个月。

尽管存在诸多不尽如人意之处——如繁琐拖沓、虎头蛇尾,尽管法庭内外、法官之间在法学理论和具体主张上多有争论,尽管专家学者对它也有种种看法——如是否"胜者审判"、是否"事后造法",远东国际军事法庭毕竟以人类司法史上罕见的,超过纽伦堡法庭的规模,通过艰巨、复杂的审判实践,与纽伦堡法庭一起,在传统国际法关于违反战争法规或惯例的普通战争罪以外,确立了破坏和平罪和违反人道罪,发展了战争罪行和战争罪犯的新概念,而这正标志着国际法——特别是战争法——的新飞跃。当然,梅汝璈的名字从此便和东京审判紧密地联系在一起。

四、归国履新外交顾问

东京审判告一段落,梅汝璈辗转香港,于 1949 年底到达北京。梅汝璈对国民党的统治早就感到失望、不满。他回绝了国民政府的任命,拒不出任行政院政务委员、司法部长,也不打算到台湾。在与中国共产党方面的工作人员取得联系后,经他们安排,梅汝璈化装成商人乘船北上,在舟山群岛附近海面上曾遭盘查,所幸并未暴露身份。到北京后的第三天,梅汝璈应邀出席中国人民外交学会成立大会。周恩来总理到会讲话,他特别说道:"今天参加这个会的,还有刚刚从香港回来的梅汝璈先生。大家知道,他在远东国际军事法庭工作了将近3 年,对侵略我国的大战犯给予了严正的判决。他为人民办了一件大好事,为国家增了光,全国的人民都应该感激他。"

会场上响起热烈的掌声,梅汝璈深受鼓舞。此后,他出任新中国的外交部顾问,并被推选为外交学会常务理事和法学会理事。1954 年,梅汝璈担任了全国人民代表大会代表、法案委员会委员。这几年,他作为法律界和外交界的代表,经常出席各种国际会议。即使在 1957 年受到批判,周恩来总理、陈毅副总理还以不同方式对梅汝璈表示了关心。梅汝璈胸襟坦荡,爱国热情丝毫不减。他撰写了多篇批评日本军国主义复活倾向的文章,并开始写作《远东国际军事法庭》一书,计划于 1968 年竣工,约 60 万字。"文革"中,梅汝璈受到冲击,《远东国际军事法庭》未能完成,相关资料多有散失。1973 年 4 月 23 日,梅汝璈病逝于北京,终年 69 岁。

秘书方福枢：
身兼数职挑重担

　　方福枢（Wellington F. S. Fang，1914—1976），字立中，福建闽侯人。1927年入读北平师大附中，1933年中学肄业。同年进入东吴大学苏州本部文理学院进行法律预科的学习。1934年转至上海东吴大学法学院正式攻读法律专业，历年学习成绩优异。1938年6月获东吴大学法学士学位。毕业后由中英庚款董事会指定，留东吴大学法学院任科学研究助理。1940年任上海工部局法律部代表律师。1943年4月30日，辞职离开工部局。后在上海开办律师事务所办理民刑及非讼案件。1946年3月，赴日本东京参加远东国际军事法庭审判日本战犯的工作，任职中国法官梅汝璈的首任秘书，并翻译《远东国际军事法庭宪章》和《远东国际军事法庭程序规则》，担任国防部次长秦德纯和"满洲国"傀儡皇帝爱新觉罗·溥仪作证时庭审现场口译。半年后回国，继续从事律师业务。不久入上海怡和公司工作，后赴香港，受聘于捷成洋行，任行政经理，主管纺织、机械业务。1976年逝世。[1]

---

1 程兆奇、龚志伟、赵玉蕙编著《东京审判研究手册》，上海交通大学出版社，2013，第176页。

一、精英养成，奉命赴日

方福枢出生于 1914 年 9 月 23 日，祖籍福建闽侯。1927—1933 年，方福枢在北平师大附中度过了六年的中学时光。在校读书期间，恰逢九一八事变爆发。1931 年 10 月 13 日，年仅十七岁的方福枢为唤醒国人用英文撰写文章《Wake up, Countrymen!（觉醒吧，同胞们!）》发表在《北平师大附中校友会会刊》上，尽显少年锐气。

1933 年 9 月，方福枢考入被誉为中国英美法教育学的摇篮——东吴大学法学院，开始系统地研习法律。1938 年 6 月，方福枢从东吴大学法学院毕业，获得法学学士学位。此后不久，他由中英庚款董事会[1]指定，留东吴大学法学院任科学研究助理，聘请丘汉平博士等为导师，从事研究工作[2]。

1940 年，方福枢进入上海公共租界工部局任法律部代表律师[3]。几年内，他参与了公共租界内众多刑事案件的起诉工作，逐步积累司法经验。太平洋战争爆发后，工部局与日本的矛盾日趋激化。方福枢遂于 1943 年 4 月 30 日辞职，离开工部局[4]。

抗日战争胜利后，方福枢在上海重执律师业务。此后不久，他接到一项重大任务，赴日参与远东国际军事法庭的战犯审判工作。

远东国际军事法庭成立之后，经外交部遴选，中国派出的法官是毕业于清华学校，获芝加哥大学法学博士学位的国民政府立法院立法委员及外交委员会代理委员长梅汝璈；检察官是毕业于清华学校，留学美国耶鲁大学、华盛顿大学并获文学士及法学学士学位，时任上海高等法院首席检察官的向哲

---

[1] 中英庚款董事会成立于 1931 年 4 月，是对英国"退还"的庚子赔款进行管理和分配的机构。其原则是按照一定的支配标准，资助中国的生产建设事业与教育文化事业。抗战开始后，中英庚款董事会基于战时需要设置科学研究助理，旨在救助和培养大学新毕业而有志于科学工作的青年，至 1941 年共资助 70 余人，方福枢即是其中之一。

[2]《东吴通讯》1939 年 4 月第 5 期，第 22 页。

[3] 汝葆彝：《上海公共租界的点滴回忆》，载《20 世纪上海文史资料文库》第 10 辑，上海书店出版社，1999，第 25 页。

[4]《上海公共租界工部局公报》1943 年第 14 卷第 9 期，第 15 页。

溃。梅、向二人又各自向外交部推荐了自己的助手人选[1]。方福枢毕业于东
吴大学法学院,深谙英美法体系,又在上海从事律师业务多年,有很高的英文水
准,为梅汝璈所看重。因此,外交部任命方福枢为中国法官梅汝璈的英文秘书,
即刻前往东京。当时秘书的薪金标准为每月300美元,远远少于方福枢从事律
师职业的日常收入。但方福枢"考虑之下,认为这次审判是国际法学界空前的
一桩大事,而且关系到揭露和惩罚日本军国主义者侵略我国的严重罪行,因亦
毅然乐从"[2]。

1946年3月30日,方福枢与先期来沪调查战犯证据的向哲濬一起随首席
检察官季南乘坐专机由上海飞抵距东京42英里的厚木机场,由美军人员接往
东京市内。"车行途中,只见到处瓦砾,一片创伤,战前重要政府机关的建筑物
均有弹痕枪迹,唯有皇宫和陆军省大楼巍然无恙。"[3]战争对日本人民同样造成
了深重的灾难,这让方福枢感慨不已。

4月2日,远东国际军事法庭召开法官谈话会。梅汝璈带领方福枢到法庭
办公所在地——原日本陆军省大楼熟悉环境,并借此正式介绍他"与各国法官
们以及法庭重要办事人员个别见面,握手寒暄。他们对他都表示欢迎,尤其是
希金斯[4],态度最为诚恳。"[5]方福枢在东京的工作正式开启。

二、身兼数职皆胜任

审判初期,国民政府派遣赴日的工作人员不多,人手十分紧张。为更好地
完成审判任务,不辜负人民的重托,身为法官秘书的方福枢勇挑重担,身兼数

---

[1] 方福枢:《远东国际军事法庭侧记》,《文史精华》1994年第1期,第44页。

[2] 同上注,第45页。

[3] 同上注,第45页。

[4] 约翰·P.希金斯(John P. Higgins),美国马萨诸塞州最高法院首席法官,1946年1月被任命为远东国际军事法庭美国法官,1946年6月因国内公务繁忙辞职,美方随后改派美国陆军军法总监密朗·C.克拉默(Myron C. Cramer)将军接任美国法官一职。

[5] 摘自梅汝璈1946年4月2日日记,载梅小璈、梅小侃编:《梅汝璈东京审判文稿》,上海交通大学出版社,2013,第53页。

职,出色地完成了各项任务。

法官的办公室及会议室设置在远东国际军事法庭二楼。在会议室左手边的英国和加拿大法官办公室之间即为中国法官梅汝璈的办公室,"房间很大,地毯、窗帘、桌椅、挂画,都布置得十分华丽,光线特别充足,看了令人感觉心里舒服"[1]。私人秘书办公室与法官办公室毗连,是通往法官办公室的必经之路。方福枢就在这里工作。每日早晨方福枢准时到岗,协助梅汝璈处理公务,并负责整理文件、联络通信、收取信件、接待来宾等日常事务。在梅汝璈因故不能到庭时做好值班工作,完成梅汝璈交待的其他任务。

作为私人秘书,方福枢陪同梅汝璈一起出席过一些社交活动。如4月15日,中国旅日华侨联合会在上野公园的中国饭店举行宴会,欢迎中国驻日军事代表团团长朱世明将军和梅汝璈抵日,方福枢随同前往,与日本侨胞欢聚座谈。此外,方福枢还随梅汝璈多次拜访中国驻日军事代表团商讨审判事宜。

东京审判是当时世界各国新闻媒体争相报道的焦点,大批记者聚集于此。作为中国法官,梅汝璈在与新闻记者打交道时,秘书方福枢往往充当中间人及部分代言人的角色。4月29日,起诉书呈递仪式结束后,梅汝璈在其办公室接受了中央社东京特派员张仁仲先生的采访。而关于法院的情形和最近几天的进行程序则由方福枢代为详细阐述。次日,方福枢约中央社海外记者的台柱之一、著名随军记者宋德和先生与梅汝璈共进午餐。之后宋德和在记者公会饭厅回请梅汝璈和方福枢,席间还有几个美国新闻记者以及张仁仲加入,大家边吃边谈,气氛愉快。

到达东京之后,相较于准备起诉书、奔波各地搜集日本侵略证据的检察官而言,法官的工作内容相对轻松一些。盟军总部对11国法官给予最大优待,在休假期间法官们通常会制定一些旅行计划。美国法官希金斯对中国倾慕已久,与梅汝璈私交甚好。经盟军总部核准,并征得中国政府同意,希金斯和梅汝璈

1　摘自梅汝璈1946年3月23日日记,载梅小璈、梅小侃编《梅汝璈东京审判文稿》,上海交通大学出版社,2013,第42页。

利用法庭正式审理前的休庭期,乘坐盟军总部专机,连同 10 名随行人员于 1946 年 5 月 16 日晚抵沪,随后在上海、北平等地游览考察了约十天[1],同时搜集审判所需图书等资料。在此期间,梅汝璈还曾晋京述职[2]。方福枢本就有回国一趟的意向,此次亦随同前往。旅程结束后,一行人飞回东京,开始做庭审前的最后准备。对此,《申报》曾有如下报道:

> 远东国际军事法庭中国法官梅汝璈及美国法官希金斯,奉派来华,已于十六日晚自东京飞抵上海。随来者有秘书方福枢、华莱尔、副官柯尔勃及随员驾驶员等共十一人。分别下榻都城饭店及百老汇大厦。据悉二氏来沪使命,为搜集图书资料,以供法庭审判参考之用[3]。

繁琐又细致的秘书工作,方福枢完成得一丝不苟,受到梅汝璈的肯定。他在日记中这样写道:"方秘书确实是一个能刻苦用功的人,而且他的英文和法律知识都不坏。我想将来法庭正式工作开始之后,他一定可以给我许多帮助。"[4]正因如此,开庭前,梅汝璈将一项重要任务交给了方福枢——翻译《远东国际军事法庭宪章》和《远东国际军事法庭程序规则》[5]。

《远东国际军事法庭宪章》(以下简称为《宪章》)是驻日盟军最高统帅麦克阿瑟于 1946 年 1 月 19 日颁布的,由季南团队及统帅部法律处共同起草[6],确立了美国在审判中的主导地位。《宪章》共分 5 章 17 条,对法庭的组织、管辖权、审讯程序、被告权利、判决与判罚等方面做了严格规定。"在远东国际军事法庭整个的存在期间,这个宪章始终是法庭在组织方面和审判程序方面的根本方针

---

1 梅小璈、梅小侃编《梅汝璈东京审判文稿》,上海交通大学出版社,2013,第 197 页注释 1。

2 《梅汝璈今日晋京述职》,《申报》1946 年 5 月 20 日。

3 《国际法庭法官梅汝璈等抵沪》,《申报》1946 年 5 月 18 日。

4 摘自梅汝璈 1946 年 4 月 3 日日记,载梅小璈、梅小侃编《梅汝璈东京审判文稿》,上海交通大学出版社,2013,第 54 页。

5 梅汝璈日记中记作:"诉讼程序细则"。《梅汝璈东京审判文稿·附录》中收录此细则全文,题为《远东国际军事法庭程序规则》。此处取后一种说法。

6 [美]阿诺德·C·布拉克曼:《另一个纽伦堡——东京审判未曾述说的故事》,上海交通大学出版社,2017,第 48 页。

和指导原则。"[1] 因此，将其译成中文势在必行。方福枢于 4 月 3 日正式开始《宪章》的中文翻译工作。梅汝璈在当日日记中亦有提及：

> 4 月 3 日　星期三
>
> 今天上午约方秘书来饭店，我们共同逐条研究了一下远东国际法庭的宪章（Charter）。解释讨论之后，我交给他去译成中文[2]。

不同于普通文献的翻译，《宪章》作为东京法庭最重要的法律文献，涉及庭审的每个环节，不可有丝毫错漏。尤其是一些名词的译法，需要反复斟酌。为此，方福枢多次与梅汝璈相商，针对有疑问的部分进行了充分讨论。五天后，凭借良好的英文水平与法学功底，方福枢提交了《宪章》的中文译稿。

4 月 26 日，盟军最高统帅对《宪章》进行了一次修订，指明被告自辩或聘请律师辩护只能二者选一，并将法庭成员的最高额提高至 11 名，增加印度和菲律宾法官各一人。方福枢立即着手修改《宪章》译稿，梅汝璈在仔细校正并与方福枢磋商后，于 5 月 11 日将中文版《宪章》交予他的日文秘书罗集谊抄写定稿。

为补充《宪章》中关于审讯程序的内容，庭长韦伯爵士亲自起草了《远东国际军事法庭程序规则》（以下简称《程序规则》）。在草案讨论期间，方福枢与梅汝璈一起对草案内容进行了深入研究，发现了一些问题。关于这点，梅汝璈在日记中有如下记载：

> 4 月 10 日　星期三
>
> 五时至七时，我和方秘书校读国际法庭的"诉讼程序细则"（卫勃爵士[3] 起草）第二次草案。我们逐条朗诵，逐条研究，并对照 Ollivetti 上校（第八军主管审判战犯的名法律实务家）所提的私人意见书。我们发现了有许多地方还有斟酌的余地；再仔细研究一两次之后，我或许可以向"法官会议"

1　梅小璈、梅小侃编《梅汝璈东京审判文稿》，上海交通大学出版社，2013，第 159 页。

2　摘自梅汝璈 1946 年 4 月 3 日日记，载梅小璈、梅小侃编：《梅汝璈东京审判文稿》，上海交通大学出版社，2013，第 54 页。

3　即韦伯爵士。

提出一个书面说贴，至少开会讨论的时候，我有充分准备和把握[1]。

　　4 月 12 日　星期五

　　　　……我提前偕方秘书到法院去……在法院，我们把"诉讼程序规则"（第二次稿）再逐条仔细研究了一遍，并把 Ollivetti 的意见书重新从详考虑一番。我在草案上做了些标记，预备下次开会时提出讨论[2]。

最终，《程序规则》在经过几次修正之后，于 1946 年 4 月 25 日以庭令公布，与《宪章》共同构成了法庭诉讼程序的基本规则。《程序规则》的中文翻译工作自然也由方福枢完成。5 月 8 日，梅汝璈将方福枢的译稿略加修正后，同样交由罗集谊用毛笔抄写定稿。

方福枢还出色地担任秦德纯、溥仪的现场口译工作。1946 年 5 月 3 日，远东国际军事法庭正式开庭。在庭审现场，方福枢坐在位于法官席（见图 49）下

图 49　东京审判庭审现场法官席[3]

1　摘自梅汝璈 1946 年 4 月 10 日日记，载梅小璈、梅小侃编：《梅汝璈东京审判文稿》，上海交通大学出版社，2013，第 67—68 页。

2　摘自梅汝璈 1946 年 4 月 12 日日记，载梅小璈、梅小侃编：《梅汝璈东京审判文稿》，上海交通大学出版社，2013，第 70 页。

3　图片来源：国家图书馆东京审判资源库，http：//mylib.nlc.cn/web/.

面一层的书记官及秘书席靠右手的第三个座位[1]，正对被告席，可以清晰地看到各被告的神情举止。

检方不断提请证人出庭作证，虽问题不断，尚能顺利解决。直到7月22日曾在七七事变时担任北平市长和二十九军副军长的国民政府国防部次长秦德纯作为证人出庭时（见图50），麻烦出现了。按照《宪章》规定，法庭的工作语言为英语和日语。为此法庭配备了数名英日互译人员，还设有语言监督官和一个三人的"语言仲裁委员会"，但对其他语种翻译的准备则严重不足。当第一位用中文发言的秦德纯将军作证时，法庭最初只能以日语为中介语进行接力传译，即先把中文或英文翻译成日语，再将日语翻译成英文或中文。由于三种语言存在很大差异，且口译员能力有限，导致翻译不准确甚至部分内容丢失的情况屡屡发生。辩方随即对这种翻译机制提出了反对，认为应该直接将中文译成英文，而不是以日语为中介。

图50　秦德纯将军出庭作证[2]

语言部负责人拉德纳·摩尔（Ladner Moore）少校解释称："我们没有一个同时会说中文和英文的人。我们只有英日和中日译员，没有中英译员。"然而，美籍辩护律师本·布鲁斯·布莱克尼（Ben Bruce Blakeney）仍旧对这种"双重翻译"会导致的种种弊端表示担心，认为法庭为了公平起见应当排除一切干扰，找到合适的翻译。庭长韦伯支持辩方的提议，并强调："在东京一定有这样的翻译。"向哲濬当庭表示，中国检方曾有意担任此项工作，但由于人们担心检方人员出任检方证人的翻译有失公允，只好作罢。事实上，"中国法官办事处曾电请

1　梅小璈、梅小侃编《梅汝璈东京审判文稿》，上海交通大学出版社，2013，第102页。

2　图片来源：苏州大学档案馆藏。

外交部遴派译员前往相助,该部复电嘱在日工作人员中遴选一人权代翻译职务。"[1]事情陷入了僵局。这时,美国检察官托马斯·H.莫洛(Thomas H. Morrow)上校提出,梅汝璈法官的秘书方福枢可以担此重任。同时,坐在韦伯左手边的梅汝璈递给他一张纸条,打消了韦伯的顾虑[2]。

最终,经过一番激烈的争辩,法庭决定临时征用方福枢作为中英文口译,并迅速补充后备力量。方福枢走上翻译台,庄严宣誓:"余在现在审讯之案件中誓必诚实翻译,谨誓。上帝其助我!"[3]法庭审理重回轨道,在方福枢及后续中英译员的帮助下,秦德纯证实了在土肥原贤二等人的阴谋推动下,日军制造七七事变并侵略华北之经过。7月25日,秦德纯完成作证使命,走下证人台。

8月16日,备受瞩目的检方证人——前清帝国末代皇帝、"满洲国"傀儡皇帝爱新觉罗·溥仪登场。法庭原有之中国译员因不愿为汉奸做翻译,故中英译员另由他人担任[4],方福枢应是其中之一。许是担心自己日后遭到清算,溥仪在作证时疑虑重重。虽然他的英文程度相当好,甚至时常对翻译员从旁指示[5],但在庭上坚持使用略带文言的中文回答问题,且极少出现"是"或"不是"等简单明确的字眼,令检、辩双方都大感头疼。如何将他话语中的隐晦含意准确表达出来是每一个翻译人员面临的重要挑战。他们不仅要做到如实翻译,有时还需要将溥仪话语中的"未尽之意"向法庭做出简短说明。除方福

---

1 方福枢:《远东国际军事法庭侧记》,《文史精华》1994年第1期,第45页。

2 *Transcripts of the Proceedings of the International Military Tribunal for the Far East*(远东国际军事法庭庭审记录),中国国家图书馆东京审判资源库,第2301—2306页;东京审判研究中心编《东京审判再讨论》,上海交通大学出版社,2015,第527页;[美]阿诺德·C·布拉克曼:《另一个纽伦堡——东京审判未曾述说的故事》,上海交通大学出版社,2017,第148页。

3 此句为《远东国际军事法庭程序规则》第八条规定之翻译员誓词格式,参见梅小璈、梅小侃编《梅汝璈东京审判文稿》,上海交通大学出版社,2013,第439页。开庭前,法庭曾规定对非基督教徒宣誓时删去"上帝其助我(So help me God)"字样(见梅汝璈1946年4月23日日记),但因方福枢是基督教徒,宣誓时理应有此句。

4 《原有中国译员,不愿为渠通译》,《申报》1946年8月17日。

5 《远东法庭众目睽睽下,傀儡皇帝溥仪作证,揭露过去日在东北暴行》,《申报》1946年8月17日。

枢外,大部分中英译员都来自中国驻日军事代表团。即便如此,翻译人力仍然不能满足需求。以至于 8 月 26 日,麦克阿瑟不得不将他的私人中文翻译调至法庭协助工作[1]。而在同一天,由翻译引发的矛盾集中爆发。法庭的最高语言专家摩尔少校因不懂中文而被质疑是否具备仲裁资格之后,竟然将翻译中出现的争议归咎于"东方人在压力下会回避问题"的所谓弱点。整个法庭为之震惊,向哲濬随即表示抗议,认为这是对东方人毫无道理的评判,同时指出翻译过程涉及多个角度,有一两个字或短语偏离要义在所难免。此次冲突以摩尔撤回言论并向法庭诚恳道歉宣告结束,也从侧面反映出当时的翻译工作所面临的巨大压力和困难[2]。

8 月 27 日,溥仪结束作证,退出法庭。他创下了远东国际军事法庭单人作证时间的最长记录——8 天,而其中六天的时间都用在翻译上了[3]。虽然溥仪为求自保刻意隐瞒了一部分事实,也引发了不少争论,但总体上,他的证言,揭露了日军在中国东北实行的分裂活动和侵略行径,成为对各被告定罪的重要证据。

工作半年后,方福枢胃病转剧。他推荐了东吴的学长杨寿林接任法官秘书工作,回国治疗,并继续从事律师业务。

在东京时,方福枢和代表团成员经常到中国联络参谋办公处去看最新的中央社电讯。看到国内新闻屡屡爆出的内战局势和物价飞涨的消息,大家无不痛心疾首。反观日本,虽然战后遭遇重创,人民生活困苦,但社会秩序安定,且与美国渐生"默契",得其提携,复兴之路指日可待。这让方福枢颇感戒惧。回国后,为警醒国人不再沉浸于战胜国的盲目乐观中,方福枢接受了《申报》的采访,

---

1　[美]阿诺德·C·布拉克曼:《另一个纽伦堡——东京审判未曾述说的故事》,上海交通大学出版社,2017,第158 页。

2　Transcripts of the Proceedings of the International Military Tribunal for the Far East(远东国际军事法庭庭审记录),中国国家图书馆东京审判资源库,第 4297—4302 页;[美]阿诺德·C·布拉克曼:《另一个纽伦堡——东京审判未曾述说的故事》,上海交通大学出版社,2017,第 158—160 页;向隆万编《向哲濬东京审判函电及法庭陈述》,上海交通大学出版社,2014,第 88—89 页。

3　高文彬、李菁:《高文彬:我所经历的东京大审判》,《中国远洋航务》2015 年第 10 期,第 93 页。

就日本的近况及庭审的进程发表了看法。全文如下：

方福枢返沪谈

日人刻苦狡猾，堪为我人警惕

声色犬马，笼络美人——极尽献媚阿谀之能事

〔本报讯〕在东京国际法庭我国防部次长秦德纯及伪满傀儡皇帝溥仪作证时担任翻译之我方法官帮办方福枢，最近自日返国，昨与记者谈及日本之近况称：战败国日本之一般情形反较战胜国之我国为佳。

方氏感慨国内情形之紊乱而觉日本社会秩序之安定。据云日本目前虽尚谈不上复兴繁荣，但战争之疮痍已渐平复，东京横滨等各大都市被炸烬余均已清理扫除，市容渐复旧观，一度凄凉冷落之银座区域且已恢复昔日之繁华。

日本人民生活虽仍困苦，但不致于如上海市民之朝夕生活于物价狂跳之惊涛骇浪中。一般物资仅衣着及交通工具比较缺乏，房屋虽亦闹荒，但绝无如上海以巨额金条出顶之现象。黑市虽存在而不猖獗，失业者虽有而心情乐观，彼等相信由于逐渐开展之各种重建工作，不久即可有受雇之机会。一般言之，政府管制有方，人民守法服从，故国家虽败而有希望，人民虽苦而生活安定。

方氏继称：尤堪为我人警惕者，日本为一刻苦狡猾之民族，善于利用机会，彼等深知此后命运操于美国之手，彼等尤深知在目前国际形势下美国对于日本之政策，因此彼等对于美国亦愈示其曲意承志献媚阿谀之能事。现时驻日美军多有"乐不思蜀"之感，盖一切舒服安适之生活，声色犬马之享受，日方无不尽量供给，殷勤伺候，以博得美人之好感。

至于国际法庭自本年五月间开始以来，目前尚在各国提供证据之阶段。然后被告辩护，然后检察官驳诉，宣判期将在明年三四月间，对于各战犯之定谳，残暴行为及虐待战俘两罪证据比较确凿，唯共谋及发动侵略战

争两罪在法律上颇有诿卸之余地,幸此次纽伦堡法庭上对德国战犯判决之先例,可为将来判罪之援引[1]。

图51　1946年10月8日《申报》刊载的《方福枢返沪谈》

1 《方福枢返沪谈:日人刻苦狡猾,堪为我人警惕;声色犬马,笼络美人——极尽献媚阿谀之能事》,《申报》1946年10月8日。

秘书杨寿林：
秘书法官皆胜任

  杨寿林(1912—1991)，江苏吴县人，翻译家、法学家。先后就读于苏州东吴附属第一中学和东吴大学法学院。1934年自东吴大学法学院毕业，获法学学士学位。同期在上海美商德士古石油公司[1]法律部工作，后升任法律部主任。1946年9月，赴东京出任远东国际军事法庭中国法官梅汝璈的第二任秘书。1948年11月，远东国际军事法庭审判结束后，在盟军总部新设立国际军事法庭（又称九之内审判）中担任法官，审理准A级日本战犯田中浩。1949年2月，九之内审判结束后回国，先后任东吴大学法学院、复旦大学教授。1956年调入上海外国语大学，历任英语系翻译教研室主任、《外国语》编辑、上海外语教育出版社副总编，长期从事翻译、教学、教材编写、学报学刊编辑等工作，参译《印度的

---

1 美商德士古石油公司(Texaco Corporate)——美国排名第三位的石油公司，又称得克萨斯石油公司。总部设在纽约州的哈奇森。1901年成立，名为得克萨斯燃料公司。1902年建立新石油公司，取名得克萨斯公司。1959年改今名。最初经营石油开采，其后石油销售网遍布美国，并在中东占有大量石油资源，已成为拥有120多家子公司和分支机构的国际石油跨国公司，在32个国家勘探石油，在18个国家开采石油，在130多个国家销售石油产品。

发现》，著有《翻译教程》等。1983 年 4 月，当选为上海市第八届人民代表大会代表，1988 年连任上海市第九届人民代表大会代表。1992 年去世，享年 80 岁。

一、东吴求学

1912 年，杨寿林出生于古城苏州。杨父曾在杨子江水利委员会和津浦铁路局任职，非常重视子女的教育。杨寿林自小聪颖好学，在小学阶段取得优异成绩，毕业后进入东吴大学附属第一中学就读。东吴大学附属中学与东吴大学一脉相承，附中的校长按例由东吴大学的教授兼任。在东吴附中，杨寿林才华显露，他学业优秀，爱好体育，擅长足球运动。

1925 年 5 月 30 日，五卅运动在上海爆发，毗邻上海的苏州受到极大的震动和影响。姑苏城内，离东吴大学不远就有一条五卅路。当年，东吴大学、东吴附中响应上海工商学联合会的号召，分别建立了学生自治会，组织学生开展反帝国主义经济侵略的罢课运动。东吴学生会有其自身特色，早期设为两权制，即立法、行政两权，分评议部和执行部。后期依照西方"三权分立"的原则增设司法部。司法部设正裁判、副裁判、书记长各一名，监督、部员数名。杨寿林因品行和才干得到同学们的一致赞许，被推举为司法部正裁判。谁能想到，二十年后，就是这位英俊少年端坐在东京远东国际军事法庭法官席下前排位置，代表中华民族四万万五千万同胞公审日本战犯。

东吴附一中高中毕业后，杨寿林进入东吴大学法学院深造，同时在上海美商德士古石油公司法律部工作。他白天在公司上班，晚上在法学院学习。当时东吴法学院实行夜校制，下午 4 时半到晚上 7 时，这样既方便了来东吴法学院兼课的各法院推事（法官），各大律所的名律师，可以在结束白天开庭后来学校授课，学生也可以边工作边学习，赚取生活费，同时法学教育讲究案例教学，达到学以致用、活学活用的教学目的。

1931 年至 1934 年，杨寿林在东吴法学院刻苦学习了四十余门课，在校期间还聆听到向哲濬教授讲授的《侵权行为》、倪征燠教授执教的《民法总则》，得到一批名教授的悉心教诲。同届东吴大学法学院毕业生共 73 人。1935 年，裴劲恒也从东吴法学院毕业。彼时,东吴法学院已发展到鼎盛时期,名流荟萃,大批东吴国际比较法学精英活跃在中国法律界、外交界、政界、商界。毕业后,杨寿林继续在德士古石油公司工作,很快升任法律部主任。

二、侥幸渡劫

1937 年七七桥事变之后,日本军队在上海派遣军司令松井石根的指挥下,向上海的中国军队发起进攻,八一三事变爆发。上海南市、虹口等地居民纷纷向租界逃难。次日,杨寿林正在敏体尼荫路(今西藏南路)八仙桥青年会大楼上班。他担心着苏州的父母亲写了一封家信,询问苏州情况,问他们是否愿意来上海租界避难。下午四时许,杨寿林正要出门去大世界邮局寄信,在电梯里恰巧遇一位朋友外出,朋友主动请缨帮他代寄家信。谁知,朋友刚走出大楼,就发生了震惊上海滩的"大世界坠弹惨案"。

原来,当日中国空军轰炸停泊在黄浦江、苏州河口的日军第三舰队,其中一架轰炸机被日军炮火击中受伤弹架受损,两枚百吨重的炸弹坠落在大世界门前。由于大世界地处中心的上海租界,逃难人群集中,炸弹爆炸造成两千多人死伤。据 1937 年 8 月 15 日的《字林西报》(North-China Daily News):"上海空袭造成六百人死亡;中国军队炸弹坠落在租界,因不断遭炮轰,南京路拐角处与"大世界"已成一片废墟,尸横遍野,数百人被送进医院"。

《密勒氏评论报》的主笔约翰·本杰明·鲍威尔(John Benjamin Powell)记载:"爆炸震动了整个城市,我马上向那里奔去,在我长期以来作为记者报道中国大小战事的历程中,这是我第一次看到,人血如小溪一般流入下水道"。替杨寿林寄信的朋友也不幸罹难。生死一线间,眼见着身旁发生的血淋淋的惨案,他不胜唏嘘,更在心中深深记下了日本帝国主义对中国人民欠下的血债。

三、法官秘书 东京惩凶

1946 年夏天,东京酷暑难耐。远东国际军事法庭的审判象东京的天气一样进入白热化的阶段。

　　高强度工作,使秘书方福枢积劳成疾,在巨大的工作压力下胃病加剧,他勉强支撑着完成了溥仪的庭审翻译工作,急需回国就医。

　　方福枢向梅汝璈举荐了东吴大学法学院的学长杨寿林,梅汝璈随即急召在上海的杨寿林,要他尽速赴东京接替方福枢担任法官秘书的工作。接到梅汝璈的召唤,杨寿林毫不犹豫地辞去了在上海美商德士古石油公司法律部的高薪工作。1946年9月18日,杨寿林搭乘美军事专机飞往东京,这一天正是九一八事变的十五周年纪念日。搭载杨寿林的飞机从早上九点左右起飞,下午两点抵达东京。下机后,杨寿林即到帝国饭店向梅汝璈报到。梅汝璈引介杨寿林与各国法官以及法庭重要办事人员一一见面,并将杨寿林安排到法官办公室旁边的法官秘书办公室。杨寿林很快就投入到紧张繁忙的审判工作中。

图52　杨寿林在东京远东国际军事法庭上

　　法庭开庭时,杨寿林就坐在法官席下面一排的座位上,与日本战犯们直面对视,对每个战犯的神情都看得异常清楚。他听梅法官说过:"我今天能高居审判台上来惩罚这些元凶巨憝,都是我千百万同胞的血肉换来的,我应该警惕!我应该郑重!"杨寿林暗下决心要全力以赴地协助梅法官,在这一特殊的战场与日本战犯斗争到底。

　　1948年4月16日,远东国际军事法庭结审,历时31个月的法庭审理终告结束。起草判决书是关键阶段。中国法官梅汝璈负责判决书第五章"日本对华侵略"部分的起草。日本对华侵略从 1931 年九一八事变开始,到 1945 年 9 月 3 日战败投降,历时 14 年之久,如何将这 14 年间日本侵华罪行如实呈现,如何将东京审判这二年中通过无数次对抗获得的战果固定下来,如何将日本战犯永远钉在历史的耻辱柱上,这份远东国际军事法庭的判决书将起到非常关键的作用。杨寿林协助梅法官起草判决书,在三百余页的判决书初稿上倾注了大量心血。这份判决书不是简单罗列被告的罪状和判决,而是花了大量篇幅讲述日本军国主义的兴起、发展、膨胀的过程,包括造"神"、滋事、逼宫、愚民、扩军、毁约、结盟,全景式呈现了日本侵略中国的源起和过程。杨寿林也协助梅法官做一项重要的工作:在各国法官之间游说,争取多数票,对罪大恶极的 7 名日本战犯判以死刑。

1948 年 11 月 4 日至 12 日,由庭长宣读判决书英文版本,数名日本人宣读判决书日文版本。判决书长达 1 213 页,宣读判决书耗时 7 天(不含两个休息日)。

判决书包括以下部分:

判决 A 部:判决理由——法律的适用

判决 B 部:判决理由——事实

判决 C 部:实行的有罪认定及其判刑(判决书主体)。庭长宣布全体被告有罪,并不再宣读法官的个别意见,各名被告具体量刑不同[1]。

四、丸之内审判

1948 年 10 月 27 日,驻日盟军最高司令部(GHQ)于东京的"丸之内"设立法庭,对原海军大将丰田副武及原陆军中将田村浩进行审判,也因其审判所在地被称为"丸之内审判"或"青山审判"。这场审判的实质是对 A 级战犯嫌疑人进行 BC 级战争犯罪指控,因而也被称为"准 A 级审判"[2]。杨寿林在远东国际

---

1 程兆奇、龚志伟、赵玉蕙编著《东京审判研究手册》,上海交通大学出版社,2013,第 246 页。

2 同上书,第 112—113 页。

图 53　日本工人正将装有被告判决书的箱子搬进远东国际军事法庭审判大厅[1]

军事法庭担任法官秘书期间的出色表现,得到盟军最高司令部的高度认可。他们特别邀请他作为法官参加了对田村浩的审判。

丰田副武和田村浩原都属于 1945 年盟军最高司令部逮捕的一百余名日本 A 级战犯嫌疑人,首批 28 人被送到东京审判被告席之后,其余人皆被羁押于巢鸭监狱听候发落。东京世纪大审判两年的演进过程中,国际政治形势也发生了重大变化。一方面美国的东亚政策逐渐转向,冷战大幕已然拉开;另一方面东京审判旷日持久,日本辩护团采取"拖宕战术",导致法庭的耗费远远超出了盟军司令部的预期,美国对后续开展大规模国际审判的态度渐趋消极。直到 1947 年 8 月,仍有 22 名嫌疑人在押。这引起国际检察局内部的不满,检察官认为没有理由的长期羁押会损害国际检察局甚至同盟国的威信。盟军最高司令麦克阿瑟督促季南尽早确定剩余嫌疑人的去留。

1948 年 4 月,盟军司令部已基本决定不再进行后续审判[2]。但国际检察处

1　图片来源:周渝:《侵略中国点火人　南京大屠杀罪魁死刑犯几乎全部来自陆军》,《国家人文历史》,2016 年,第 2 期,总第 146 期,第 69 页。

2　程兆奇:《东京审判——为了世界和平》,上海交通大学出版社,2017,第 152—153 页。

检察长季南建议,由盟军司令部下属的法务局遴选部分罪犯嫌疑人,围绕 BC 级罪行展开调查和起诉。法务局经过新一轮的调查之后提出,以"指挥官责任"起诉横须贺镇守司令、联合舰队司令、军令部总长丰田副武、陆军省俘虏情报局长以及俘虏管理部长田村浩[1]。因此,同盟国对 A 级战犯后续审判的设想,最终仅落实为对丰田和田村两个人的审判。

　　审判开始前,盟军最高司令部向各个同盟国发去任命法官参加准 A 级审判的邀请,仅得到了澳大利亚、中国、苏联的响应。之后,澳大利亚陆军准将约翰·W.奥布莱恩(John W. O'Brien)参与了对丰田的审判。中国的杨寿林参与了对田村浩的审判工作。新的国际军事法庭设立在东京丸之内的三菱仲——号馆[2]。

　　田村浩生于 1894 年,自日本陆军士官学校毕业后,从陆军炮兵少尉一路晋升,先后在台湾和泰国担任过武官职位,太平洋战争爆发后升为陆军少将。之后又担任关东军参谋长以及俘虏情报局长官,1945 年已任陆军中将。

　　作为审判法官,杨寿林对法庭上的每件证据都要进行细致的审查,一丝不苟地确认犯罪事实。1949 年 2 月 23 日,法庭历经 10 多个月的审判后进行最终宣判,田村浩以允许部下虐待盟军俘虏负有个人刑事责任而被处以 8 年劳役的刑罚。另一被告丰田副武虽被追究其任横须贺镇守府司令长官、联合舰队司令长官、军令部总长期间施行残虐行为的责任,但被判决无罪释放。至此,远东国际军事法庭对日本 A 级战争罪犯的追究宣告结束。

　　发生在丸之内的这场审判是东京审判的后续,虽规模较小,但是意义重大。继东京审判之后,对战争中"指挥官责任"这一法律概念进一步展开了探讨,为后世认识和思考国家、组织与个人应承担何种战争责任提供了重要的实践依据。

---

1 注:法务局局长阿尔瓦·C.卡朋特(Alva C. Carpenter)原计划以"阁僚责任"起诉"珍珠港内阁"的八名成员,但 1948 年 11 月东京审判宣判,判决书明确了内阁成员如果没有尽到职务上的责任,便应视为负有不作为的刑事责任的原则。根据这一原则宣判有罪的仅重光葵一人,且刑罚也较轻(七年徒刑)。于是法务局放弃了这一打算,释放了包括珍珠港内阁成员在内的近 20 名嫌疑人。

2 同上注,第 154 页。

对后续各国对 BC 级战犯的审判提供了指导,奠定了基础。在"丸之内审判"中,杨寿林代表中国出色地履行了法官职责,完成了赋予他的历史使命。庭审终结之日,他喟然长叹,自问不负国家,不辱使命,可告慰家乡父老。

1949 年年初,杨寿林携夫人孙美成一起功成回国,这对共同经历并见证东京审判的伉俪随后定居上海[2]。孙美成不久又回到苏州,杨寿林留在上海,先后在东吴大学法学院、复旦大学教授国际法,后又在上海外国语学院英文系任教,与向哲濬等人一起翻译出版了《印度的发现》一书。

图 54　被告田中浩在丸之内审判中杨寿林(背影)[1]

"渡尽劫波情义在,东吴故人又相逢"。1984 年,倪征燠被推选为荷兰海牙国际法院大法官,1985 年初夏,他回国休假,专程途经上海看望自己在东吴的学生,也是 40 年前在东京远东国际军事法庭共事的战友裘劭恒、杨寿林、高文彬等人,并在杨寿林家中共叙友情,重温历史。他们回忆起当年在东京远东国际军事法庭对日本战犯进行审判的日日夜夜,心潮起伏,感慨万千。当谈及日本现政权中仍有一些人,至今不对日本在二次大战中给亚洲和中国人民所犯下的滔天罪行认真忏悔,继续参拜供奉有二战亡灵的靖国神社时,这些古稀老人无比愤慨。那一天,老友们拊掌深谈,分外开颜。杨寿林的小辈为他们做了满满

1　图片来源: 程兆奇:《东京审判——为了世界和平》,上海交通大学出版社,2017,第 156 页。

2　1947 年初,杨寿林与东吴附中校长孙蕴璞的三女孙美成喜结连理,婚礼在东吴大学的孙堂举行,蒋纬国担任证婚人。婚礼后杨寿林与新婚妻子仅过了一个"蜜周",就一个人急速返回东京继续远东国际军事法庭法官秘书的工作。新婚燕尔每周靠鸿雁传书,互诉衷肠。1947 年下半年,孙美成也来到东京,美成是东吴大学文理学院英文系的高材生,她在东京参与了英文翻译的工作。

一桌苏州菜,还为喜欢吃粥的倪征燠专门做了蛋花肉糜粥。老人们尽欢而散。

1986年1月,杨寿林向中国革命博物馆捐献了一百四十多张关于东京大审判的珍贵历史照片;2月,中国革命博物馆又把翻印好的照片装订成册回赠;又为"侵华日军南京大屠杀遇难同胞纪念馆"提供了不少有重要价值的史料。它们无言地诉说着当年那段沉重的历史,默默地感喟着东吴人的奉献。

1991年,在经历了灿烂人生和苦难之后,杨寿林走完了他传奇的一生,安详辞世。昔人已逝,唯有一生功迹永远为后人感念。

秘书罗集谊：
暗战香港，助力东京

　　罗集谊(1896—1976)，曾用名罗集义，陕西扶风人。1914 年入清华学校就读，1921 年毕业后自费留学日本，进入明治大学学习政治经济。在日本求学期间，罗集谊加入了留日侨胞组织的对日外交后援会。毕业回国后，罗集谊曾在中山大学担任教员，教授三民主义。之后走上政途，辗转担任各驻地领事官。1934 年 12 月，罗集谊任驻京城总领馆副领事。1935 年，候补半年的罗集谊就任朝鲜首尔副领事。1936 年，升任驻日北海道函馆领事。1937 年卢沟桥事变后，抗日战争全面爆发。驻日使馆人员开始撤离回国。1938 年 2 月，罗集谊与驻日大使馆秘书柳汝祥、横滨领事郑叔平、长崎领事任家年、门司领事周仲敏等回到香港[1]。抗战胜利后，罗集谊被派往东京远东国际军事法庭担任法官梅汝璈的日文秘书。远东国际军事法庭工作结束后，罗集谊返回香港。在商行工作，直到 1976 年去世。

---

1 《申报》1938 年 2 月 12 日。

一、暗战香港，为抗日出力

1928 年 3 月 20 日，为了反对日本再度出兵山东，中国留日学生召集侨日各界，并邀请各团体组织共同成立了对日外交后援会。后援会的执行委员由各团体的中坚分子宋希濂、刘南峯、葛之干、黄大中、李寅春、范苑声、李洁冰 7 人组成。罗集谊参加了外交后援会，参加了抗议日本帝国主义侵华及迫害中国留日学生的活动。对日外交后援会组织开展了一系列活动，如派代表与日本在野政党接洽，印刷日文宣言散发给日本民众。

当时，日本陆军士官学校的两百多名中国学生，强烈反对日本出兵中国山东。学校当局极度恐慌，呈请田中内阁开除这些中国学生学籍。同时，又闻山东日军正在备战。外交后援会闻讯怒不可遏，于 3 月 29 日召开第二次反日出兵大会。到会侨胞数百人，慷慨激昂，悲壮异常，经大会提议举行示威游行。游行大约一里地，遭到日本数百名警察突然包围，70 名中国学生被抓。得知消息后，外交后援会当即派罗集谊、葛之干、汤锡祥前去警察署交涉，然而日本警察拒不接见，后由特派员向日本外务省交涉，才陆续放出十余名学生[1]。

日寇占领香港后，罗集谊因日语流利，被迫为日军做事。他表面与日军虚与委蛇，实则在敌人内部向我方通风报信。1940 年 1 月，日本众议员神尾正雄（《海外》杂志社社长兼主笔）到香港，通过王长春向罗集谊提出实现中日"全面和平"的条件与办法：（一）首先必须实现蒋介石与汪精卫的合作；（二）日本不能抛弃汪精卫直接与重庆交涉；（三）蒋汪合作后，日本当改变疏远蒋介石的态度，并有与其妥协的可能性；（四）蒋汪合作后日本的条件当更有利于中国；（五）蒋汪合作后，因能缔结停战协定，日军当能即时实现撤退[2]。

罗集谊在香港，还多次致函陈布雷[3]，报告汪、日勾结的活动。现存函件共

---

1 《申报》1928 年 5 月 5 日。

2 周佛海著，蔡德金编注《周佛海日记全编》，中国文联出版社，2003，第 252 页。

3 陈布雷，1936—1945 年间，任国民党中央政治会议副秘书长、蒋介石侍从室第二处主任、中央宣部副部长、国民党中央委员。

12封,内容主要涉及汪、日勾结进程及双方态度、欧战形势下的日本方考量、日本国内现处环境等。例如,1940年6月1日的一份函件[1]:

罗集谊君六月一日自港来函谨呈钧阅

职陈布雷(印)谨注

山崎二十九日再来,拟逗留二周,并将设置驻港员,以调查华南商业金融经济,兹将其所谈,分陈如下:

一、本民众鉴于欧局转变之速,大多主张与德意发生更亲密之关系,如此声势日见抬头,则米内内阁难保持久,且今年来米粮问题,亦甚严重,而汪伪组织前途无望,米内必要时自必借题下台。

二、汪日谈判六月即将开始,但早已有暗礁伏在,据悉汪逆为博得人心计,要求日方将撤兵条件公诸于世,日则坚持秘密,此乃汪日根本不能协调之处。

三、日今年度通过之九十亿预算案,非专用于对华事件之解决,而三分之二仍在为扩军以应付苏美,一般民众早已无力负担,且全国上下反对大量预算用以对华,故从各方面观察,实未能举国一致。

四、四月二十九日天长节,以板垣名义发出告“日本将士书”,系出于迁少佐手笔,军部方面认该书已甚进步,今后仍力求趋于合理方面之转变。

五、日军部要人露出意思,亦不坚持在华驻兵权,唯中国缺少海军与飞机制造,如能在某方式下完成共同防御,日方亦表满足。

六、欧局如何演变,日决暂不卷入,日本皇室重臣多半倾向亲英,唯人民对反英情绪极浓厚,此乃天然趋向,并非受某种宣传与煽动。

七、日对荷印暂无心夺取,倘英法对荷印政治经济略加干涉,则日海军势必起而一战。

八、海军纪律最严肃,命令贯彻,非若陆军之各自为政,今后对欧战之

---

1 中国第二历史档案馆史料组编《罗集谊报告汪日活动情况致陈布雷函一组》,《民国档案》1999年第2期,第26—33页。

参加与否,一切均取决于海军主张。日海军对美海军早已知其弱点,果日美冲突,美海军决不堪一击,日海军个个具有决心,如日美交恶,日必长驱先占菲岛及附近岛屿,其他则布置水雷和潜水艇。

以海军实力论,日绝占优势,唯财力物力则远逊之,故日不敢轻试者,亦因此也。

九、石原莞尔以有现职,故不克来华,石原在民间声望素孚,将来酿成内部暴变,石原实负指导之地位。

十、日一般民众对日本资本主义已不复信赖。

十一、山崎在东京遇见松冈洋右,据松冈谈,中日现不宜再谈我是彼非问题,应急宜以国府为对手与华议和,倘日本舆情一致,彼愿飞赴重庆向委座表示中国三年来抗战之敬意。

十二、山崎续称:中国谓处于被动地位,因日之侵,起而抵抗,实缺乏一种领导东亚民族原理,今后如中国能由积极方面产生指导东亚民族应有之动向,则日本民众有目标可寻,而苦闷于此解决矣。

函件帮助了我方即刻洞悉汪伪和日本方面的意图,为我方下一步攻防提供了重要指示。函件中还多次提到有关国际局势和日本国内国民的态度,为我方充分了解敌国的作战规划提供了依据。

二、助力东京,任劳任怨

抗战结束后,罗集谊就立刻回到重庆谋求新的职位,他被派往东京远东国际军事法庭担任梅汝璈法官的日文秘书。1946年4月,正当罗集谊准备飞往日本时,因汉奸罪被捕入狱,但很快就被洗清嫌疑释放。1947年4月27日,罗集谊作为赴远东国际军事法庭的第三批中国代表团成员之一抵达日本厚木机场。抵日的罗秘书与梅汝璈一行碰面,讲述了国内情形,还为梅汝璈带去了七八封家信[1]。但当时法庭工作迟迟未有开展,一时间没有合适的职位给

---

[1] 梅小璈,梅小侃编《梅汝璈东京审判文稿》,上海交通大学出版社,2013,第93页。

罗集谊,梅汝璈让他暂时在对日管制委员会工作[1]。

　　身为秘书的罗集谊,工作十分繁杂细微。他陪同或代替梅汝璈参与法院庭务,与梅汝璈商讨审判议程,抄写法院文件等,还多次招待各参会贵宾。在远东国际军事法庭正式开庭的第一天,罗集谊就被梅汝璈派往迎接朱公亮将军,并全程进行招待[2]。

　　罗集谊在远东国际军事法庭工作了3年。工作结束他选择留在日本做生意,但罗集谊由于多年从政,所形成的官场作风在商场上却并不适用,因此经营惨淡,无奈之下又回到香港[3]。罗集谊的日本朋友众多,其中也不乏商人。加之罗集谊又有丰富的秘书经验,因此转身做了商行顾问,直到去世。

1　梅汝璈著,梅小璈、梅小侃整理《东京审判亲历记》,上海交通大学出版社,2016,第303页。

2　梅小璈、梅小侃编《梅汝璈东京审判文稿》,上海交通大学出版社,2013,第101页。

3　高伯雨:《听雨楼随笔6》,牛津出版社,2012,第13页。

参考文献

［1］ Golas P J. Obituary：JAMES T. C. LIU，1919－1993［J］. Journal of Song-Yuan Studies，1995：25.

［2］ International Military Tribunal Nuremburg. 1946（August 27）. A Correspondence to CINCAPAC［R］. in James T C，Liu. The Tokyo Trial：Source Materials. Far Eastern Survey 17，1948（14）.

［3］ New Technical Assistants of Chinese Division（1947－2－13）［R］. in Tavenner Papers & IMTFE Official Records，Box 4，Folder 2，University of Virginia Law Library.

［4］ Web W F. A Letter from W. F. Webb，President of IMTFE to General Douglas Macarthur. Macarthur Memorial，1946（August 20）. Norfolk，VA.

［5］ 陈毓贤.洪业传［M］.北京：北京大学出版社，1995.

［6］ 阿诺德.C.布拉克曼.另一个纽伦堡——东京审判未曾述说的故事［M］.梅小侃、余燕明译，上海：上海交通大学出版社，2016.

［7］ 贺卫方.中国法律教育之路［M］.北京：中国政法大学出版社，1997.

［8］ 远东国际军事法庭判决书［M］.张效林，节译，向隆万、徐小冰，等补节译，上海：上海交通大学出版社，2015.

［9］ 胡菊蓉.中外军事法庭审判日本战犯——关于南京大屠杀［M］.天津：南开大学出版社，1988.

［10］ 道格拉斯·麦克阿瑟.麦克阿瑟回忆录［M］.上海师范学院历史系翻译组，译，上海：上海译文出版社，1984.

[11]　户谷由麻.东京审判——第二次世界大战后对法与正义的追求[M].赵玉蕙,译,上海:上海交通大学出版社,2016.

[12]　弥津正志.天皇裕仁和他的时代[M].李玉,等译,北京:世界知识出版社,1988.

[13]　秦郁彦.天皇的五个决断[M].东京:讲谈社,1984.

[14]　泷川正次郎.审判东京审判[M].京都:慧文社,2009.

[15]　曹树基.国际条约与民族主义:东京审判中秦德纯之证词与质证[J].上海交通大学学报(哲学社会科学版),2015(4).

[16]　程维荣.《东京审判涉及的浦东电气公司[G]//载东京审判研究中心编.东京审判再讨论,上海:上海交通大学出版社,2015.

[17]　程兆奇,龚志伟,赵玉蕙.东京审判研究手册[M].上海:上海交通大学出版社,2013.

[18]　程兆奇,向隆万.远东国际军事法庭庭审记录·全译本(第一辑)[M].第4卷,程维荣译,石鼎校,上海:上海交通大学出版社,2017.

[19]　程兆奇.东京审判——为了世界和平[M].上海:上海交通大学出版社,2017.

[20]　程兆奇.远东国际军事法庭庭审记录·中国部分——被告个人辩护举证(下)[M].上海:上海交通大学出版社,2016.

[21]　程兆奇.远东国际军事法庭证据集成[M].上海:上海交通大学出版社,2016.

[22]　东京审判研究中心.东京审判再讨论[M].上海:上海交通大学出版社,2015.

[23]　东京审判研究中心.远东国际军事法庭记录[M].上海:上海交通大学出版社、国家图书馆出版社,2013.

[24]　方福枢.远东国际军事法庭侧记[J].文史精华,1994(1).

[25]　傅雷著,金梅.傅雷谈艺论学书简[M].天津:天津人民出版社,2015.

[26]　高伯雨.《听雨楼随笔(6)[M].牛津:牛津大学出版社,2012.

［27］　高文彬,亘火.我所亲历的"东京审判"［J］.档案春秋,2007(7).

［28］　桂人豪.大律师桂裕轶事［J］.上海滩,2016(9).

［29］　桂裕.追念陈霆锐先生［J］.传记文学,第 29 卷 4 期(台北):1976,29(4).

［30］　何勤华,高童非,袁也.东吴大学法学院的英美法学教育［J］.苏州大学学报·法学版,2015(3).

［31］　黄慧英,吴建宁.镜头里的记忆［M］.南京:南京出版社,2013.

［32］　李菁.往事不寂寞(《口述》精选集一 2006—2008)［M］.生活·读书·新知三联书店,2009.

［33］　中央大学南京校友会,中央大学校友文选编纂委员会.南雍骊珠:中央大学名师传略续篇［M］.南京:南京大学出版社,2006.

［34］　李杨.高文彬:见证东京大审判［J］.中国新闻周刊,2005(34).

［35］　刘正中.庞德与中国之法制——1943 年至 1948 年之中国法制历史［J］.法学,2000(12).

［36］　刘子健.东京审判印象记［J］.时论文萃,1946(7).

［37］　柳立言.刘子健先生的治学与教学［G］//宋史座谈会编纂.宋史座谈会成立三十周年学术研讨会文集,华泰印刷厂,1994.

［38］　茅盾.商务印书馆编译所和革新〈小说月报〉的前后［M］//商务印书馆九十年(1897—1987),北京:商务印书馆,1987.

［39］　梅汝璈.战争罪行的新概念——总结第二次世界大战后关于战争罪行的国际法原则的一些主要的变化和发展［J］.《学术月刊》1957(7).

［40］　梅汝璈.梅汝璈法学文集［M］.梅小璈、范忠信选编,北京:中国政法大学出版社,2007.

［41］　梅汝璈.东京审判亲历记［M］.梅小璈、梅小侃整理,上海:上海交通大学出版社,2016.

［42］　梅小璈,梅小侃.梅汝璈东京审判文稿［M］.上海:上海交通大学出版社,2013.

［43］　倪家襄.东京审判内幕［M］.亚洲世纪社,1948.

［44］　倪征燠.考察美英两国司法制度及远东国际军事法庭的审判情形［M］//
　　　　谢冠生.全国司法行政.

［45］　倪征燠.淡泊从容莅海牙(增订版)［M］.北京：北京大学出版社,2015.

［46］　倪征燠.远东国际军事法庭审判纪略［G］//《倪征燠法学文集》,北京：法
　　　　律出版社,2006.

［47］　溥仪.我的前半生［M］.北京：群众出版社,2007.

［48］　宋志勇.论东京审判的几个问题［J］.中共党史研究,2005(5).

［49］　孙坦村,肖诏玮.福州近代中医流派经验荟萃［M］.福州：福建科学技术
　　　　出版社,1994.

［50］　覃仕勇.隐忍与抗争：抗战中的北平文化界［M］.北京：北京时代华文书
　　　　局,2015.

［51］　陶海洋.现代文化的生长点《东方杂志》(1904—1948)研究［M］.安徽：
　　　　合肥工业大学出版社,2014.

［52］　王俊彦.日本战犯审判秘闻［M］.北京：中国华侨出版社,1995.

［53］　卫建萍,陈凤.裘劭恒：如山铁证剑指日军暴行［N］.人民法院报(特刊),
　　　　2015 - 9 - 3.

［54］　吴学义.台湾、关东州、南洋群岛、朝鲜之法院组织［J］.中华法学杂志,
　　　　1945,4(5).

［55］　夏里.远东国际军事法庭内外［J］.民国春秋,1995(4).

［56］　向隆万.东京审判检察官向哲濬的函电［J］.世纪,2015(5).

［57］　向隆万,孙艺.东京审判中的中国代表团［J］.民国档案,2014(1).

［58］　向隆万.东京审判·中国检察官向哲濬》(周芳：良师爱侣忆明思)［M］.
　　　　上海：上海交通大学出版社,2010.

［59］　向隆万.东京审判征战记—中国检察官向哲濬团队［M］.上海：上海交通
　　　　大学出版社,2019.

［60］　向隆万.向哲濬东京审判函电及法庭陈述(第二版)［M］.上海：上海交通
　　　　大学出版社,2014.

[61] 新华社解放军分社,北京青年报.我的见证 200 位亲历抗战者口述历史[M].北京: 解放军文艺出版社,2005.

[62] 熊月之.稀见上海史志资料丛书(第 7 册)[M].上海: 上海书店,2012.

[63] 徐蔚南.从上海到重庆[M].熊飞宇编校,上海书店出版社,2016.

[64] 亚洲世纪记者.与向哲濬检察官谈战犯惩罚问题[J].亚洲世纪,1948,2(6).

[65] 余先予,何勤华,蔡东丽.东京审判——正义与邪恶之法律较量[M].北京: 商务印书馆,2015.

[66] 亚洲世纪记者.与向哲濬检察官谈战犯惩罚问题[J].亚洲世纪,1948,2(6).

[67] 张宪文,崔巍,董为民.南京大屠杀重要文证选录[M].南京: 江苏人民出版社,2014.

[68] 张宪文,张连红,王卫星.南京大屠杀史[M].南京: 南京大学出版社,2014.

[69] 张宪文,杨夏鸣.南京大屠杀史料集(第七册)《东京审判》[M].南京: 江苏人民出版社、凤凰出版社 2005.

[70] 中国人民政治协商会议江苏省委员会文史资料研究委员会编.江苏文史资料目录,第 1 册,(1960—1966),1982.

[71] 中华民国史事纪要编辑委员会编.中华民国史事纪要初稿中华民国十七年(1928)一至六月份[M].1978.

[72] 中央电视台《探索·发现》栏目.丧钟为谁而鸣——远东国际军事法庭审判纪实[M].安徽: 安徽教育出版社,2004.

[73] 周荣.民国时期武汉大学讲义汇编(全三十四册)[M].民国文献资料丛编,北京: 国家图书馆出版社,2018.

[74] 周锡卿.远东国际军事法庭杂忆[M]//北京文史资料,第 29 辑,北京: 北京出版社 1986.

[75] 周锡卿.在纽约参加救亡运动[J].北京政协,1995(6).

[76] 周锡卿.战后对日索赔工作与光华寮案[M]//北京文史资料,第 37 辑,北京:北京出版社,1989.

[77] 周用宜,向隆万,周用仁.周震鳞、周世正父子的抗战事迹[J].百年潮,2016(1).

[78] 周用宜.向日本追索赔偿——周锡卿参与二战后对日索赔工作述略[G]//国际史学研究论丛,北京:社会科学文献出版社,2016.

[79] 朱成山,曾向东.日本侵华史研究 2014(第 3 卷)[M].南京:南京出版社,2014.

[80] 朱宗玉.从甲午战争到天皇访华——近代以来的中日关系[M].福州:福建人民出版社,1996.

后　记

　　2015年,是中国抗日战争暨世界反法西斯战争胜利70周年,也是东吴大学法学院建院100周年。8月15日当天,在苏州大学校友总会指导下,上海校友会于昆山路旧校址主办了"天地正气与国家情怀——抗日战争胜利70周年暨东吴大学法学院成立100周年庆典"大会。全程参加东京审判的在沪唯一健在者高文彬前辈应邀出席大会并发表讲话,号召国人"勿忘国耻!"上海多家报纸和电视台进行了报道。

　　会后,大家一致认为,历史不能忘记他们,要为参加东京审判的17位中国代表"画像",告诉大家他们是什么人,他们在东京做了什么,他们为什么这么爱国。因为17人中有10位是东吴大学也就是今天苏州大学的校友,因此,这项工作得到了学校领导的大力支持。学校组织了苏州、南京和上海的写作队伍,争取到上海交通大学出版社的全力支持,写作组开始了为期两年多的写作工作。

　　写作艰难程度超过了预期。因为时代久远以及历史原因,对17人资料的搜集可谓烦神费力。除了一些知名人物之外,其他约一半成员资料偏少。写作组冒着严寒酷暑,去北京、江苏上海档案馆、中国第二历史档案馆查找资料。但截稿日期一拖再拖,本想纽伦堡审判纪念日就可以完成,没想到拖到东京审判纪念日还遗留不少遗憾。首先他们的生平资料就难以搜集齐全,到目前还有一个遗憾——朱庆儒的资料仍付之阙如。其次是需要不停查找资料甄别错误信息。由于对17人没有权威的介绍资料,对于网上的资料,写作组小心谨慎,包括籍贯、学历、职业职务、在东京审判中的工作等,都进行了仔细的核实。第三,针对各类回忆性甚至文学性的资料,由于年代久远,各人回忆差别较大,甚至有矛盾之处,本书也做了适当的处理。没有确凿证据的资料或者回忆等,就谨慎使用。

虽然本书不是一本研究性专著,但是也尽量做到学术上的严谨。在写作中,尽量不把个人贡献与团队作用分割开来,不把团队作用与国家作为分割开来,不把中国团队的作用与国际团队的合作分割开来。大家是一个整体,共同完成了对战犯的审判。因此,对书中一些可能存在的争议或疏漏,特做如下几点说明,以弥补读者可能感受到的遗憾:

一是本书侧重从团队的角度来做群体绘像。绝大部分工作都是团队成员合作开展的。书中虽然把中国团队再细分为检察官团队和法官团队,但任何一个成员的目标都是一样的,就是将战犯绳之以法。他们是一个整体,之所以每个成员(除向哲濬和梅汝璈之外)尽量选择一个角度,主要目的是避免重复。当然,东京审判的两年多时间里,各位可写的内容应该非常多,但是为了全景式地反映 17 人的团队,在内容上只能做这样的取舍。

每一件重大事情都凝聚了团队成员的心血。因此,书中每一个成员对应的具体工作,并不意味着另外成员肯定没有参与。包括现在一些有争议的主要事件,如劝说溥仪作证,我们认为,裘劭恒先生肯定做了诸多工作,但向哲濬、刘子健等也是重要参与者;再如发现"百人斩"报道,我们认为,高文彬先生是有功的,但是吴学义等也是一起查阅日军秘密档案,也有同样的机会发现。即使说检察官团队共同发现"百人斩"证据,也不为过。类似事件不一而足。

二是尽量平实叙述,不夸大事实。首先不夸大"冷战"对东京审判的负面影响。"冷战"对东京审判当然是有影响的,但不是决定性的,包括最后的判刑,还是符合当时实际情况的。其次是不夸大国内斗争导致的对东京团队支持力度不够。国内由于内战,难以给中国团队及时、全力的支持,但当时的国民政府外交部、国防部等部门也尽力了。最后是不夸大个人在东京审判中的作用。在东京法庭,团队的每位成员都竭尽全力,只是由于角色不同,贡献可见性不一而已。

三是东京审判是国内外通力合作的结果。中国团队在东京法庭与各国特别是与美国精诚合作,才使得中国的不少诉求都得到了满足。国内也给了代表团非常大的支持,包括提供经费、派出人员、配合调查、查找人证物证以及回国接待等。

就像当时在东京时中国团队完成了看似不可能完成任务一样,我们这个写作团队,也完成了看似不可能完成的任务。本书写作困难重重,所有写作人员均为兼职,没有一位是"科班出身",分别来自历史学、教育学、法学、经济学等不同专业。但是大家都非常敬业,精诚合作完成了这项"前无古人"的事业。写作分工如下:第一部分由王玉贵教授撰稿;第二部分中检察官团队向哲濬部分由向隆万教授撰稿,倪征燠部分由张若雅副研究员撰稿,裘劭恒和桂裕部分由张敏博士撰稿,鄂森部分由赵鸣律师撰稿,高文彬部分由许建军律师撰稿,吴学义、刘子健、张培基部分由范庭卫副教授撰稿,周锡卿部分由王玉贵教授撰稿,其他秘书和翻译部分由钱文女士等撰稿;中国法官团队中梅汝璈部分由梅小璈先生撰稿,方福枢部分由张若雅副研究员撰稿,杨寿林部分由贾勇先生、钱文女士撰稿,罗集谊部分由范庭卫副教授撰稿等,最后由钱万里、钱运春、钱文提出修改意见,经我审阅后定稿。

最后,非常感谢高文彬前辈指导和作序,感谢梅汝璈之子梅小璈先生、向哲濬之子向隆万先生、裘劭恒之子裘寿一先生、周锡卿子女周用美等、吴学义家人,以及第二外国语大学的苏淑民教授等全力协助,感谢学校领导的大力支持,感谢上海交通大学出版社李广良、郁金豹、崔霞、宝锁几位老师,感谢中国第二历史档案馆、江苏省档案馆上海档案馆、上海图书馆、苏州市档案馆、台湾"国史馆"、台北东吴大学,感谢苏州大学发展办公室、王健法学院、图书馆和档案馆,感谢苏州大学上海校友会、南京校友会,他们从各个方面,全力支持了本书的写作工作。

限于时间仓促和作者水平,书中肯定存在不少讹误和疏漏之处,敬请读者批评指正。

杨一心

2019 年 12 月 15 日